CW01639500

Histoire de l'architecture

Textes de Stefan Breitling, Elke Dorner, Andrea Dreher, Markus Hattstein, Friedrich Wilhelm Krahe, Günter Külzhammer, Iris Lautenschläger, Katrin Bettina Müller, Katja Reissner

Dessins de Christina Melhose

© 1996 Könemann Verlagsgesellschaft mbH
Bonner Str. 126, D-50968 Köln

Édité par : Peter Delius, Berlin
Rédaction et Maquette : Ulrike Sommer, Berlin
Directeur Artistique : Peter Feierabend, Köln
Chef de Fabrication : Detlev Schaper
Reproductions : Imago, Thame

© 1997 édition française
Könemann Verlagsgesellschaft mbH
Rédaction française : Jean-Marc Nothias, Paris
Lecture : Astrid Journet, Cologne
Impression et reliure : Leefung Asco Printers
Imprimé en Chine
ISBN 3-89508-331-3

Dépot légal : mai 1997

Jan Gympel

Histoire de l'architecture

DE L'ANTIQUITÉ À NOS JOURS

KÖNEMANN

Sommaire

1600 à 1780

LE BAROQUE ET LE ROCAILLE

1750 à 1840

LE CLASSICISME

1840 à 1900

HISTORICISME ET INGÉNIEURS

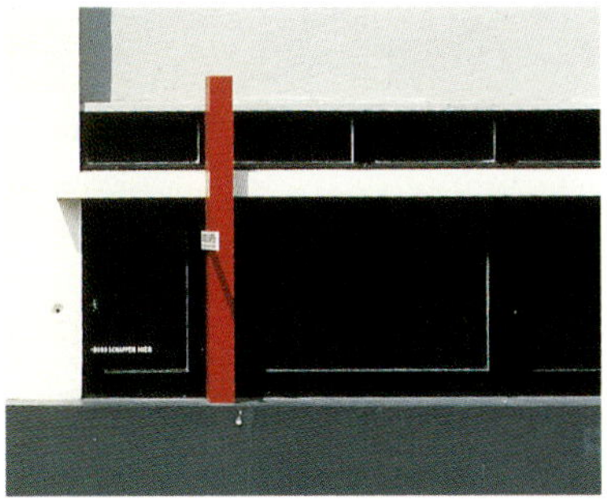

1900 bis 1945

LA PREMIÈRE MOITIÉ DU XXe SIÈCLE

depuis 1945

LA SECONDE MOITIÉ DU XXe SIÈCLE

Les débuts
et leur évolution

L'ANTIQUITÉ ET LES DÉBUTS DU CHRISTIANISME

2900 av. J.-C. – 540 ap. J.-C.

L'ARCHITECTURE DE L'ÉGYPTE ANTIQUE 2900-700 AV. J.-C.

Construire : un acte social fondamental

Pour les Grecs de l'Antiquité, l'architecte était le « premier constructeur » (arkhi-tektôn). L'architecture est considérée la « mère » des beaux-arts : en effet, la peinture et la sculpture se sont initialement développées en relation avec les édifices, notamment à travers les peintures murales ou les frises. Les peintures rupestres, apposées sur les parois des cavernes pour des raisons magiques ou religieuses, avaient aussi une fonction décorative.

Contrairement aux autres arts, la construction répond d'abord au besoin fondamental de sécurité de l'homme. Le bâtiment est un abri contre les intempéries et les animaux sauvages. Partout où l'homme vit, on trouve des maisons, des huttes, des tentes, et ces constructions reflètent un besoin spirituel et intellectuel. Ce « toit sur la tête », refuge qui sépare l'homme de son environnement, a une dimension profondément humaine. L'architecture modifie aussi l'espace extérieur. La cour, le village et la ville sont des milieux artificiels, surajoutés à la nature. Les idées et les sentiments de ceux qui construisent se déchiffrent aisément en voyant leur conception du rapport entre espace intérieur et espace extérieur : les murs sont-ils en pierre ou en verre, épais ou transparents; portails, perrons, cours et clôtures marquent-ils une ouverture ou, au contraire, une distanciation. Bien d'autres questions se posent : qui fait construire, qui réalise, pour qui et dans quel but, sous quelle forme et avec quels matériaux? Qu'il s'agisse ou non d'édifices de prestige, destinés à impressionner par leur taille, leur style et leur décoration, tous les bâtiments trahissent l'esprit de leur temps ou, tout au moins, celui du maître d'œuvre et de son architecte. Plus que toute autre création humaine, le bâtiment reflète la société de son époque. Construire est un acte social, presque toujours onéreux et public, qui dépend donc des acteurs du pouvoir politique et financier. L'architecture de prestige révèle ainsi à un moment donné le goût et les ambitions des classes dirigeantes d'une société.

Ce n'est donc pas un hasard si l'histoire de l'architecture – dans ses œuvres les plus élaborées – est profondément marquée par les édifices sacrés. L'histoire a montré que la religion répond à certains des besoins les plus fondamentaux de l'homme : donner un sens supérieur à l'existence, expliquer l'inconcevable et justifier l'insupportable, affirmer que les crimes impunis seront passibles d'une justice supérieure et apporter un réconfort face à la mort en évoquant la perspective d'une vie dans l'au-delà, d'une réincarnation ou d'une résurrection.

ÉGYPTE

Ancien Empire (2850-2052 av. J.-C.) : Le pharaon, souverain héréditaire absolu, est primitivement considéré comme l'incarnation du dieu-faucon Horus puis, avec la 4e dynastie, comme le fils du dieu-soleil Ré. Durant les 3e-6e dynasties, construction des plus célèbres pyramides. Le culte du dieu-soleil devint religion d'État. Apparition des hiéroglyphes et du calendrier.

Moyen Empire (2052-v. 1570 av. J.-C.) : Unification de l'Égypte par Mentouhotep II de Thèbes. Construction de grands temples à Karnak, siège d'Amon, dieu officiel.

Nouvel Empire (1570-715 av. J.-C.) : L'Égypte devient une grande puissance. Campagnes d'Asie et de Nubie. Apogée sous le règne de la reine Hatshepsout. Plus grande expansion sous Thoutmôsis III. Construction de temples gigantesques à Karnak, Louxor et Abou Simbel.

Basse époque (715-332 av. J.-C.) : Conquête de l'Égypte par Alexandre le Grand (332).

GRÈCE

Vers 560 av. J.-C. : Pisistrate organise les grandes dionysiaques d'Athènes; compétitions artistiques et représentations de théâtre.

490 av. J.-C. : Bataille de Marathon. Victoire d'Athènes sur les Perses, invincibles jusque-là. Hégémonie d'Athènes.

477 av. J.-C. : Fondation de la Ligue de Délos contre les Perses.

443-429 av. J.-C. : Siècle de Périclès. Athènes, « prétendue démocratie est, en réalité, une monarchie du premier de ses citoyens ».

431-404 av. J.-C. : La guerre du Péloponnèse met fin à l'hégémonie athénienne. Sparte et l'Empire perse sortent définitivement vainqueurs des conflits.

336-323 av. J.-C. : Alexandre le Grand part pour les Indes et fonde un empire « universel ». Expansion de la civilisation grecque.

Le marbre, un matériau sensuel : la Vénus de Milo.

ROME

vers 750 av. J.-C. : Fondation de Rome.

218 av. J.-C. : Hannibal traverse les Alpes et marche sur Rome.

45 av. J.-C. : Jules César maître absolu de l'Empire romain.

27 av. J.-C. : L'empereur Auguste, nommé « princeps » par le Sénat, accède au pouvoir.

54 : Néron devient empereur.

70 : Prise et destruction de Jérusalem par Titus.

79 : Éruption du Vésuve, Pompéi détruite.

161-180 : Marc Aurèle devient empereur.

313 : L'Édit de Milan accorde aux chrétiens la liberté de culte et l'égalité de droits civiques.

330 : Byzance, devenue Constantinople, devient capitale chrétienne de l'Empire.

391 : Le christianisme religion d'État de l'Empire romain. Interdiction des cultes païens.

Les pyramides de Gizeh (Mykérinos, Chéphren et Chéops), Égypte, 4e dynastie, milieu du 3e millénaire av. J.-C.

Visibles de très loin, les trois pyramides des pharaons Mykérinos, Chéops et Chéphren s'élèvent majestueusement près du Caire, en bordure du désert. Des masses colossales de pierres furent amassées sur les petites chambres funéraires des pharaons au prix d'efforts techniques considérables. Les hommes investissaient souvent toute leur vie dans la construction d'un édifice. Des centaines d'ouvriers s'établissaient à proximité du chantier, où ils étaient nombreux à laisser la vie en déplaçant des blocs de pierre pesant plusieurs tonnes.
La présence des pyramides, symbole indestructible de la hiérarchie sociale, affirmait aux yeux de tous la pérennité de la civilisation égyptienne. Convaincue que la mort ouvrait les portes de l'éternité, celle-ci accordait une place fondamentale au culte des défunts. Les tombeaux égyptiens sont tous situés sur la rive occidentale du Nil, là où le sol fertile, riche en alluvions, cède la place au désert, ce lieu hostile à l'homme où le soleil couchant s'enfonce. À chaque pyramide était associé un temple funéraire, avec ses propres prêtres chargés d'honorer la mémoire du pharaon.

Parallèlement aux demeures de l'homme, on créa donc pour les divinités des demeures à leur mesure, plus durables et plus somptueuses que celles des mortels.

Des rayons de soleil en pierre

Comme pour les autres premières grandes civilisations de l'humanité, il ne reste presque rien des habitations de l'Égypte antique. Les seuls vestiges qui subsistent de l'Ancien Empire égyptien sont les tombeaux, également destinés au culte.
L'existence de l'Égypte était totalement liée au Nil. Ses crues annuelles fertilisaient les sols en y déposant une couche de limon. L'univers des hommes vivant au bord de ce fleuve paisible était déterminé par ce cycle perpétuel. La mort n'était qu'un passage vers une autre forme de vie, qui n'était toutefois possible que si le corps demeurait intact. On mit par conséquent tout en oeuvre pour conserver les corps, en premier lieu celui des pharaons, rois divinisés. On ôtait le cerveau et les viscères du corps des défunts, que l'on embaumait et disposait dans les tombes une fois momifié avec des vivres et des bijoux. Les parois des tombeaux étaient décorées de fresques représentant des scènes familières, de récolte ou de sacrifices. Au-dessus des tombes, profondément enfouies dans les falaises situées sur la rive ouest du haut Nil, se trouvaient une ou plusieurs salles de culte. Ces complexes funéraires reproduisaient parfois des maisons, des palais ou même des milieux urbains où le défunt avait vécu.
Vers 2780-2680 av. J.-C., on éleva ainsi à Saqqarah un mastaba pour le tombeau du roi Djoser, une reproduction du palais pharaonique de Memphis, construction massive aux parois inclinées de pierre ou de briques. On ajouta sur le mastaba de Djoser cinq autres étages de blocs, de taille décroissante, jusqu'à ce que l'édifice atteigne soixante mètres de haut. Voulait-on ainsi consolider la tombe et mieux protéger le corps ou bien donner un relief particulier au monument? Nul ne le sait. Une chose est sûre : la monumentalité des tombeaux des pharaons avait une signification religieuse et symbolique. La pyramide à degrés représente les marches que devait gravir le pharaon après sa mort pour monter au ciel.
À partir du 3e millénaire av. J.-C., les rois, divinisés, sont considérés comme fils de Ré, le dieu du Soleil, dont le culte devient religion d'État. Désormais à plan carré et à faces lisses, comme celles de Gizeh, les pyramides sont telles des flèches resplendissantes de lumière, aux faces recouvertes d'un enduit calcaire brillant et couronnées d'or au faîte. Ces ornements, aujourd'hui disparus, symbolisaient le faisceau de rayons de soleil sur lesquels le pharaon, selon la croyance, allait rejoindre Ré.

Deir el-Bahari, temple funéraire de la reine Hatshepsout, Haute-Égypte, 18e dynastie, v. 1500 av. J.-C.

Situé sur la rive ouest du Nil, face à Thèbes, l'ancienne capitale royale, le temple funéraire monumental d'Hatshepsout épouse parfaitement le paysage montagneux qui l'entoure. L'axe central du complexe reprend celui du sanctuaire d'Amon à Karnak, soulignant le lien étroit existant entre la reine et le dieu. La chambre funéraire, plutôt modeste, et les monumentales salles à colonnes sont taillées dans le roc. Des allées de Sphinx, des bassins, des pylones et des rangées d'arbres bordaient autrefois la longue série de rampes et de terrasses qu'il fallait parcourir avant d'arriver au temple proprement dit. Au cœur de l'édifice se trouve la salle des colonnes, décorée de reliefs retraçant l'histoire de l'empire et la vie de la reine.

Le plaisir de construire, les axes et les colonnes

Sous l'Ancien Empire, les salles dont les plafonds étaient trop lourds pour être supportés par les murs furent d'abord soutenues par de simples pilastres sans base ni chapiteau, remplacés à l'époque des pyramides (seconde moitié du 3e millénaire av. J.-C.), par des colonnes décorées de motifs inspirés du lotus, du papyrus ou du palmier. Ces formes, choisies pour des raisons religieuses et qui symbolisaient la majesté et l'éternité, se sont imposées dans toute l'Égypte antique. Le Nouvel Empire, fondé en 1570 av. J.-C. et qui dura jusqu'en 715 av. J.-C., se plut à bâtir des édifices sacrés à dominance axiale, avec de grandes salles à colonnes, comme on les trouve déjà dans le complexe de Deir el-Bahari.

Parmi les temples de procession de la vallée du Nil élevés au pied des falaises rocheuses situés à l'ouest de Thèbes, ceux de Louxor et de Karnak, dédiés au dieu Amon, sont les plus célèbres. Les convictions philosophiques et religieuses des architectes qui les ont conçus ont manifestement été influencées par le fleuve et son milieu naturel. De grands portails, les pylones, semblables aux parois rocheuses qui enserrent le haut Nil, marquaient de part et d'autre l'entrée du temple. Précédés d'obélisques et de statues colossales, ils donnaient accès à une vaste cour entourée de salles hypostyles puis au temple proprement dit, précédé d'une cour et orné d'une forêt de piliers et de pilastres aux chapiteaux à décor végétal rappelant les bosquets de la vallée du Nil. Au bout de l'édifice, une salle étroite et profonde, le sanctuaire, contenait une statue du dieu tutélaire du temple. Ce modèle de construction était également adopté pour les temples creusés à l'intérieur des falaises. Au Nouvel Empire, période longtemps faste, on ajouta constamment aux temples des cours et des pylones qui s'ajoutaient à ceux déjà existants. Les processions, qui défilaient le long de ces axes sans cesse prolongés, remontaient ainsi le temps au fil des époques d'une civilisation grandiose, dont le rôle fondamental pour l'évolution de l'humanité cessa au plus tard en 332 av. J.-C., lors de la conquête de l'Égypte par Alexandre le Grand.

LA GRÈCE CLASSIQUE ET L'HELLÉNISME 800-30 AV. J.-C.

De l'autre côté de la Méditerranée

Étroitement liée à l'Égypte, la civilisation crétoise apparut vers 2000 av. J.-C., de l'autre côté de la Méditerranée. Il n'en subsiste guère plus que les palais de Cnossos et de Phaistos. Ces rares vestiges d'une civilisation prospère montrent que sans les découvertes de l'archéologie et un peu d'imagination, nous serions incapables d'appréhender l'architecture de ces époques révolues. Aucun édifice de l'Antiquité n'est demeuré intact. Il en va de même pour la civilisation mycénienne, qui se développa aux alentours

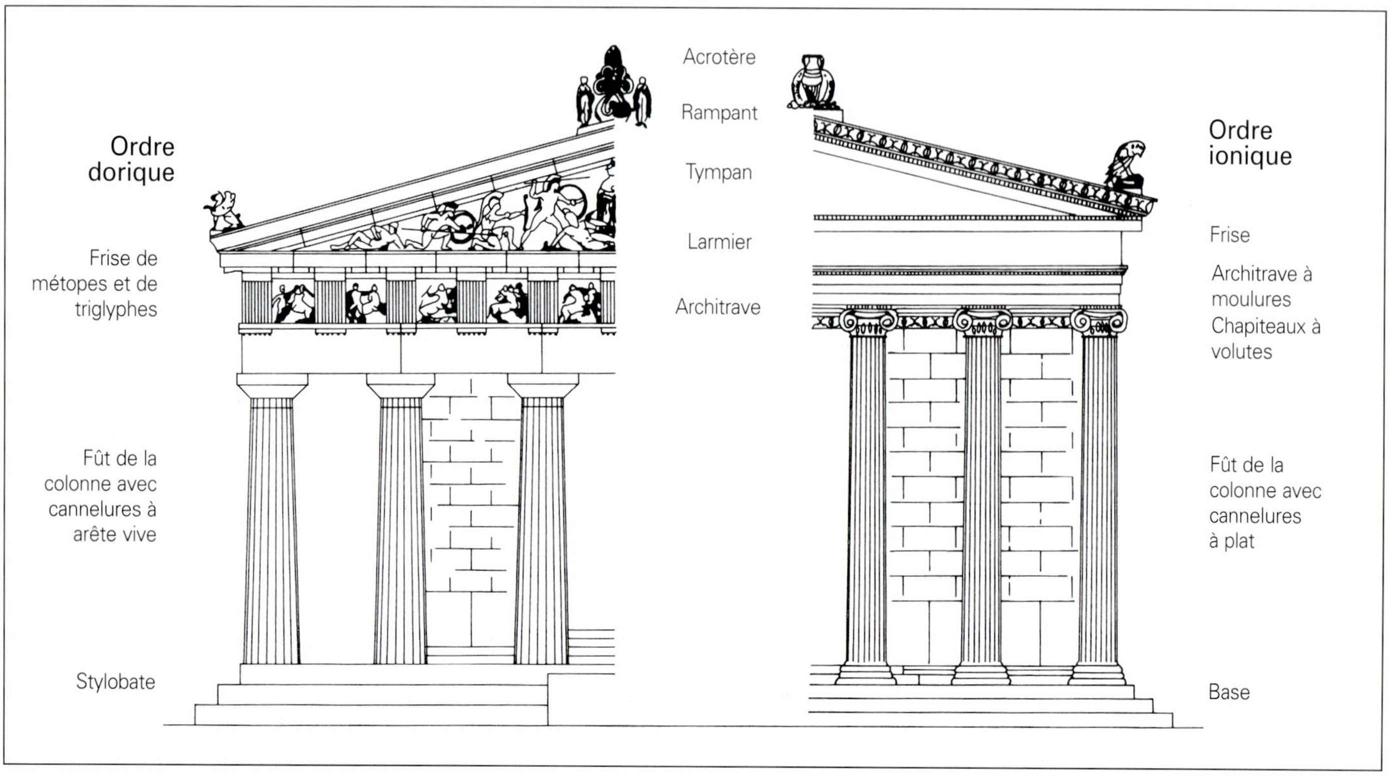

de 1600 av. J.-C. en Grèce continentale et dont les principaux édifices furent les palais-citadelles cyclopéens de Mycènes et de Tirynthe. Vers 1200 av. J.-C., les Doriens conquirent le Péloponnèse, les îles égéennes et la côte ouest de l'Asie Mineure (la Turquie actuelle). Leur culture assimila nombre d'éléments des civilisations crétoise et mycénienne. Cet héritage devint particulièrement sensible lorsqu'une identité grecque commença à se constituer, vers 800 av. J.-C., avec des mythes et des cultes communs, des jeux (les olympiades) et une architecture unifiée, dont les principaux édifices étaient le temple et le théâtre, également utilisé pour les rites sacrés. À l'instar des Égyptiens du Nouvel Empire, les Grecs concevaient le temple comme une véritable habitation d'un dieu, dont la statue n'était accessible qu'aux prêtres. Afin de mettre en valeur ce sanctuaire, ou cella, on lui ajouta dans un premier temps devant, puis souvent tout autour, une salle soutenue par des piliers de bois. Un toit en surplomb protégeait les piliers et les murs aveugles en briques d'argile de la cella. Le remplacement progressif du bois par la pierre permit une renaissance générale de l'édifice en pierre, disparu depuis l'époque mycénienne. Des éléments de style ancien furent repris. La colonne dorique avec son chapiteau pourrait avoir été inspirée par le relief de la Porte des Lionnes de Mycènes. Toutefois, les Doriens n'amincissaient pas leurs colonnes vers la base, comme la colonne « crétoise » de Mycènes, mais vers le haut, comme les Égyptiens, avec lesquels des rapports existaient au moins depuis le VIIe siècle av. J.-C.

Équilibre et dimensions humaines

La technique de la construction en pierre dut être totalement réapprise. En Égypte, comme dans toutes les grandes civilisations d'alors, l'architecture était un art secret. Le développement d'un style de temple grec unifié tout autour du bassin méditerranéen résultait de son architecture même, conforme à des règles mathématiques explicites. Conformément au plus haut idéal de la pensée « classique » grecque, la liberté de l'individu, ce savoir était devenu quasi accessible à tous. Le choix du système politique de la ville-État – la « polis » – s'en inspirait également. Les citoyens – excluant les femmes, les enfants et les esclaves – pouvaient intervenir dans les affaires de la ville au cours de réunions publiques. La défense de la ville et le culte de ses divinités tutélaires étaient entre les mains de chacun, et non confiées à des troupes de mercenaires et à un clergé.

La Porte des Lionnes de Mycènes, acropole, mur de fortification avec relief des Lionnes, v. 1250 av. J.-C.

L'entrée du palais fortifié de Mycènes, siège du roi grec Agamemnon, mentionné dans « l'Iliade » d'Homère, est ornée d'une des plus anciennes sculptures monumentales d'Europe. L'espace réservé dans le triangle de décharge au-dessus du linteau présente deux figures léonines symétriques en position héraldique.
Témoignant de la puissance guerrière de la noblesse mycénienne, elles sont placées de part et d'autre d'une colonne qui s'amincit vers le bas.

Épidaure, théâtre, v. 350 av. J.-C.

Situé à flanc de montagne sur une éminence dominant la localité, l'hémicycle aux bancs en marbre offre, vers le sud, une vue splendide sur la scène et le paysage du Péloponnèse. À l'origine, le public était assis en plein air, à même le sol. L'amphithéâtre aux gradins concentriques, désigné sous son nom latin de « cavea », n'apparut que plus tard. Contrairement aux Grecs, les Romains ajouteront ultérieurement à leurs théâtres de nombreuses constructions.
Les représentations étaient un acte religieux consacré à Dionysos, dieu des plaisirs. Le théâtre d'Épidaure faisait partie d'un grand sanctuaire d'Esculape, dieu de la médecine, où les malades venaient chercher une guérison miraculeuse. Dans un premier temps, les chœurs seuls, puis les acteurs, à partir du VIe s. av. J.-C., évoluaient sur la scène, dans la fosse circulaire de l'orchestre. L'édifice pouvait accueillir 14 000 spectateurs. Afin d'améliorer l'acoustique, des vases de terre cuite étaient placés sous les gradins pour diminuer la réverbération sonore.
Dans ses traités d'architecture, l'architecte romain Vitruve semble s'être inspiré de cet édifice pour son modèle de théâtre.

Paestum, temple de Poséidon (Héraïon II) 460-450 av. J. -C.

Ce temple « de Poséidon », est l'un des plus beaux temples doriques conservés. Il forme avec deux autres temples le centre de la ville de Paestum, colonie grecque du Sud de l'Italie. Comme le montrent les offrandes, le temple n'était pas consacré à Poséidon, le dieu de la mer, mais à la déesse mère Héra.
Le temple dorique est l'expression la plus achevée de l'idéal architectural grec classique, basé sur l'harmonie globale et les proportions des éléments architectoniques. Le temple est édifié sur un socle à trois gradins, la « krepis ». La cella est entourée de six rangées de treize colonnes (périptère). Éléments portants et éléments supportés sont nettement séparés les uns des autres. Les colonnes massives portent les architraves. Surmontées d'une frise de métopes et de triglyphes, elles reposent sur les abaques, dalles de pierre carrées posées sur les « echinus », parties évasées couronnant les colonnes. Le temple de Poséidon est une œuvre des débuts du classicisme.

Dans ce monde soucieux de la liberté de l'homme – même s'il ne rendit pas toujours justice à ses idéaux –, il semble naturel que les dimensions des demeures divines aient été fondées sur des valeurs empiriques inspirées par les proportions du corps humain plutôt que sur des proportions abstraites. Le temple dorique s'y conformait, dans son plan et dans les rapports des détails à l'ensemble. L'harmonie et la clarté de ces constructions restent aujourd'hui un canon de perfection. La clarté des lignes architectoniques, qui remonte à l'usage du bois pour les premières constructions, était soulignée par une mise en couleurs qui reprenait peut-être les modèles égyptiens. Leur fonction de support accentuée par les lignes de force de leurs cannelures, les colonnes se détachent nettement sur les murs lisses de la cella. Combinant avec la même habileté des surfaces planes et convexes, le chapiteau dorique sert de médiateur entre le fût cylindrique de la colonne et le parallélépipède de l'architrave.

La disparition progressive de la clarté

Surplombant la cité des hommes, l'acropole – la « ville haute » –, était réservée aux divinités. L'Acropole d'Athènes, avec ses deux principaux temples, le Parthénon et l'Érechthéion, est la plus célèbre de l'Antiquité. Elle marque à la fois l'apogée et, dans une certaine mesure, la fin de l'architecture grecque classique. Alors qu'à l'origine le temple demeurait inaccessible au laïc – l'autel se trouvait devant le bâtiment, orienté en général vers l'est –, la frise des Panathénées, sur le mur extérieur de la cella du Parthénon, semble indiquer qu'ici le visiteur pouvait au moins pénétrer jusque dans le portique. L'aménagement intérieur de la cella évolua également. Trois péristyles permettaient de circuler autour de la statue divine. L'agrandissement parallèle de la salle centrale permit à la même époque de donner des dimensions inhabituelles à cette statue.
Dans le temple d'Apollon à Bassae, attribué comme le Parthénon, à peine plus ancien, à l'architecte grec Ictinos, l'intérieur de la cella est même orné d'une frise sculptée. Les salles latérales ont disparu. Les colonnes se sont rapprochées des murs, auxquels elles sont reliées par des colonnes engagées, indispensables au soutien des murs de la cella, devenus portants. Les colonnes ne servaient plus qu'à masquer les colonnes engagées, la décoration prenait le pas sur l'architecture. C'est dans ce temple que se trouve la plus ancienne colonne de style corinthien connue. Son chapiteau, entièrement décoré de feuilles d'acanthe stylisées, camoufle tout ce qui pourrait trahir sa fonction de soutien. Les autres colonnes du temple de Bassae ainsi que la salle du trésor du Parthénon, pourtant extérieurement dorique, sont de style ionique.
Né en Asie Mineure et dans la mer Égée, l'ordre ionique s'imposa dans toute la Grèce.

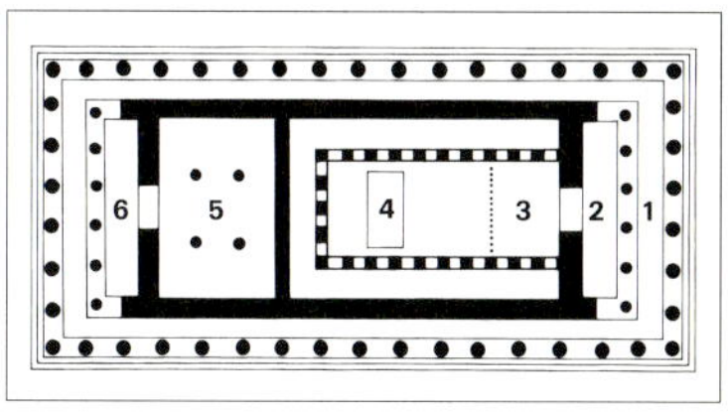

L'Acropole d'Athènes, vue d'ensemble, tribune des cariatides (Érechthéion) et plan du Parthénon : **1** péristyle, **2** pronaos, **3** cella, **4** statue divine, **5** parthénon, **6** opisthodome

L'ACROPOLE

« Le Parthénon, cette horrible machine, réduit tout en poussière dans un rayon de trois lieues » écrivait Le Corbusier en 1911 après avoir visité l'Acropole d'Athènes. Le temple d'Athéna, déesse tutélaire de la ville, édifié en marbre blanc du Pentélique, est le monument grec le plus célèbre. Ce long bâtiment périptère fut considéré pendant des siècles comme l'archétype de la pureté architecturale. Après la destruction de la ville par les Perses en 480 av. J.-C., Périclès fit reconstruire tous les bâtiments de l'Acropole sous la direction artistique du célèbre sculpteur Phidias et avec la collaboration des architectes Ictinos et Callicratès. Sans l'obus vénitien qui fit exploser en 1687 la poudrière turque qui y était installée, le Parthénon nous serait parvenu presque intact. La façade du péristyle de ce temple aux dimensions colossales comprend huit colonnes au lieu de six habituellement et, en avant des antes de la cella, le pronaos n'en compte pas deux mais six. Nombre d'éléments du Parthénon, construit en style dorique, s'écartent des canons de l'ordre. Afin de mettre en valeur la monumentale statue d'Athéna Parthénos réalisée par Phidias, entourée par une colonnade à deux étages, la cella atteint une largeur exceptionnelle. Isolée, la partie ouest de la cella constituait une « salle de la vierge » – la déesse –, où quatre colonnes supportaient un plafond à caissons en bois. Les murs de la cella sont ceints à douze mètres de haut par une frise représentant le cortège des panathénées. Au cours de cette fête, la plus importante de la déesse de la ville, les Athéniens se rendaient en procession sur l'Acropole pour offrir une nouvelle tunique à Athéna et lui rendre hommage par des offrandes et des concours. La plus grande partie de la frise se trouve aujourd'hui à Londres, au British Museum. Le Parthénon est le premier monument où l'architecture classique grecque se déploie dans toute son ampleur, avec les modifications et les raffinements architectoniques qui lui confèrent toute sa vivacité. Aucune arête n'est parfaitement linéaire. Partout, des courbures presque imperceptibles confèrent aux éléments une tension dynamique. Le stylobate, la terrasse supérieure sur laquelle reposent les colonnes, présente en son centre une courbure équivalente à un millième de sa longueur. Afin d'éviter toute rigidité optique, colonnes et murs sont légèrement inclinés en dedans. Les colonnes elles-mêmes, habituellement cylindriques, sont légèrement bombées par une « entasis » qui accroît l'impression de poids et de majesté de l'édifice.
L'Érechtéion, un autre ensemble de l'Acropole, montre qu'à la fin du Ve siècle, les temples grecs ne célébraient plus seulement l'inquiétante toute-puissance des dieux, mais aussi la grandeur et la beauté des œuvres humaines. Tirant son nom d'un roi légendaire d'Athènes, l'Érechtéion abandonne le plan de temple idéal pour privilégier les solutions favorisant la richesse des points de vue offerts au spectateur.
Au sud, la tribune des cariatides souligne encore l'importance grandissante de l'homme, puisque des figures humaines remplacent les éléments portants de l'architecture. Ces cariatides ont souvent été copiées, notamment par le néo-classicisme, où elles sont devenues le symbole du lien étroit qui unit l'homme et l'architecture.

Succédant aux colonnes doriques qui s'étaient peu à peu élevées et amincies, les colonnes ioniques, d'emblée plus graciles, poursuivirent cette évolution. Tous les caractères du style ionique, les très fines cannelures à plat, l'architrave divisée en trois bandes horizontales, les volutes des chapiteaux qui soutenaient légèrement l'architrave de leur forme enroulée – au lieu de la heurter à angle droit comme dans l'ordre dorique –, tout était plus élégant et décoratif. L'Artémision d'Éphèse, achevé v. 450 av. J.-C., l'un des premiers et des plus importants temples ioniques, comportait un double péristyle à 96 colonnes et un profond pronaos doté d'une colonnade si importante qu'elle rappelait les forêts de colonnes égyptiennes.

Le faste hellénistique

Après la guerre du Péloponnèse (431-404 av. J.-C.), la Grèce classique entra dans une période de crise économique et politique qui ne s'acheva qu'avec la conquête macédonienne. Venus de Macédoine, les soldats

Pont du Gard, pont-aqueduc romain (long de 275 m, haut de 49 m) dans la vallée du Gard, près de Remoulins, fin du Ier s. av. J.-C.

Tendu au-dessus du Gard, l'aqueduc, formé de trois rangs d'arcades superposées presque entièrement conservées, alimentait en eau la ville de Nîmes. Il supporte à sa partie supérieure une canalisation revêtue d'un enduit imperméable qui amenait l'eau des montagnes par des tunnels jusqu'aux postes de répartition de la ville. La suprématie des Romains était en grande partie liée aux capacités de leurs ingénieurs. Constructions urbaines et routes témoignent de leurs connaissances techniques tout autant que de leur talent d'organisation.

de Philippe II de Macédoine déferlèrent sur la Grèce. Son fils, Alexandre le Grand, alla au-delà de son désir d'unir les Grecs. Il conquit l'Asie Mineure et fonda un empire qui s'étendait jusqu'aux Indes. Cet empire apporta aisance et prospérité à la Grèce et imposa son architecture – ou ce qui en restait – en Orient. Le goût pour les effets pompeux et les escaliers fastueux s'accentua. Alors que murs et colonnes étaient autrefois strictement séparés, les demi-colonnes engagées devinrent la règle dans les façades hellénistiques. Remplaçant les demeures d'autrefois, tournées vers l'intérieur et d'une austère simplicité, on élevait à présent de somptueux palais, des avenues bordées d'arcades, des statues de citoyens riches et des tombes grandioses. Le citoyen de la Grèce classique avait bâti des temples qui laissaient l'observateur libre de les examiner sous n'importe quel angle. Dorénavant mise en scène, l'architecture devait provoquer l'admiration. Signes avant-coureurs de décadence et de déclin, l'exagération et la pompe hellénistiques n'ont pu faire oublier la perfection de l'architecture grecque classique, comme le montrent ses nombreuses « renaissances » ultérieures.

L'ARCHITECTURE DE L'EMPIRE ROMAIN 300 AV. J.-C. – 300 AP. J.-C.

Un double héritage

Rome subit très tôt l'influence de la civilisation grecque. Ce sont les Étrusques, établis dans le nord de l'Italie et probablement venus d'Asie Mineure, qui regroupèrent les villages élevés sur les collines du Tibre en une bourgade qu'ils appelèrent Rome. Déjà très hellénisés, ils furent soumis, au milieu du IIIe s. av. J.-C., puis absorbés par les Romains au Ier s., époque à laquelle Rome avait étendu la domination à la Grèce et à l'Asie Mineure. Conquises par Rome au début du siècle suivant, les colonies grecques d'Italie, indépendantes des villes-État de la mère-patrie, avaient très tôt élaboré une architecture autonome, dont le style s'était éloigné des modèles classiques. Probablement sous l'influence étrusque, elle tendait à l'axialité et au gigantisme, accumulant les temples en un seul lieu, comme à Sélinonte, en Sicile. Sous le règne de l'empereur Auguste, ce double héritage aboutit à une forme d'art et d'architecture romaine autonome, qui dura 400 ans. Les connaissances techniques des Étrusques, excellents ingénieurs dans le domaine des ponts et chaussées, de la construction des tunnels et des voûtes, furent approfondies. L'influence de l'architecture grecque classique se limita par contre aux éléments purement décoratifs comme au Colisée, par exemple, où les ordres de colonnes furent plaqués sur les étages de la façade pour masquer les rangées d'arcades porteuses. Déjà très apprécié à l'époque hellénistique, le chapiteau corinthien s'imposa à Rome. Afin de le rendre plus somptueux encore, il fut transformé en chapiteau composite, resplendissant de volutes richement décorées au-dessus d'une couronne de feuilles d'acanthe. Autre élément typi-

Colisée, Rome, inauguré en 80 ap. J.-C.

Après l'assassinat de Néron, les empereurs de la dynastie flavienne firent construire dans l'immense domaine de la Maison Dorée de Néron, un gigantesque amphithéâtre destiné aux combats de gladiateurs et d'animaux. Cet amphithéâtre, le premier construit en pierre, remplaça les constructions en bois jusqu'alors en usage. Un système ingénieux de marches et d'escaliers, semblable à ceux de nos stades actuels, permettait une évacuation rapide de chaque rangée de gradins. L'entrée était gratuite et chacun se voyait attribuer une place en fonction de son rang social. À l'extérieur, la façade de quatre étages en travertin atteint 50 mètres de haut. Les demi-colonnes posées sur les piliers des rangées d'arcades superposées sont ornées de bas en haut de chapiteaux toscans, ioniques et corinthiens. Cet échelonnement des ordres de colonnes jouera un rôle important dans la construction des palais de la Renaissance.

quement romain, les corniches coudées, saillant à angle droit au-dessus de colonnes purement décoratives flanquant les façades. La planification urbaine était conforme au quadrillage régulier des villes étrusques et des colonies grecques, auquel on ajouta deux grands axes nord-sud et est-ouest. Situé à l'intersection de ces deux artères principales, le forum était une forme perfectionnée de l'agora grecque, centre de la vie publique de la « polis ».Les Romains en firent une place fermée, entourée de bâtiments publics de plan généralement axial comme la basilique, marché couvert et cour de justice, d'arcs de triomphe ou de temples. Comme chez les Étrusques, ces derniers étaient élevés sur de hauts socles, avec un perron à l'entrée principale, les murs postérieurs et latéraux de la cella restant nus ou décorés de simples colonnes murales.

Cette architecture urbaine brillait également dans la construction de théâtres somptueux, de stades, de thermes et de villas dotées de vastes jardins et terrasses, de salles hypostyles et de colonnades descendant parfois jusqu'à la mer. Pour faire face à la forte croissance de la population des villes, il fallut édifier des immeubles, premiers exemples de constructions collectives.

Une architecture au service de l'empire

Pour Rome, l'architecture était l'expression de la puissance. L'État, qui avait un monopole sur les matériaux naturels et disposait de ses propres briqueteries, faisait édifier par l'armée des bâtiments publics à travers tout l'empire. Il paraît tout à fait symptomatique que l'arc ait été l'élément le plus marquant de l'architecture romaine. Tandis que les colonnades, comme le péristyle grec, sont plutôt statiques et dégagent une impression de paix, les arcades, elles, sont mouvementées et dynamiques. Les arcs s'élancent vers le haut avant de revenir vers le sol, où ils forment la base d'un nouvel arc et ainsi de suite. Ils sont l'expression même de l'élan et de l'expansion vers le lointain, des attributs en parfaite adéquation avec la soif d'expansion de l'Empire romain, qui conquit de vastes territoires, où il implanta son architecture, construisit de grandes routes et approvisionna les villes en eau douce par des aqueducs qui la transportaient sur des distances considérables.

En appliquant leur technique de construction des voûtes et des coupoles à une échelle sans cesse plus grande, les Romains réussirent à créer d'énormes salles sans supports intermédiaires. Pour ce faire, ils utilisèrent un matériau aujourd'hui universel : le béton. Il s'agissait alors d'un mélange de calcaire, de moellons, d'eau et de terre volcanique venue du Puzzuoli. Une fois coulé dans des moules, le mélange était séché et utilisé sous forme de briques. La coupole du Panthéon a été réalisée avec ce matériau. Pour des raisons architectoniques, sa forme, vue de l'extérieur, ne paraît pas hémisphérique.

Contrairement au Panthéon, à plan centré, la plupart des édifices publics romains tendaient vers l'axialité. L'effet architectural était accentué par la décoration des bâtiments, rehaussés par des peintures hautes en couleur. L'architecture de prestige romaine, orientée vers le paraître, dissimulait le plus souvent la misère des matériaux – briques et moellons – derrière les façades en marbre, les mosaïques et le stuc.

L'architecture romaine ne cessa, au cours des siècles suivants, d'accroître ses dimensions tout comme sa magnificence. Avec les menaces extérieures et la dégradation des finances publiques, l'Empire romain, dirigé par des empereurs se succédant à une rapidité vertigineuse ou en concurrence déclarée, commença à se disloquer intérieurement au IIIe siècle.

Panthéon, Rome 118-125 ap. J.-C.

La puissante impression d'harmonie et de simplicité qui se dégage du volume intérieur de ce temple, situé sur le champ de Mars et dédié à tous les dieux romains, provient de ses proportions, où hauteur et diamètre sont pratiquement équivalents. La coupole, ornée de caissons, diffuse de la lumière par une seule ouverture percée en son centre, haut de 43,30 m. Les murs, en briques, sont incrustés de fines plaques de marbre. Pour alléger la structure de la coupole, des pierres volcaniques ont été mélangées au mortier. Les arcs de décharge et les voûtes destinés à supporter son poids sont incorporés et dissimulés dans les parois latérales. Entouré par d'autres bâtiments, le temple primitif, avec sa façade à fronton, avait l'air d'un temple ordinaire.

Dès la période hellénistique, les panthéons étaient des temples dédiés au souverain, élevé au rang des dieux. Par l'érection du Panthéon, à l'emplacement d'un édifice datant du règne d'Auguste, l'empereur Hadrien voulut rendre hommage au fondateur de l'Empire.

Saint-Sabin de l'Aventin, Rome, 422-432

Après l'édit de Milan, de vastes édifices chrétiens virent le jour au IVᵉ siècle. Ils reprirent le plan des bâtiments publics romains ainsi que leurs schémas d'aménagement intérieur.
À côté des bâtiments de plan centré des débuts du christianisme, surtout des chapelles votives bâties sur la tombe d'un martyr ou des baptistères, on avait besoin de vastes salles pour réunir l'assemblée des fidèles – l' « ecclesia ». Les premières eurent la forme de basiliques.
La basilique Saint-Sabin, sur l'Aventin, est l'une des mieux conservées. Des rangées d'arcs supportés par des colonnes d'ordre corinthien séparent la nef centrale des collatéraux, moins élevés. De part et d'autre de la nef, les grands pans de mur sont percés par des fenêtres hautes en plein cintre. La charpente en bois du comble était ouverte. L'autel s'inscrit dans une abside semi-circulaire, décorée de mosaïques. L'architecture des débuts du christianisme est marquée par la simplicité et la luminosité.

L'ARCHITECTURE BYZANTINE PALÉOCHRÉTIENNE 300-640

Une religion au pouvoir

Dioclétien tenta de mettre fin aux luttes pour le pouvoir dans l'Empire romain en instaurant une tétrarchie. Les conflits reprirent après son abdication jusqu'à ce que Constantin Iᵉʳ s'impose, en 312. Pour des raisons politiques, il fit cesser les persécutions dont étaient victimes les chrétiens. Surtout répandu dans la population pauvre, le christianisme s'appuyait sur une force mystique qui avait manqué jusque-là dans l'Empire. En outre, sa hiérarchisation poussée le rendait plus facile à contrôler. En échange de cette réconciliation, il dut toutefois abandonner certains principes jusqu'alors inviolables, comme la non-violence, afin de fournir les soldats dont l'Empire avait un besoin urgent. En 391, le christianisme était proclamé religion d'État par l'empereur Théodose.
Dès lors, l'Église eut besoin d'édifices à la mesure de sa nouvelle position, non seulement pour marquer sa puissance, mais aussi parce que les anciens temples étaient trop exigus. Contrairement aux cultes païens, où les sanctuaires n'étaient accessibles qu'aux prêtres, le christianisme avait besoin de vastes espaces pour rassembler ses fidèles lors des prières collectives. Sur la base des architectures existantes, le christianisme développa une grande diversité de solutions architectoniques. Les mausolées des empereurs servirent de modèle aux sanctuaires des martyrs et les thermes aux baptistères. Les basiliques antiques, jusqu'alors profanes, puisqu'elles servaient de marché couvert, d'assemblée publique et de cour de justice pour l'empereur, devinrent des basiliques chrétiennes, des églises. Pour répondre aux exigences du culte chrétien, celles-ci devaient permettre à l'assemblée de se tourner vers l'autel et le clergé. Le plan longitudinal était né. Dans les basiliques des débuts du christianisme, une nef transversale s'ajoutait à l'extrémité est de la nef principale, sans néanmoins former un plan cruciforme comme plus tard à l'époque romane. L'origine exacte de ce plan est controversée. Le Dieu chrétien ayant remplacé l'empereur divinisé, il est probable que l'architecture sacrée ait repris en l'adaptant le symbolisme de certains éléments architectoniques comme le forum.
Au début de ce christianisme officiel, on utilisa souvent les fondations d'anciens temples et même des colonnes disparates pour les nouvelles églises. Autant l'Empire romain avait-il, à l'apogée de sa gloire, accordé une importance primordiale à l'apparat, autant la façade de la salle d'audience de l'empereur Constantin à Trèves (début du IVᵉ s.) paraît simple, avec ses arcades aveugles réunissant chacune deux fenêtres à plein cintre superposées et sans décorations. Les basiliques étaient tout aussi dépouillées. Dans l'abside, là où se trouvait autrefois la tribune de l'empereur, recouverte d'un baldaquin, on trouvait désormais l'autel, la « table du Seigneur », sou-

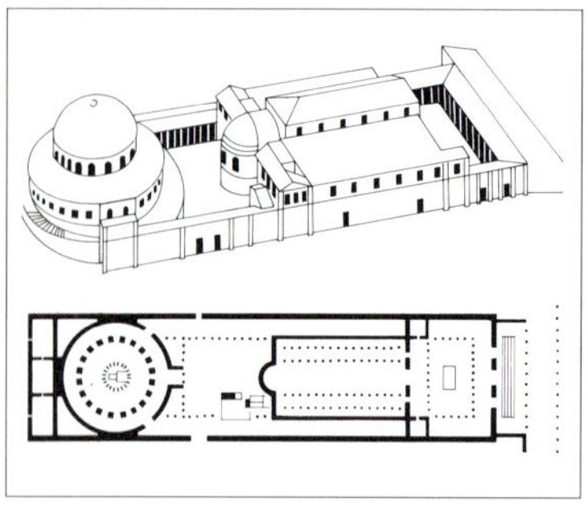

Église du Saint-Sépulcre, Jérusalem, commencée en 326 sous le règne de Constantin. Vue d'ensemble et plan. De gauche à droite : rotonde (déambulatoire à deux niveaux, plan centré à trois étages surmontés d'une coupole), cour avec galerie et colonnade, basilique à 5 nefs, atrium.

L'Église du Saint-Sépulcre servit jusqu'au Moyen Âge de modèle à de nombreux bâtiments à plan centré.

Basilique Saint-Vital, Ravenne, 522-547

La basilique octogonale à plan centré de Justinien Iᵉʳ, empereur d'Orient, servit de modèle à la Chapelle Palatine de Charlemagne à Aix-la-Chapelle.

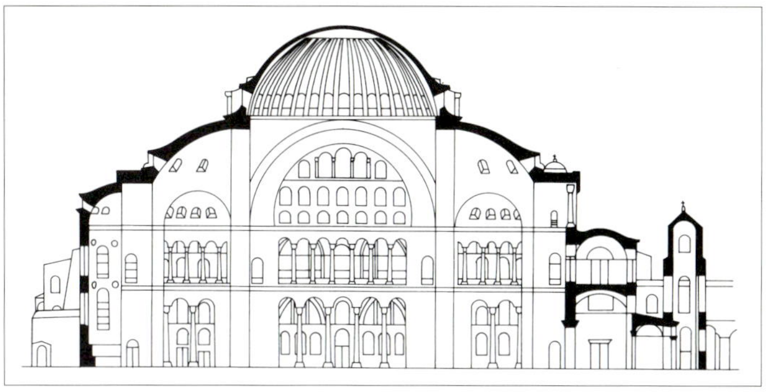

Sainte-Sophie, Constantinople, Anthémios de Tralles et Isidore de Milet, 532-537 : vue de l'intérieur (à g.), vue extérieure (en haut, à d.), coupe longitudinale (ci-dessus)

SAINTE-SOPHIE

L'église de la « sagesse divine » de Constantinople, l'actuelle Istanbul, est baignée d'une lumière céleste. On rapporte que l'empereur Justinien, voyant pour la première fois l'église achevée, s'est écrié : « Salomon, je t'ai surpassé ! »

Les débuts du christianisme marquent un changement d'orientation de l'architecture. On construit encore à la manière de l'Antiquité, mais en donnant aux bâtiments un sens différent. L'édifice doit désormais proclamer la gloire de Dieu, ses éléments comme son ensemble revêtent une valeur symbolique. L'atmosphère, la luminosité, doivent évoquer la mystique divine. Que Justinien se compare au roi Salomon, bâtisseur du Grand Temple de Jérusalem, par le truchement de ses architectes Anthémios de Tralles et Isidore de Milet, montre à quel point la tradition biblique est alors fortement ancrée. Le dôme central et le plan basilical sont curieusement unis. Une rangée de fenêtres à la partie inférieure de la coupole donne l'impression qu'elle est suspendue dans les airs. Le puissant dôme à pendentifs repose sur quatre piliers, dont la poussée latérale est compensée à l'est et à l'ouest par des voûtes en cul-de-four, au sud et au nord par un système de voûtes. Deux murs percés d'ouvertures aux formes variées filtrent la lumière. Aucun élément architectonique n'est particulièrement mis en valeur. Le chatoiement de la mosaïque aux couleurs vives qui couvre les parois intérieures paraît un reflet de l'amour de Dieu. L'architecture ne trouve son accomplissement dans la perfection de ses propres proportions, comme dans l'Antiquité grecque, mais en transcrivant de manière visible les symboles de la religion. L'architecture devient porteuse d'un message.

vent dressé, les premiers temps, sur la tombe d'un saint. Devant le maître-autel se tenaient les chœurs, qui donnèrent leur nom à cette partie de l'édifice.

Les coupoles de la « Nouvelle Rome »

Les remous provoqués par les grandes invasions affaiblirent l'Italie et Rome, capitale des provinces occidentales de l'Empire, divisé en 395. Le centre du pouvoir se déplaça de Rome à Byzance, rebaptisée Constantinople (depuis 1930, Istanbul) par l'empereur Constantin en 330, entraînant un transfert de l'architecture dans la nouvelle métropole de l'Empire romain d'Orient. Sous Justinien Ier, qui tenta de reconstituer la puissance et l'étendue de l'ancien empire, on perfectionna l'idéal du temple circulaire romain, sur le modèle du Panthéon. Les plus grands dômes de l'époque sont ceux de la basilique Saint-Vital de Ravenne, siège du gouverneur de Byzance en Italie, et de Sainte-Sophie (Hagia Sophia) de Constantinople. Aux masses et à la puissance recherchées par l' « ancienne » Rome succèdent la légèreté et l'élégance. Au-delà de l'esthétisme, l'accumulation des voûtes et des coupoles a des raisons architectoniques : voûtes et déambulatoires latéraux servent à contrer le poids de la coupole principale qui, comme toute construction cintrée, exerce une poussée vers l'extérieur sur ses piliers et ses murs de soutien. Les coupoles de la « Nouvelle Rome » symbolisaient le cosmos et le ciel et créaient, avec leur plan centré, un modèle d'architecture encore en usage de nos jours dans les églises chrétiennes d'Orient.

INFLUENCE
ET AUTONOMIE

L'ISLAM

622-1600

DE MAHOMET À LA CHUTE DE GRENADE 622-1492

Des ambitions architecturales modestes

L'église Sainte-Sophie était l'expression architecturale du rêve de l'empereur Justinien Ier, qui voulait rendre à l'empire d'Orient la grandeur de l'ancien Empire romain. Malgré ce témoignage de puissance, l'Empire byzantin fut menacé, avec la naissance de Mahomet à la Mecque, vers 570, par l'essor d'une religion et d'un empire qui allait peu à peu l'affaiblir puis l'étouffer. Le Prophète réussit encore à unir de son vivant les tribus de la péninsule arabe. Après sa mort, en 632, les califes (« successeurs » en arabe) conquirent en l'espace d'un siècle un empire qui s'étendait de l'Espagne à l'Indus.

Contrairement au christianisme, Allah – Dieu en arabe – ne peut apparaître sous forme visible. L'inconcevable ne se représente pas et toute image en est formellement proscrite. Les musulmans se rassemblent généralement à la mosquée le vendredi pour la prière de midi, bien que l'islam ne les oblige pas à s'y rendre. Les cinq prières rituelles quotidiennes peuvent être dites en tout lieu, à condition que le fidèle ait procédé à l'ablution de purification et qu'il soit tourné vers La Mecque.

Les ambitions architecturales de la nouvelle religion étaient tout aussi modestes. Ni le Prophète ni les quatre califes qui lui succédèrent ne semblent avoir érigé de grands édifices. Essentiellement nomades, les Arabes ne s'étaient pas, jusqu'alors, préoccupés d'architecture. Les édifices anciens des territoires qu'ils conquirent furent donc fréquemment transformés en mosquées.

Rivaliser avec l'Occident

Il en allait tout autrement dans les lieux ayant à leurs yeux une grande valeur symbolique, comme la Coupole du Rocher de Jérusalem ou les somptueux édifices de culte érigés par les chrétiens, par exemple en Syrie. Ces lieux sacrés étaient traités avec respect, tout en constituant un défi que les Omeyyades décidèrent de relever. La première grande mosquée qu'ils érigèrent à Damas, leur capitale, servit de modèle à toutes celles qui furent construites sous leur règne.

Le prototype de la mosquée n'était autre que la Maison du Prophète à Médine. C'est un lieu de prières personnelles et collectives, de réunions publiques et de discussions politiques; elle sert de centre d'enseignement théologique et de cour de justice, de refuge pour les fidèles sans abri et même d'hôpital. Plus tard, on construira ou on réservera des espaces spécifiques pour ces différentes fonctions.

L'archétype de la mosquée suit le plan de la maison arabe, avec une pièce au toit soutenu par des troncs de palmier. Elle comprend traditionnellement une salle à colonnes (haram), close par un mur (quibla) orienté vers La Mecque, dans lequel s'inscrit une niche (mihrab) généralement surmontée d'un arc et flanquée de colonnes où se place l'officiant (imam). Les sommets des colonnes ou des piliers du haram sont reliés par des arcades qui courent parallèlement, parfois perpendiculairement au quibla. Les arcades encadrant la nef qui conduit au mihrab sont

622 : Mahomet part de la Mecque pour Yathrib-Médine (la « ville du prophète »). Début du calendrier islamique.

630 : Retour de Mahomet à la Mecque. Il purifie la ville et la Kaaba, le vieux sanctuaire arabe, et les libère de l'idolâtrie. La nouvelle religion s'impose en Arabie.

632 : Mort de Mahomet à Médine.

632-661 : Époque des Quatre Califes. Expansion rapide de l'islam. Codification de la doctrine de Mahomet.

661-750 : Dynastie des Omeyyades avec Damas pour capitale. Développement d'une civilisation arabe homogène et consolidation de l'empire islamique.

710/711 : Début de la conquête et de l'implantation arabe en Espagne.

756-1031 : Émirat (califat après 929) de Cordoue sous les Omeyyades d'Espagne. Apogée de l'art et de la culture islamique en Occident.

750-1258 : Califat abbasside de Bagdad. Reflux de la culture arabe, hégémonie perse dans les arts, les lettres et les sciences. Apogée culturel sous Haroun al-Rachid (786-809) et al-Mamoun (813-833).

909-1171 : Califat autonome chiite des Fatimides au Caire, nouvelles impulsions culturelles.

1256-1258 : Invasions mongoles en Perse, prise et destruction de Bagdad.

1453 : Prise de Constantinople par les Turcs. L'Empire ottoman, qui s'étend dans les Balkans, en Afrique du Nord, sur les îles de la Méditerranée, devient une grande puissance européenne.

1501-1722 : Dynastie des Séfévides en Perse. Nouvel âge d'or de l'art islamique.

1526-1858 : Empire islamique des Grands Moghols en Inde. Développement d'un style artistique original. Déclin au XVIIIe s.

Ornementation islamique : décoration florale d'une mosquée

Coupole du Rocher, construite sous le calife omeyyade Abd al-Malik, Jérusalem, 687-692

La Coupole du Rocher (en arabe Qubbat as-Sahra) a été édifiée au moment où le calife voulait faire de Jérusalem la nouvelle métropole religieuse de l'islam au lieu de La Mecque et de Médine. Il fit donc bâtir cet octogone à plan axial, sans référence à la direction de La Mecque, sur un affleurement rocheux considéré comme un lieu saint par les musulmans – c'est le point de départ de l'ascension mystique du Prophète dans les cieux – et par les juifs sous le nom de « mont Moriath » – en relation avec Abraham. Selon la tradition, l'antique temple de Salomon se trouvait également à cet endroit. Abd al-Malik voulait faire du dôme un symbole commun au judaïsme, au christianisme et à l'islam.
L'octogone comprend deux déambulatoires circulaires pour les processions – comme autour de la Kaaba à La Mecque – et s'ouvre sur l'extérieur par quatre portes orientées vers les points cardinaux. Le déambulatoire intérieur est surmonté par la puissante coupole dorée. Les murs extérieurs sont décorés jusqu'à la hauteur des fenêtres par des panneaux de faïence turque. Le bâtiment abrite des joyaux, des couronnes et des attributs de souveraineté.
Les architectes syro-byzantins de la mosquée, qui voulaient qu'elle rivalise avec les édifices chrétiens de la ville, connaissaient l'antique symbolique gnostique des nombres et l'ont transcrite géométriquement. Pendant la domination des croisés (1099-1187) la Coupole du Rocher fut transformée en église chrétienne.

parfois plus importantes et plus hautes. La salle de prière est précédée d'une cour entourée de galeries à colonnades qui présente une fontaine pour les ablutions rituelles et une tour (minaret), d'où l'on appelle les fidèles à la prière.

Dans son désir de rivaliser avec les édifices des autres religions, l'architecture islamique reprit des formes de l'Antiquité tardive, des débuts du christianisme, des formes persanes, sassanides et indiennes, et parfois même des constructions existantes sans les modifier. Pourtant, les espaces intérieurs ne sont jamais très impressionnants. La différence de culte fait qu'il n'y a pas, dans la mosquée, de centre comparable à l'autel chrétien. La Grande Mosquée de Cordoue (785-fin du Xe s.), considérée comme l'apogée du style omeyyade, fut progressivement agrandie, à partir d'une modeste salle à colonnes, jusqu'à compter 19 nefs longitudinales et 35 transepts. L'absence de souci de symétrie finit par décaler le mihrab par rapport à l'axe central. Une position centrale qui n'est d'ailleurs pas obligatoire, puisqu'il sert seulement à marquer l'emplacement de l'imam et la direction de la prière.

La Grande Mosquée de Cordoue, défigurée après la Reconquête espagnole par la construction d'une église à l'intérieur, était un monument somptueux. Ses murs extérieurs à contreforts présentaient nombre de portails ornés, des motifs en bande en pierre calcaire décoraient les arcades de la salle de prière, des travées élégamment entretissées se terminaient en coupoles au-dessus du mihrab, on avait fait venir des artisans de Constantinople pour les mosaïques...

Après 750, les Omeyyades ne réussirent à maintenir leur califat qu'en Espagne, puis au Maroc. En 762, les Abassides, nouveaux maîtres de l'empire conquis par l'islam, établirent une nouvelle capitale à Bagdad. Leurs emprunts à l'architecture de la Perse sassanide se retrouvent dans la Grande Mosquée de Samarra. On y retrouve une salle voûtée en berceau (iwan), s'ouvrant sur une cour intérieure. Quatre de ces salles encadrant une cour formaient le plan typique de la madrasa, où se tenait l'école coranique, auparavant abritée par la mosquée. Associée à l'essor des coupoles, à partir du XIe siècle, la madrasa finit même par influencer, surtout en Perse, l'architecture des mosquées.

Minaret en spirale, Grande Mosquée de Samarra (Irak), 848-852

Le minaret, hélicoïdal, est une imposante tour en briques de 55 m de haut située sur l'axe central de la mosquée, devant le mur nord. L'édifice, la plus grande mosquée du monde islamique, peut accueillir 100 000 fidèles.
Sa forme s'inspire des tours à degrés babyloniennes (ziggourat) et fut probablement transmise à l'islam par la Perse sassanide.

Alhambra, Cour des Lions : arcades, vasque. Grenade, Espagne, XIVe s.

La citadelle des princes nasrides de Grenade est considérée comme l'un des édifices les plus importants de l'architecture islamique. La Cour des Lions, construite entre 1354 et 1391, au centre de laquelle se trouve une grande vasque soutenue par douze lions, est la partie la plus célèbre du palais. L'illustration la montre en vue axiale depuis l'un des pavillons formant saillie aux deux extrémités du complexe. L'eau des petites fontaines qui s'y trouvent rejoint la vasque de la cour par deux canalisations.
La cour est enclose par un portique à toiture pyramidale reposant sur de minces colonnes aux arcs cintrés à angle aigu. Le stuc sculpté et les dentelures des arcades accentuent la grâce et le décor raffiné de l'édifice.

LA GRANDE ÉPOQUE OTTOMANE 1400-1600

Les Ottomans relèvent le défi

La résidence des derniers princes musulmans d'Espagne fut l'Alhambra de Grenade, construit aux XIIIe et XIVe siècles. Le palais n'offre aucune autre décoration extérieure que la verdure des jardins, la surface miroitante de l'eau des vasques et le murmure des fontaines, un site de rêve dont les formes des bâtiments sont estompées par des stalactites et autres ornements.
Lorsque la domination arabe fut définitivement boutée hors d'Espagne par la Reconquête, en 1492, une autre grande puissance musulmane s'était déjà établie de l'autre côté de la Méditerranée. Aux XIe et XIIe s., les Turcs, venus d'Asie centrale, avaient pénétré jusqu'en Asie mineure. Au XIVe siècle, leur empire s'étendait jusqu'aux Balkans. Quelques décennies plus tard, il comprenait la Tunisie, la péninsule arabe et une partie de la côte nord de la Mer noire. La prise de Constantinople, en 1453, couronna cette phase de conquête.
L'actuelle Istanbul connut alors une période faste. La « Nouvelle Rome », métropole de la chrétienté orthodoxe, devint la capitale de l'empire ottoman. Ses immenses édifices, Sainte-Irène et Sainte-Sophie surtout, allaient influencer de manière décisive l'architecture islamique.
La construction des coupoles, bien maîtrisée depuis le XIIe siècle, allait permettre à l'architecture musulmane de faire évoluer la structure de la mosquée à colonnades, jusqu'alors uniquement dotée de petites coupoles. Cette évolution ne se concrétisa qu'en 1539, avec la nomination du Turc Sinan, pour qui Sainte-Sophie était devenue une idée fixe, comme premier architecte de l'empire. Après plusieurs autres édifices, il construisit son chef-d'œuvre, la mosquée du sultan Selim II. Constantinople regorgeant déjà de grandes mosquées à coupoles, il la bâtit à Édirne, l'ancienne Andrinople, première capitale ottomane en Europe. Avec cette mosquée, qui accumule coupoles et demi-coupoles, Sinan a réalisé une construction d'autant plus imposante qu'elle est haute et compacte. Typiques de l'art ottoman, les minarets élancés forment un élégant contrepoint avec la masse centrale.

La clarté prend le pas sur le décor

L'âge d'or des mosquées à coupoles – apogée de l'architecture islamique – est contemporain de la Renaissance en Occident, où la coupole joua également un rôle primordial. Les édifices sacrés de l'islam sont toutefois radicalement différents des églises chrétiennes. Compte tenu des fonctions respectives du mihrab et de l'autel, l'organisation spatiale de l'église, la perspective, la coupole jouant le rôle du ciel n'ont pas lieu d'être en Orient.
Sinan attachait plus d'importance à la clarté de l'espace qu'à la somptuosité des mises en scène, si bien que l'intérieur de ses mosquées contraste avec la complexité des éléments extérieurs. L'espace intérieur, enveloppé de surfaces et de murs lisses, n'est pas un entrelac d'éléments architecturaux. Les

Grande Mosquée de Sélim II, Édirne (Turquie), Sinan,1570-1574

La mosquée du sultan Selim II est la dernière grande œuvre de Sinan, légendaire architecte ottoman. Alors âgé de plus de 80 ans, il considérait cette mosquée comme son chef-d'œuvre. Il choisit de l'inscrire au fond d'une large cour rectangulaire. La mosquée est flanquée de quatre hauts minarets qui encadrent une coupole de 32 m de diamètre. Celle-ci surplombe une salle dont la forme reprend celle du cube de la Kaaba de La Mecque. Cette salle est portée par huit piliers octogonaux massifs. Le mihrab étant situé face à l'entrée, la salle de prière, d'une sobriété extrêmement raffinée, éveille une impression d'axialité. Par une admirable conception de l'éclairage, l'édifice semble illuminé par le soleil. Cette mosquée est considérée comme le chef-d'œuvre de l'architecture ottomane.

TAJ MAHAL

Le Taj Mahal est un somptueux mausolée élevé par l'empereur moghol Shah Jahan (1628-1658) entre 1632 et 1652 à la mémoire de son épouse Mumtaz Mahal, morte en couches en 1630. L'édifice de marbre blanc se situe en retrait du jardin de Jahar Bag, car Shah Jahan avait l'intention de faire construire pour lui-même un mausolée identique en marbre noir, sur l'autre rive de la Yamuna. Renversé en 1658 par son fils Aurangzeb, il fut inhumé en 1666 auprès de son épouse bien-aimée Mumtaz Mahal.

On pénètre dans le complexe par un portail en grès rouge qui contraste avec le marbre blanc du mausolée, qui se reflète, encore lointain, dans le grand bassin qui s'étend devant lui.

Le Taj Mahal s'élève sur un plan carré à angles coupés. L'énorme dôme en bulbe, de 28 m de diamètre pour 65 m de hauteur, est supporté par un haut tambour. Une longue salle de 20 m de haut (iwan) dont le couronnement dépasse la hauteur du toit, s'ouvre de chaque côté. Raccordés pyramidalement à la coupole principale, les pavillons latéraux confèrent à l'édifice un mouvement d'élévation, accentué par les quatre minarets élancés qui le soulignent sans l'écraser. D'une parfaite symétrie axiale, le Taj Mahal reflète par sa blancheur les changements de lumière et le soleil lui confère toute une variété de nuances colorées.

L'organisation intérieure du mausolée est déterminée par la déambulation des pèlerins autour du tombeau. La salle centrale relie entre elles les quatre salles annexes disposées sur les axes diagonaux du bâtiment. La salle du tombeau est surmontée par une coupole hémisphérique, au-dessus de laquelle se trouve l'énorme dôme en bulbe, uniquement visible de l'extérieur. Un espace vide inutilisé sépare les deux dômes.

L'architecte du Taj Mahal est resté anonyme, ce qui donna lieu à de multiples spéculations. On continue également de débattre pour savoir ce qui, dans le Taj Mahal, relève vraiment de l'art moghol indien. On y retrouve en effet, des éléments proches des mausolées timourides et des dômes en bulbe perses des Séfévides.

fenêtres sont sobres, les murs sont décorés à plat de mosaïques et d'ornements végétaux, géométriques ou calligraphiques. Ces motifs abstraits, imposés par l'interdit iconographique de l'islam, concourent largement à l'impression que produit l'intérieur des mosquées.

C'est cela, sans doute, qui fait dire à l'observateur occidental, cherchant à décrire les plus illustres exemples d'architecture islamique, qu'ils sont d'une « beauté et d'une somptuosité féerique ». Une vision trompeuse, reprise dans les textes, les illustrations et, plus récemment, dans les films, qui situent toujours les contes des « Mille et une nuits », par exemple, dans l'architecture islamique du Moyen Age. En voyant ces édifices, la plupart des Occidentaux y associent un monde de contes et de légendes, prouvant ainsi leur ignorance de l'architecture levantine. Un paradoxe qui pousse même les Européens à ne plus reconnaître des édifices paléochrétiens repris ultérieurement par l'islam. Ainsi la plupart tiennent-ils Sainte-Sophie – en son temps la plus grande église de la chrétienté –, même sans ses minarets tardifs, pour une mosquée. Si l'islam a laissé quelques édifices en Europe, son influence sur l'architecture occidentale se résume essentiellement à l'ornementation.

L'ARCHITECTURE CAROLINGIENNE ET OTTONIENNE 750-1024

Des châteaux forts pour Dieu et l'empereur

L'ARCHITECTURE ROMANE

750-1250

Dans le giron de l'Église

Les grandes invasions ayant donné le coup de grâce à l'Empire romain d'Occident, sa disparition marqua le début d'une période de grande insécurité en Europe. Les anciennes provinces romaines tombèrent sous la coupe de multiples souverains dont le pouvoir ne durait guère. L'État, la justice, les techniques, tout ce qui permet une vie sociale disparut. Le niveau de vie diminua, l'urbanisme régressa, entraînant une paralysie culturelle et architecturale.

Seul le pouvoir de l'Église pouvait encore s'étendre au-delà de territoires limités et durer plus de quelques décennies. C'est donc elle qui reçut l'héritage de Rome et le patrimoine culturel de l'Antiquité, à partir duquel la civilisation occidentale put à nouveau se développer.

Les monastères des Bénédictins, premier ordre monacal de l'Occident, fondés en 529, prirent une large part à cette évolution. Souvent situés dans des régions peu civilisées, ils avaient en quelque sorte une fonction d'éclaireurs culturels. C'est dans ces monastères que l'on copiait et traduisait les livres antiques, que l'on étudiait et enseignait y compris à des laïcs extérieurs à l'ordre. Les moines, spécialisés dans certains travaux et certaines études, jouaient souvent un rôle de conseiller auprès des princes. Les domaines qu'ils possédaient assuraient aux monastères leur subsistance et un certain pouvoir. En ces temps où seule régnait la loi du plus fort, les monastères servaient souvent de refuge. Nombre de villages s'élevèrent près d'eux.

L'héritage de Rome revendiqué

La signification politique, économique et culturelle de l'Église, bref, son rôle social, s'accrut encore lorsqu'une nouvelle puissance commença, au VIIIe siècle, à reconstituer une forme d'État. L'alliance entre l'Église et l'Empire franc, initiée par Pépin le Bref, fut encore renforcée par Charlemagne. Le pape s'assurait ainsi une certaine indépendance vis-à-vis des empereurs byzantins, et le souverain des Francs voyait son pouvoir légitimé par le premier représentant de Dieu. À la Noël 800, le pape Léon III couronna Charlemagne empereur d'Occident à Rome. Placée sous le signe de l'Empire romain disparu, cette fondation d'un nouvel empire d'Occident entraîna aussi la volonté de renouer avec une grande architecture. À l'exception des édifices construits dans l'empire byzantin ou par lui, à Ravenne, par exemple, plus rien de grandiose, de durable ou de somptueux n'avait été élevé en Europe depuis la chute de la Rome. Pour rivaliser avec Byzance, alors au faîte de sa puissance, et aussi pour revendiquer l'héritage romain, on se consacra de nouveau, sous Charlemagne, à la construction monumentale en pierre. En vertu de l'alliance conclue entre la couronne et le clergé, l'activité des bâtisseurs se limita presque exclusivement à ériger des églises et des monastères. En retour, l'Église dut accepter

751 Pépin le Bref succède au roi mérovingien Childéric III et fonde la dynastie carolingienne.

800 Le pape Léon III sacre Charlemagne empereur.

1066 Vainqueur du roi Harold II à Hastings, Guillaume le Conquérant est couronné roi d'Angleterre à Westminster.

1073 Lutte du pape Grégoire VII contre les princes laïques qui confèrent des dignités ecclésiastiques (évêché, abbayes) : querelle des Investitures avec l'empereur.

1077 L'empereur Henri IV s'humilie à Canossa devant le pape Grégoire VII. Il obtient la levée de son excommunication et renforce son pouvoir dans l'empire.

1096 Le pape Urbain II lance la Première Croisade contre l'islam turc : elle s'achève avec la prise de Jérusalem.

1098 L'abbé Robert de Cîteaux fonde l'ordre des Cisterciens.

Vers 1100 La coutume du tournoi, d'origine franque, se répand. Hildegarde de Bingen, abbesse et savante, écrit des ouvrages religieux et scientifiques et s'oppose aux abus de l'Église.

1119 Fondation de la première université européenne à Bologne, avant Paris, 1150, Oxford, 1163, Salamanque, 1218 et Cambridge, 1229.

1122 Le Concordat de Worms met fin à la Querelle des Investitures, Henri V renonçant à l'investiture.

Tapisserie de Bayeux : le roi Harold touché par une flèche pendant la bataille d'Hastings.

1147 Bernard de Clairvaux engage la deuxième croisade sous Conrad III de Hohenstaufen.

1155 Sacre de l'empereur Frédéric Ier (Barberousse) à Rome.

1170-1220 Apogée de la littérature courtoise avec Chrétien de Troyes, Wolfram von Eschenbach et Walther von der Vogelweide.

1215 Les barons anglais forcent Jean sans Terre à signer la Grande Charte. Elle garantit les privilèges des villes, la libre circulation des marchands, l'hérédité des fiefs et le libre choix des évêques par le clergé.

1232 La cour de Frédéric II à Palerme devient le centre de la vie culturelle italienne. L'empereur confie en Allemagne d'importantes prérogatives aux princes ecclésiastiques et laïcs.

Vers 1250 « Carmina Burana », recueil de chants médiévaux allemands des ménestrels.

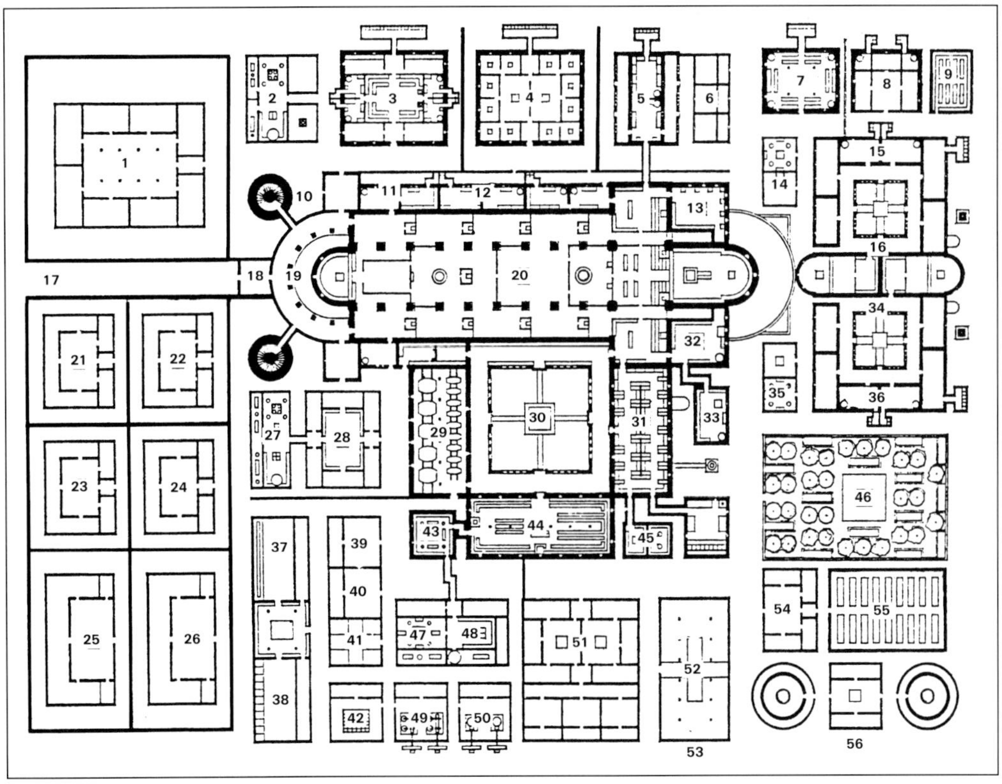

Plan sur parchemin d'un monastère,
Saint-Gall, v. 820

1 Bâtiment d'accueil des dignitaires et de leur suite **2** Communs **3** Logement des dignitaires **4** École externe **5** Logement de l'abbé **6** Communs **7** Bâtiment de la saignée **8** Bâtiment du médecin et pharmacie **9** Jardin d'herbes **10** Clocher **11** Conciergerie **12** Directeur de l'école **13** Bibliothèque **14** Bains et cuisine **15** Hôpital **16** Cloître **17** Entrée **18** Salle de réception **19** Chœur **20** Église abbatiale (basilique) **21** Bâtiment des valets de ferme **22** Bergerie **23** Porcherie **24** Chèvres **25** Juments **26** Vaches **27** Cuisine **28** Auberge **29** Garde-manger et cellier **30** Cloître **31** Dortoir et salle chauffée **32** Sacristie **33** Fabrication des hosties **34** Cloître **35** Cuisine **36** École des novices **37** Chevaux **38** Bœufs **39** Tonnelier **40** Tourneur **41** Entrepôt **42** Touraille **43** Cuisine **44** Réfectoire **45** Bains **46** Cimetière **47** Brasserie **48** Boulangerie **49** Foulage **50** Moulin **51** Artisanats divers **52** Aire de battage **53** Grange à céréales **54** Maison du jardinier **55** Potager **56** Élevage des volailles

une certaine sécularisation. Autrement dit, elle commença à s'intéresser à la forme que devait prendre le monde chrétien.

Sur le plan architectural, cela s'exprima entre autres par l'apparition des églises à double chœur, tel qu'on le voit déjà dans l'église abbatiale de Saint-Gall. L'existence d'une esquisse de l'édifice avant sa construction, atteste de la renaissance d'une véritable conception architecturale. L'organisation fonctionnelle de l'abbaye (plan ci-dessus) est caractéristique : à l'ouest, les logements des artisans, les ateliers et les granges, à l'est l'école des novices, l'hôpital et le cimetière. Conformément à l'orientation traditionnelle des églises sur l'axe est-ouest, l'univers profane se trouvait à l'ouest et ce qui relève du sacré à l'est.

Il est donc surprenant de voir apparaître à ce moment dans de nombreuses églises un chœur occidental en plus de celui qui se trouvait à l'est. La vénération des saints et des reliques s'intensifiant, les bâtisseurs considérèrent qu'un second autel, également pourvu d'un chœur, était indispensable pour rendre hommage à deux saints patrons.

Mais bientôt, le second chœur, auquel se joignait un second transept et une seconde tour-lanterne, devint le symbole d'un pouvoir temporel. Les riches façades occidentales à deux tours se multipliaient. Elles étaient généralement consacrées aux archanges Gabriel et Michel. D'après l'Écriture sainte, ce dernier était le chef de la milice d'anges chargés de protéger la Jérusalem céleste. Posté sur la façade ouest d'une église, il devait empêcher le Mal de pénétrer dans l'édifice. Des chapelles lui étaient également fréquemment dédiées près de l'entrée des églises. La partie occidentale était également vouée à l'empereur ou au roi. Face au maître autel, le souverain séculier, « bras armé de l'Église », était l'équivalent terrestre de saint Michel.

Compte tenu de sa personnalité et de son rôle historique, on ne s'étonnera pas de constater que cet usage se produisit sous et pour Charlemagne. Le grand portail de la Chapelle palatine de sa résidence d'Aix-la-Chapelle le représentait, littéralement adossé à la puissance divine. La chapelle s'inspire de la basilique Saint-Vital de Ravenne, ancienne cité impériale romaine, que le roi wisigoth Théodoric choisit comme capitale après sa victoire sur Rome. Édifiée au centre d'un vaste complexe palatial, la Chapelle palatine d'Aix-la-Chapelle, édifice de plan central avec tribunes, inspira non seulement toutes les chapelles de château jusqu'au XVIIIe siècle mais servit aussi de modèle à tous les massifs occidentaux des grandes églises.

Les souverains francs, qui voyageaient beaucoup au sein de leur empire, ne disposaient pas partout d'un palais. Eux-mêmes et leur cour résidaient donc souvent dans des églises, auxquelles on ajoutait un massif

Le plan de l'abbaye montre par le menu tout ce qui faisait partie d'une grande abbaye carolingienne. Au centre se trouve la vaste église abbatiale avec deux tours circulaires isolées devant la façade occidentale. L'église est immédiatement reliée, au sud au grand cloître, d'où on accède au dortoir de 77 lits nettement reconnaissables, et au réfectoire, avec ses tables et ses bancs. Les dimensions du dortoir peuvent être précisément estimées à 12,5 x 28 m. Tout est représenté avec précision : le logement de l'abbé, l'infirmerie, le cellier, les fûts même, les écuries, les étables, les bergeries et les porcheries.

Le plan de Saint-Gall est unique pour son époque, le début du IXe siècle. Tous les autres plans connus datent au plus tôt du XIIe siècle. L'ordre des Bénédictins, fondé en 529, pour qui ce plan du « monastère idéal » fut esquissé, resta très proche des traditions architecturales de l'Antiquité, notamment dans l'organisation de la vie communautaire. Aucune abbaye précisément construite sur ce modèle n'est attestée.

Eudes de Metz : *Chapelle Palatine,* octogone de la cathédrale d'Aix-la-Chapelle, avec le « Trône de Charlemagne », v. 800

Le gros œuvre de la Chapelle Palatine d'Aix-la-Chapelle, que Charlemagne fit ajouter à son palais, datant de fin du VIIIe siècle, fut achevé en 798. Elle fut consacrée par le pape Léon III en 805. Actuellement, elle se trouve au cœur de la cathédrale.
L'architecte Eudes de Metz s'inspira, pour cet édifice octogonal à plan centré, de la basilique Saint-Vital de Ravenne (première moitié du VIe s.). L'octogone s'inscrit dans une construction de deux étages à seize côtés. L'étage supérieur, où se trouve un trône, était réservé à l'empereur et à sa suite.
Aix-la-Chapelle fut sous Charlemagne la capitale de l'Empire franc. La chapelle est considérée aujourd'hui comme le plus remarquable témoignage de l'architecture carolingienne.

occidental, où trois tribunes délimitaient un espace quadrangulaire, le côté tourné vers l'église restant libre. Percé de fenêtres et couronné d'une tour, le massif occidental était plus haut que la nef centrale.
Dans les tribunes, les places étaient attribuées par ordre de rang. Dans la chapelle du palais d'Aix-la-Chapelle, l'empereur pouvait accéder à sa galerie pour assister à l'office par un escalier en spirale aménagé dans une tour d'angle du massif occidental. Les chœurs étaient installés dans les tribunes situées au-dessus.

Entre seigneur et Seigneur

Face au massif occidental, le chœur situé à l'est était dominé par une tour de croisée, portée par quatre arcs et située au-dessus de l'intersection de la nef principale et du transept. Cette disposition imposait de pourvoir le chœur, tout comme le massif occidental, d'une propre travée de soutien qui le séparait nettement, par quatre doubleaux, de la nef, et en faisait un espace distinct. Au lieu de l'ancien édifice à plan longitudinal et linéaire du porche au chœur, on vit apparaître une construction groupée, accumulant les salles.
La croisée devint le module principal de cette architecture. L'état de la technique de l'époque ne permettait de construire au-dessus de la croisée qu'une tour soutenue par quatre arcs de même grandeur et donc de plan carré. C'est ainsi qu'apparurent ces ensembles aux lignes pures, presque symétriques, avec des nefs principales symboliquement enserrées entre un corps oriental tourné vers le Ciel et un corps occidental – souvent presque identique – dédié au seigneur séculier. Un exemple typique de cette architecture courante sous les souverains ottoniens qui succédèrent en Allemagne aux Carolingiens en 919, est l'église Saint-Michel de Hildesheim.

Massive et solide, imposante et rigoureuse

Dans l'art roman, la reproduction n'est jamais une stricte copie du modèle. La Chapelle palatine d'Aix-la-Chapelle et son modèle, la basilique Saint-Vital de Ravenne, par exemple, avaient un plan identique et furent construites dans un même esprit architectonique, mais elles divergeaient nettement dans leur aménagement. L'intérieur de la Chapelle palatine donne l'impression d'être plus massif et solide, plus imposant et rigoureux que Saint-Vital. On n'y trouve pas de niches semi-circulaires creusées dans la pierre, mais une voûte octogonale bien définie, soutenue par des piliers, qui se courbe rapidement au-dessus du sol.
Ces qualificatifs de massif, solide, imposant et rigoureux, peuvent s'appliquer d'une manière générale au style des premiers édifices de style roman, qui se répandit avec les Carolingiens en Europe occidentale et centrale. L'expression « art roman », qui date seulement du XIXe siècle, est inexacte et trompeuse. Il est manifeste, en effet, que l'architecture romane n'a rien de commun avec l'art romain de l'Antiquité. De surcroît, l'éclosion de l'art roman ne se produisit pas parmi les peuples latins, marqués par la civilisation de la Rome antique, mais dans les pays dominés par les Francs, peuplés de « barbares » à l'époque romaine. L'Allemagne du XIXe siècle essaya, principalement par nationalisme, mais pas tout à fait à tort d'un point de vue historique, de remplacer le terme d'art « roman » par celui d'art « germanique ».
Le style roman semble être une réaction à une longue période de troubles et de décadence. La baisse de l'aisance et du savoir se reflète dans sa sévérité et sa simplicité de moyens. Églises et monastères ressemblent à des forteresses aux murs épais et lourds. Une

impression de lourdeur encore accentuée par les éléments soulignant l'horizontalité : frises des arcs en plein cintre, frontons triangulaires, corniches, cintres et arcades aveugles, mais aussi par la considérable réduction des fenêtres et un décor sans grand relief, qui renonce aux enduits et à la couleur. La pierre est brute, l'architectonique claire, presque primitive, précise mais modeste : les édifices paraissent simplifiés. Le chapiteau corinthien, si apprécié sous l'Empire romain, était surchargé de tant d'éléments ornementaux qu'on en oubliait son rôle de support. Le chapiteau cubique roman, fusion d'une sphère et d'un cube, se vant de médiateur optique entre le fût et l'abaque, montre au contraire clairement, de façon presque brutale, qu'il est une articulation entre un point d'appui (la colonne) et une charge (la voûte). À l'origine, ses faces étaient laissées nues.

L'effet spatial qui se dégage de l'église romane, construction groupée, reste statique, austère et gauche. Les cryptes, de plus en plus fréquemment placées sous les chœurs pour abriter des reliques, accentuent encore cette effet de dysharmonie en imposant une surélévation de l'autel. D'un autre côté, la construction groupée, justifiée d'un point de vue religieux, offrait la possibilité de produire, grâce à divers transepts, tours et absides, une impression extérieure de « citadelles célestes » ou de « palais divins » riches et puissants.

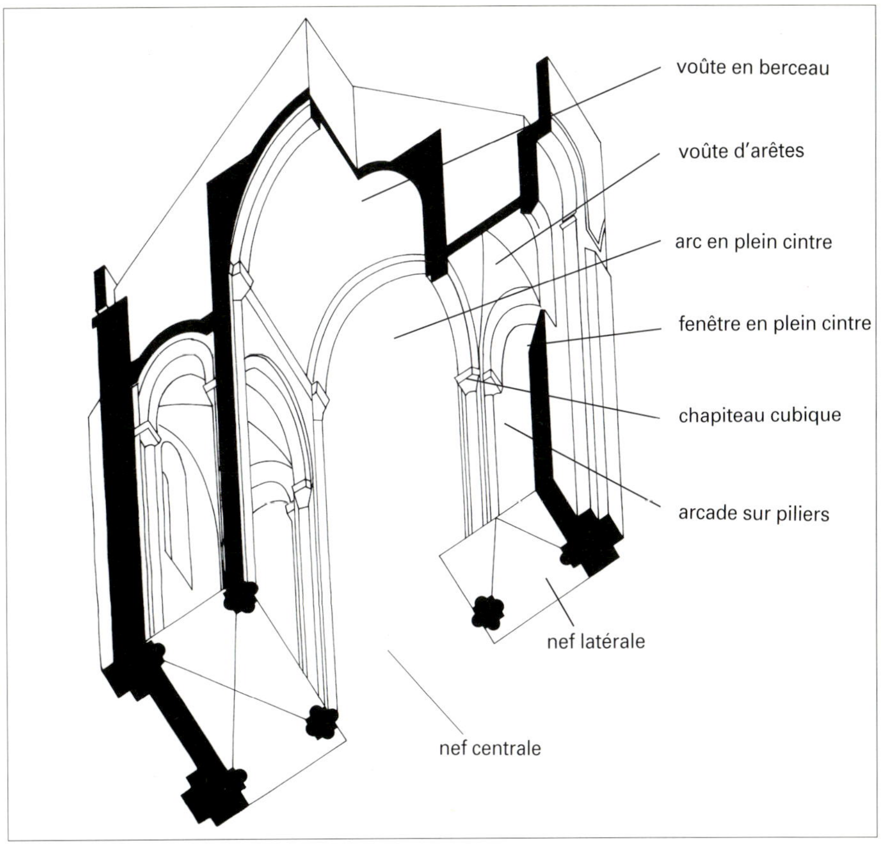

Poitiers, cathédrale, 1166-XIVᵉ s.
Isométrie

LE HAUT ROMAN DES SALIENS ET DES HOHENSTAUFEN 1024-1260

Des cathédrales contre le pape

C'est dans l'ancienne partie orientale de l'Empire franc, où la succession fut assurée par les Francs Saliens puis, à partir de 1125,

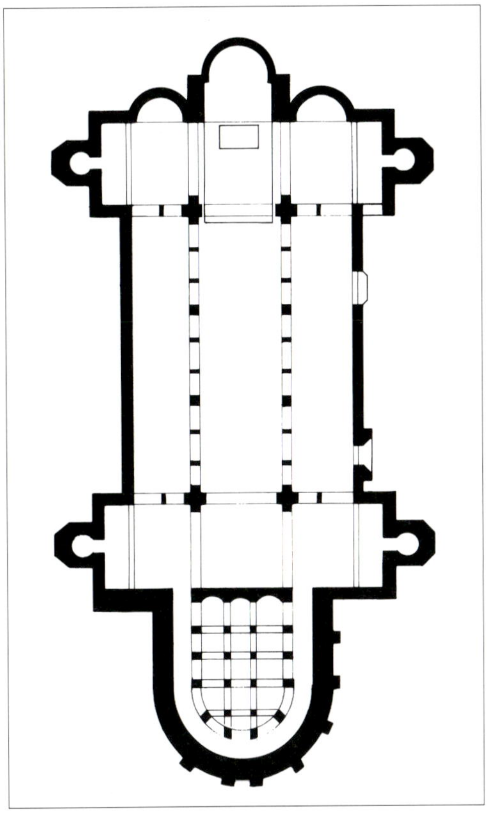

Église Saint-Michel, Hildesheim, 1010-1033, plan (à gauche)

Saint-Michel de Hildesheim est l'église ottonienne la plus aboutie et la plus harmonieuse dans son agencement. L'évêque Bernward en posa la première pierre en 1010. Elle fut consacrée en 1033. Le plafond peint date du XIIIᵉ siècle. L'axe principal, orienté à l'est (axe de la photo), montre la régularité et l'équilibre de l'édifice. Situé au-dessus de la crypte, l'avant-chœur occidental s'ouvre sur le porche principal dans son déambulatoire. Deux autres portails donnent accès à l'église depuis l'abbaye, au nord, et depuis la ville, au sud. Le carré de la croisée sert de module de base à l'édifice. Ses dimensions permettent de calculer la longueur de la nef (trois carrés) et la largeur des vaisseaux latéraux (un carré chacun). Leur intersection est marquée par quatre gros piliers alternant avec des groupes de deux colonnes. La double alternance des supports suscite chez l'observateur un sentiment d'espace plus rythmique que statique, encore souligné par les bandes rouges et blanches des arcs de pierre. L'église abbatiale Saint-Michel et la cathédrale sont au centre de la ville d'Hildesheim, siège épiscopal pendant le haut Moyen-Âge.

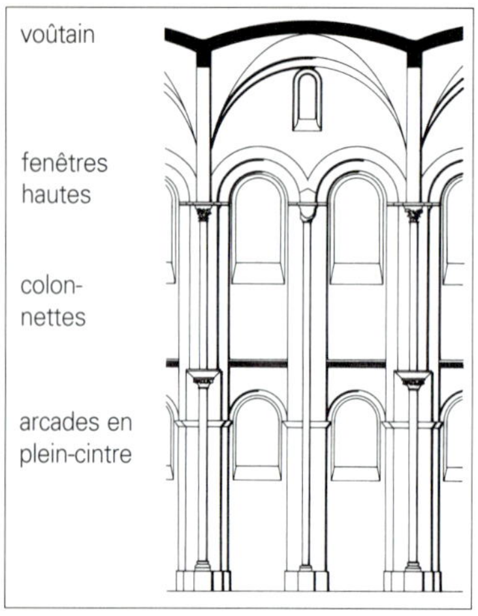

Cathédrale de Spire, commencée entre 1024 et 1033, consacrée en 1061. Les voûtes d'arêtes de la nef centrale et du transept furent construites entre 1056 et 1106 (photo ci-dessus). Structuration des murs de la cathédrale de Spire en trois zones après la restructuration de la fin du XIe s. (schéma ci-dessus)

Pour les empereurs (francs) saliens qui régnèrent de 1024 à 1105, la cathédrale de Spire était le symbole de leur pouvoir. Tant l'extérieur que l'intérieur correspondent, avec leur architecture imposante et cependant d'un esthétisme épuré, à la personnalité de l'empereur Henri IV (1052-1106), en lutte ouverte avec les papes, qui souhaitaient maintenir la primauté du Saint-Siège sur l'empereur. Cet arrière-plan historique explique la volonté des empereurs romains-germaniques de manifester leur puissance à travers la pierre. L'exemple de la cathédrale de Spire est particulièrement éloquent à cet égard. Les empereurs saliens s'y firent d'ailleurs inhumer.

par les Hohenstaufen, que la recherche de monumentalité et de faste de l'architecture romane atteignit son apogée. Des cathédrales commes celles de Spire et de Worms sont des chefs-d'œuvre de l'architecture romane. Dans cette période marquée par des conflits majeurs entre les empereurs et les papes, ces édifices affirment la volonté des souverains « romains »-germaniques de voir l'Église continuer à jouer un rôle unificateur dans leur empire.

Ainsi voit-on, vers la fin du XIe siècle, les éléments stylistiques de l'architecture romane s'épurer et devenir plus expressifs, en partie également grâce aux progrès techniques et architecturaux. À la nef couverte d'une simple charpente horizontale en bois – souvent victime des incendies provoqués par les torches et les bougies – on substitua la voûte en pierre.

Les voûtes exerçant une forte poussée latérale, elles exigent des murs extérieurs puissants. Les colonnes de la nef furent remplacées par de massifs piliers, sur lesquels des colonnettes servaient d'appui aux arcs soutenant la voûte. Le module le plus simple de voûte – la voûte croisée sur base carrée – se répétait dans toutes les basiliques romanes selon un principe issu de la construction de la croisée. Chaque bras de transept étant en général d'une largeur égale à la moitié de celle de la nef principale, deux demi-carrés répondaient latéralement à un grand carré central. Cette disposition fut aussi l'occasion de mettre en oeuvre le principe de l'appui alterné, déjà utilisé auparavant. Un pilier sur deux devant supporter la voûte latérale et la voûte centrale, il était spécialement renforcé.

À la fin de l'époque romane, on commença à remplacer l'arête des voûtes croisées par des nervures, d'abord semi-circulaires puis divisées en nombreuses cannelures. Répartissant mieux les charges vers les piliers, elles permirent de réaliser des constructions plus légères. Sur un plan visuel, on parvint également à alléger les murs. On introduisit des galeries (triforium) au-dessus des arcades, des séries de petites absides à hautes fenêtres autour de l'abside du choeur, des arcades aveugles; on enrichit les éléments sculptés et les décors peints. Les robustes édifices carolingiens et du début de l'art roman firent place à des formes et à des volumes mieux dessinés, plus fins et élancés.

Les ordres, adversaires de la sécularisation

Des voix s'élevèrent pour condamner le soutien de l'Église à la représentation du souverain à l'intérieur des églises. Le pouvoir temporel tenta donc de riposter en apportant, par l'architecture, une réponse digne de rivaliser avec les édifices sacrés.

Les imposantes constructions groupées de l'art roman n'étaient pas le seul modèle architectonique disponible. L'architecture bénédictine, par exemple, se rapprochait davantage de la simplicité basilicale des débuts du christianisme. Mais les tensions entre l'empereur et le pape étaient telles que les fidèles du Saint-Siège se devaient de dépasser en splendeur les cathédrales impériales.

La construction (1088-1130) de la troisième abbaye de Cluny, principal centre bénédictin du Nord de l'Europe, fidèle au pape, poussa la construction groupée romane à l'extrême. Avec son double transept oriental, ses deux tours-lanternes et ses quatre autres tours, un chevet à deux étages avec déambulatoire et chapelles rayonnantes, elle opposait à cet important ensemble oriental un massif occidental plus réduit comprenant deux tours et un avant-chœur, également construit plus tardivement.

La rupture la plus radicale avec cette architecture fut l'oeuvre des Cisterciens, dont l'ordre se sépara des Bénédictins en 1098 après une querelle théologique, et qui essaimèrent rapidement en Europe. Leur désir d'un retour à une religiosité retirée du monde ne s'exprima pas seulement par une vie de pauvreté et d'ascèse, mais aussi par une architecture adaptée à leurs convictions. L'abbaye de Clairvaux (fondée en 1115) et celle de Fontenay (1139-1147), bâtie sur le même plan, servirent de modèle aux édifices de l'ordre. Ils comprenaient une simple nef longitudinale s'achevant par un transept et un petit chœur rectangulaire sans décoration ni ornements sculptés et colorés, des blocs de pierre minutieusement polis ou crépis. Les règles de vie et architectoniques des Cisterciens s'assouplirent, mais les tours restèrent interdites. Les cloches étaient installées dans une tour-lanterne en bois.

SAINTE-FOY

En 866, un moine de l'abbaye bénédictine de Conques parvint, au bout de plusieurs tentatives, à dérober à Agen les reliques de sainte Foy, martyre des débuts du christianisme. Placées dans la nouvelle abbaye, les reliques montrèrent vite leur pouvoir miraculeux.
Au IXe siècle, on leur confectionna un précieux reliquaire représentant une majesté de sainte Foy. Le reliquaire fut remplacé par un autre, encore plus somptueux, après un miracle

Située dans une vallée solitaire, sur la route de Saint-Jacques de Compostelle, l'église de pèlerinage de Sainte-Foy se trouve près de Conques

survenu en 985. C'est le seul objet d'art similaire de cette époque qui nous soit parvenu intact. Grâce à ces reliques, l'abbaye, placée sur la route du pèlerinage de Compostelle, devint célèbre et attira de grandes richesses.
En 1050, on commença à y élever une nouvelle église, destinée à remplacer le bâtiment carolingien existant. Partie la plus importante de l'édifice, le chevet fut terminé en 1065 et les reliques y furent solennellement placées.
À la fin du XIe siècle ou au début du XIIe, l'église fut achevée jusqu'à la façade occidentale. Comme il arrivait fréquemment au Moyen Âge, ses deux tours restèrent inachevées et ne furent ajoutées qu'à la fin du XIXe siècle. L'édifice, bien conservé, présente malgré tout une remarquable unité artistique sans surcharges ni transformations ultérieures. L'église Sainte-Foy de Conques – un petit village de l'Aveyron, près des gorges de l'Ouche – est la plus petite représentante des églises dites de pèlerinage, élevées dans les principales haltes du pèlerinage de Compostelle. On y trouvait des églises maintenant disparues comme Saint-Martin de Tours et Saint-Martial de Limoges, ou conservées, comme Saint-Sernin de Toulouse et, bien sûr, celle de Saint-Jacques-de-Compostelle.

Toutes ces églises ont de nombreuses caractéristiques communes. Tout comme la nef centrale, le large transept est pourvu de collatéraux. Toutes les nefs latérales portent des tribunes voûtées en quart de berceau qui supportent à leur tour les berceaux des nefs centrales et latérales. Par sécurité, on renonça aux fenêtres hautes dans la nef centrale, préférant un éclairage indirect venant des vitrages des collatéraux et des tribunes. L'extrémité des transepts de Conques aurait dû, comme dans les autres églises de pèlerinage, être pourvue de tribunes, mais on se contenta finalement d'un déambulatoire. L'introduction toute récente en France du chevet oriental à déambulatoire et à chapelles rayonnantes se retrouve dans les églises de pèlerinage. Ce chevet concentre les fonctions liturgiques dans le chœur principal, permettant aux fidèles de défiler devant les reliques, placées dans une crypte aménagée sous l'autel. Conçue pour attirer les pèlerins, Conques exposait les reliques directement dans le chœur, anticipant sur une coutume du gothique, qui abandonnera la crypte romane. Les pèlerins pouvaient ainsi circuler plus aisément dans le déambulatoire du choeur. Les trois absides du déambulatoire, ainsi que les quatre absidioles du côté est du transept servaient aux offices des moines.
La vue extérieure du chevet séduit par l'échelonnement typiquement roman des corps de bâtiment, qui culminent dans une tour de croisée octogonale. L'intérieur impressionne par la pureté et l'harmonie de la distribution spatiale et le soulignement net des verticales. La nef centrale et le transept ont la même élévation à deux étages, avec de très hautes arcades sur les collatéraux, surmontées de grandes ouvertures d'arcs supportées par des colonnes montant au niveau des tribunes. À l'étage des arcades, les demi-colonnes alternent de travée en travée avec des articulations rectangulaires. Cette rythmique ne se trouve dans aucune autre église de pèlerinage. Elle est créée par les doubleaux qui semblent, à première vue, porter les berceaux. Dans le sanctuaire, la partie du chœur arrondie lovée dans l'abside, des

Intérieur de l'église : vue de l'autel depuis la nef, illuminée par la lumière du jour

colonnes élancées portent des arcs surélevés, eux-mêmes surmontés de deux étages de galeries d'arcades de sept arcs chacune, dont trois sont à claire-voie. L'étage inférieur s'ouvre sur une voûte aveugle au-dessus du chœur et du déambulatoire, l'étage supérieur laissant passer la lumière du jour. Même si Sainte-Foy, comme la plupart des églises romanes, nous apparaît aujourd'hui austère et atone, il faut se l'imaginer, avec son riche décor originel, fastueux et coloré, qui fascinait les pèlerins. Les chapiteaux et les pierres angulaires représentaient d'étranges créatures dont l'historien d'art Focillon disait qu'elles paraissaient sorties d'un monstrueux cauchemar collectif. Voûtes et murs étaient couverts de représentations de scènes bibliques, des tapisseries couvraient les murs froids et rébarbatifs. Les trésors et les richesses de l'église n'étaient pas cachés, mais exposés sur l'autel dans tout leur éclat et leur splendeur.
Le tympan du portail occidental, avec son haut-relief du Jugement Dernier, qui rappelle que Dieu récompensera et châtiera croyants et infidèles, est impressionnant. L'ordonnance du relief à trois bandes attribue une place de choix aux saints à la droite du Christ (à gauche sur le tympan) et aux damnés de l'enfer, à l'opposé. Le tympan comporte un nombre exceptionnel d'inscriptions latines. Quelques épisodes de la légende de sainte Foy y sont représentés, ceux sans doute qu'on relatait dans les sermons destinés aux pèlerins.

Haut-relief du tympan du portail principal représentant le Jugement dernier

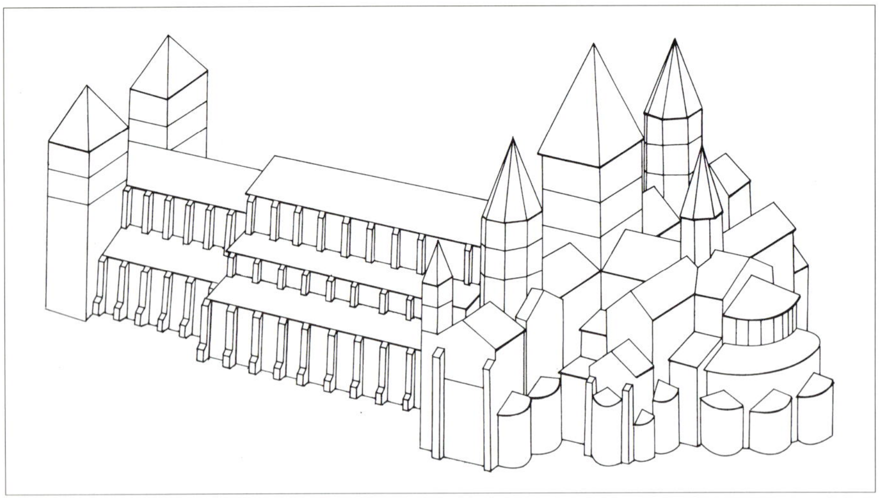

Cluny III, **église abbatiale,** nouveau bâtiment commencé en 1088 sous l'abbé Hugues
Dessin reconstituant la basilique, presque entièrement détruite en 1807

C'est de Cluny, l'abbaye bénédictine la plus importante au nord des Alpes, que partit la réforme clunisienne qui eut également des répercussions sur l'architecture. L'axe ouest-est de cette troisième église, nettement plus complexe que les précédentes, est particulièrement souligné avec une concentration d'autels à l'est. Bâtiments et chœurs occidentaux, voués aux puissances temporelles, sont négligés.

LES ALTERNATIVES DE L'ARCHITECTURE IMPÉRIALE

Les villes d'Italie s'opposent à l'empereur

Après la chute de l'Empire romain d'Occident et face à l'expansion arabe, qui avait temporairement fermé les routes commerciales de l'Orient, les villes italiennes étaient entrées dans une période de crise. Bien que l'Italie du Nord et Rome, et même toute l'Italie à certaines époques, aient fait partie de l'Empire franc (puis du Saint Empire romain-germanique), le centre des activités politiques et culturelles s'était déplacé au nord des Alpes. Les conflits intérieurs qui déchiraient l'Italie se traduisaient par l'évolution totalement distincte des styles architecturaux dans les différentes régions. Aux XIIe et XIIIe siècles, on continua quand même, au lieu de suivre le modèle de la construction groupée, à s'inspirer des basiliques paléochrétiennes. Les églises comprenaient généralement trois nefs, sans transept ni tours, la façade occidentale étant simplement formée par le mur extérieur de la nef centrale.

De superbes constructions virent ainsi le jour. San Miniato al Monte, à Florence (commencée en 1018, façade du XIIe siècle) par exemple, où l'on créa par de riches incrustations de marbres clairs et foncés un trompe-l'oeil destiné à simuler pilastres cannelés, galerie miniature, arcades, portes et fenêtres. Ce décor était aussi habituel en Toscane que la présence d'une crypte ouverte sur la nef principale et placée sous un autel surélevé pour le reste de l'Italie. La charpente en bois ouverte, les mosaïques de l'abside et les marqueteries en marbre de couleur des murs intérieurs du chœur et des fenêtres hautes étaient si proches des modèles antiques que l'on a pu parler à propos de ce style florentin d'une « Prérenaissance des XIe et XIIe siècles ». On y pressent déjà la Renaissance du XVe siècle, elle aussi théoriquement marquée par l'Antiquité.

En revanche, les édifices des villes maritimes et marchandes du Nord de l'Italie, en plein essor alors, sont nettement marqués par les influences orientales. Réimportée de Byzance par Venise, la coupole se répandit en Italie du Nord. L'église Saint-Marc, « chapelle des doges », en fournit un bel exemple. Deux basiliques à trois nefs s'y interpénètrent. Les nefs centrales, le chœur et la croisée sont respectivement coiffés d'une coupole. On vit apparaître des éléments proches des

Campo dei Miracoli, cathédrale, campanile, baptistère et camposanto, Pise, XIe-XIVe s.

L'histoire du Campo dei Miracoli commença en 1063 avec la fondation de la cathédrale, consacrée en 1118. Bien que la construction de cet ensemble impressionnant ait duré des siècles, il est d'une remarquable homogénéité grâce à l'emploi des mêmes matériaux, marbre blanc et de couleur, et par la répétition des éléments architectoniques. La légèreté et l'élégance de l'architecture, la gracilité des arcs utilisés évoquent le style normano-mauresque.
Pour accroître sa monumentalité, cet ensemble, qui aurait certainement aussi acquis une célébrité mondiale sans sa fameuse tour penchée, ne fut pas placé au cœur de la riche cité maritime et marchande mais en périphérie.

coupoles, comme à San Ambrogio, à Milan (1117-1155), où les six travées étaient réunies deux par deux pour former de grandes voûtes d'arêtes. Le manque de luminosité de ces édifices ne s'explique pas seulement par l'absence de fenêtres du fait que les collatéraux, surmontés de tribunes, sont presque aussi hauts que la nef centrale. Les édifices voûtés italiens, souvent plus bas qu'ailleurs, paraissent écrasants et tristes. Les façades offrent un aspect tout aussi archaïque : San Michele de Pavie, qui bénéficiait pourtant d'une position particulière en tant qu'église du sacre lombard des empereurs romains-germaniques, comprend, comme San Ambrogio, une immense façade en pierre, dans laquelle fenêtres, portails, croix et reliefs sommaires semblent avoir été taillés à l'emporte-pièce. Seule la galerie miniature qui suit le faîtage oblique du pignon allège un peu le tout.

Une toute autre atmosphère se dégageait en revanche des édifices de Pise. L'ensemble architectural comprenant la cathédrale, le campanile, le baptistère et le Camposanto (le cimetière), commencé au XIe siècle, alors que la ville, fidèle à l'empereur, était au faîte de sa puissance, ne fut achevé qu'au XIVe siècle. L'utilisation du même matériau et des mêmes éléments plastiques assure l'unité de l'ensemble. Les arcades aveugles et les galeries superposées de la façade de la cathédrale et du campanile (la fameuse « Tour penchée ») confèrent à l'ensemble une animation faite de simplicité et de gaieté.

Les églises scandinaves en bois

Les pays scandinaves donnèrent naissance à une architecture romane toute particulière. Comme dans les autres régions européennes christianisées de force dans la deuxième moitié du premier millénaire, la plupart des églises y furent d'abord construites en bois. Une tendance renforcée par les traditions locales, la disponibilité des matériaux sur place et l'influence culturelle encore minime au début du 2e millénaire des empires d'Europe centrale et méridionale. Les souverains séculiers n'éprouvèrent pas le besoin de manifester leur puissance en Scandinavie par des édifices religieux monumentaux.

Cela ne signifie pas, bien entendu, que les églises en bois scandinaves telles qu'elles virent le jour à partir du XIe siècle, par exemple à Heddal, étaient des bâtiments primitifs. Au contraire, leur architecture était extrêmement complexe et offrait des perspectives visuelles extrêmement variées. Grâce à la maîtrise des techniques du bois, acquises dans la construction navale, on savait habilement mettre en valeur ses propriétés statiques et plastiques, notamment par les sculptures des pignons et des portails. Les mâts soutenant la toiture sur toute la hauteur de l'édifice étaient placés sur les côtés ou dans les angles de la nef principale, parfois aussi en plein milieu. Les nombreuses articulations ajoutées au bâtiment de toutes parts étaient d'une clarté et d'une ordonnance logique et transparente. Sur ce point, les églises de bois ressemblaient aux premières constructions de pierre romanes. La structure intérieure, avec ses déambulatoires et ses nefs, se répercutait directement à l'extérieur, chaque partie ayant sa propre toiture. Par ce foisonnement de toitures à forte pente, couronnées de lanterneaux et ornées de têtes de dragons en surplomb, on créa une architecture très originale, sans équivalent dans d'autres régions.

La France montre la voie

L'évolution architecturale dans les régions de l'actuelle France furent décisives pour toute

Heddal, église en bois, près de Notodden (Telemark, Norvège), construite au milieu du XIIIe s., restaurée en 1952-1954
Vues de l'autel et d'ensemble

Entre 1000 et 1300, la Norvège, riche en bois, créa une architecture religieuse originale. Un millier d'églises de ce type virent vraisemblablement le jour à cette époque. Entièrement en bois, elles doivent leur nom de « stavkerken » à leur structure de poteaux verticaux.
Une élévation de toitures donne à l'édifice un vif élan vertical, encore accentué par les trois toitures aiguës du sommet. L'architecture pittoresque, les tons chauds et variés du bois et la richesse des sculptures donnent à l'édifice un charme particulier. À l'intérieur, le déambulatoire couvert autorisait également les processions en hiver.

Durham, cathédrale de l'abbaye bénédictine, commencée en 1091, achèvement des voûtes en 1130

La cathédrale de Durham est une basilique romane à transept avec des voûtes d'ogives – les premières documentées en Europe –, des murs épais et des éléments de support et d'articulation portant le poids de la voûte.

Saint-Jacques de Compostelle, église de pèlerinage, Puerta de la Platería
Vers 1075-1128, nombreux remaniements

But du pèlerinage de Compostelle, l'église Saint-Jacques, dont l'extérieur a été remanié au Baroque tardif, demeure à l'intérieur un témoignage exceptionnel de l'architecture romane en Espagne. La Puerta de la Platería, le « portail des Orfèvres », situé à l'extrémité sud du transept, est le seul élément purement roman de la façade.

l'architecture occidentale. Tout aussi déchiré que l'Italie après la chute de l'Empire franc, le pays, n'ayant pas de pouvoir centralisé fort comme dans l'Empire romain-germanique, vit naître plusieurs écoles architecturales. Leur souci prioritaire était de résoudre le problème des voûtes, qui ne pouvait être abordé que de manière expérimentale. Compte tenu de l'absence de mathématiques appliquées à la statique, on procédait empiriquement, corrigeant les erreurs au fur et à mesure : il n'était pas rare de voir des édifices en construction s'effondrer.

La volonté de l'Église put également s'exprimer plus librement en France que dans l'Empire. L'église de Saint-Jacques de Compostelle (v. 1075-1128), un pèlerinage très important, est un édifice de plan longitudinal aux divisions architectoniques claires, à la disposition intérieure homogène. Les autels étaient groupés à l'est, indiquant nettement l'axe de la prière, tandis qu'à l'ouest, une simple façade à double tour dont le porche servait d'entrée soulignait encore l'orientation est-ouest de l'édifice. Bien que située en Espagne, l'église a probablement été commencée par un architecte français. Sa structure, surtout, de basilique à tribunes avec transept, choeur oriental, croisée très peu marquée et façade occidentale monumentale à double tour correspond à un type architectonique développé en France.

Les églises normandes suivirent également ce prototype, en particulier l'église Saint-Étienne de Caen (v. 1070). L'école d'architecture normande fit des expériences encore plus importantes en tentant de supprimer et d'alléger les murs. Pour des raisons autant esthétiques que techniques, il fallut recourir aux voûtes d'arêtes. Compte tenu de la disposition des arcades inférieures, avec leurs étagements et leurs demi-colonnes, une voûte en berceau uniquement articulée par des doubleaux n'aurait pas permis de dégager un seul pan de mur lisse. Vers 1100, on creusa des nervures sous les arêtes, anticipant si ce n'est techniquement, du moins optiquement, sur le style gothique. Il en résulta une plus grande harmonie esthétique entre la structure des murs et celle des voûtes.

La cathédrale de Durham (1091-1130) est très proche de Saint-Étienne de Caen. C'est l'une des nombreuses églises construites par les Normands après leur conquête de l'Angleterre, en 1066. De nombreux éléments caractéristiques de l'architecture religieuse des siècles suivants y apparaissent déjà. La juxtaposition – inhabituelle sur le continent – de la cathédrale et de l'église abbatiale, l'isolement du site, sur une colline surplombant la Wear, ainsi que le chevet décalé de quatre travées vers l'est – une forme de basilique à transept –, où celui-ci est toufefois plus proche du centre du bâtiment que d'habitude. Durham possède les premières voûtes d'ogives datées avec certitude. Les berceaux des nefs latérales y sont également remplacés par des arcs-boutants comme culée pour les voûtes de la nef centrale. On ne s'était toutefois pas encore aperçu qu'avec cette technique, les voûtes pouvaient être considérablement allégées. Les germes du gothique étaient déjà présents à Saint-Jacques de Compostelle, Saint-Étienne de Caen et Durham, mais c'est en Île-de-France qu'allait vraiment naître ce style, qui allait bientôt se répandre dans tout l'occident.

LES CHÂTEAUX FORTS AU MOYEN ÂGE

Le Moyen Âge est l'époque de la féodalité, un système basé sur la domination de la noblesse qui s'étendit jusqu'à la moindre cellule sociale au cours des siècles. Du serf au bourgeois, du vassal au seigneur, le système féodal avait établi une hiérarchie et un système de dépendance mutuelle d'une complexité presque impossibe à décrypter de nos jours. Au sommet du système se trouvait le seigneur, un duc, un roi ou l'empereur en Europe centrale. La figure centrale du féodalisme était le chevalier, un cavalier lourdement armé et dont l'équipement coûteux était financé par le travail des serfs sur sa terre – son fief. Véritable colonne vertébrale de la société féodale, les chevaliers constituaient la petite noblesse. À condition qu'il ait au préalable montré sa valeur au combat, seul le « coup d'épée » de l'adoubement pouvait faire d'un soldat – y compris dans la haute noblesse –, un chevalier.

Les châteaux forts ou leurs ruines témoignent de l'importance que prirent partout en Europe, au début du deuxième millénaire, ces constructions élevées par la noblesse guerrière, d'abord comme refuges, puis comme demeures. Pour faciliter leur défense, les sites – le plus souvent à flanc de montagne – étaient choisis pour leur difficulté d'accès. En plaine, où ces défenses naturelles étaient inexistantes, il fallait se contenter de fossés – les douves – remplis d'eau.

Les précurseurs des châteaux forts furent probablement les tours en bois puis en pierre élevées sur des tumulus (« mottes ») qu'habitaient les chevaliers. Ces tours de chevaliers jouèrent un rôle important en Angleterre, où on les appelle « keep ». La White Tower de Londres, dont la construction fut commencée sur ordre de Guillaume le Conquérant après 1066, en est un exemple. Comme on put le voir à Rochester, le château proprement dit s'organisa plus tard autour de ces « keep », agrandis.

En France, ces tours furent appelées « donjons ». Le plus important, avec ses 30 m de diamètre et presque 60 m de hauteur, se trouve à Coucy, en Picardie. Un plan circulaire étant nettement plus difficile à aménager qu'un espace quadrangulaire, les donjons habitables, comme celui de Coucy, sont rares. C'est au cours du XIe siècle que l'on commença à édifier des châteaux entourés de murs d'enceinte abritant bâtiments d'habitation et communs. Lorsque la surface disponible était insuffisante, on installait les bâtiments dans un château-bas, une sorte de ferme fortifiée. Dans certains cas, lorsque la situation géographique et l'exiguïté des lieux l'imposaient, le château fort était surtout réservé aux habitations, les communs et même les écuries se trouvant à quelque distance de là, sur le domaine.

Les châteaux forts ont été construits sous des formes si diverses, conditionnées par le terrain, qu'il est presque impossible de les classer en catégories. Partout où c'était possible, dans les plaines, par exemple, les seigneurs préféraient les formes régulières.

Le château fort du Moyen Âge « typique » comporte un mur d'enceinte et un donjon, ce qui se vérifie dans les trois quarts des cas. Le long du mur d'enceinte se trouvait une habitation, le « palais », et un bâtiment secondaire. Le plus souvent, ces « palais », surtout dans la petite noblesse, étaient des demeures bien modestes. Elles ne comptaient au début qu'une seule pièce, chauffée par une cheminée et appelée « caminata ». Les poêles ne commencèrent à se répandre qu'à partir du milieu du XIIIe siècle. Les minuscules fenêtres, fermées en hiver, ne laissant pas pénétrer la lumière, les pièces étaient obscures et froides.

Le point faible du château fort était toujours le portail, une trouée dans le mur d'enceinte, dont on tenta sans cesse d'améliorer la protection.

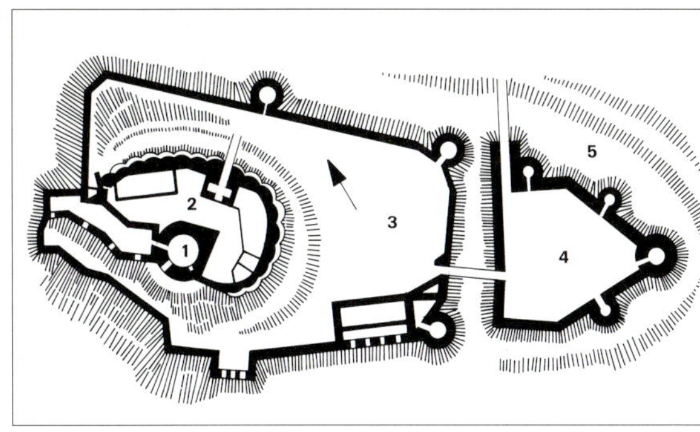

Château Gaillard, dominant une boucle de la Seine, Richard Cœur de Lion, v. 1200 (photo)
Topographie du château et de ses dépendances (ci-dessus) : **1** Donjon **2** Château principal **3** Moyen château **4** Château-bas **5** Fossé

Durant le haut Moyen Âge, on estime que l'Allemagne comptait environ 13 000 châteaux forts. Au total, il devait y en avoir 25 à 30 000 en Europe, un nombre qui paraîtrait considérable si l'on oubliait que la fonction du château fort n'était pas seulement militaire, mais surtout sociale en tant que demeure du seigneur. Il ne perdit de son importance qu'au XVe siècle, après l'invention des armes à feu et le déclin de la chevalerie. On ne construisit plus de châteaux forts après 1500 et ceux qui existaient encore furent souvent transformés en châteaux.

Déjà évoqué, le château-bas, étagé sur un côté du château fort, était souvent nettement plus étendu que lui. Cette disposition apparaît bien sur le plan du château Gaillard, ci-dessus. Celui-ci était en outre pourvu d'une barbacane, un petit fort relié au château par un pont-levis. Vu en coupe, le donjon a une curieuse forme en goutte. La peinture du XVe siècle, comme chez Dürer, par exemple, montre quantité de châteaux forts de formes et de dimensions diverses. Dans les régions à forte population, leur densité était étonnante. Dégagés de toute végétation pour des raisons militaires, on les voyait de loin. Paysans et citadins, qui y trouvaient refuge en cas de besoin, devaient aussi y voir un symbole de la domination de la noblesse. La nostalgie romantique du château fort et de la chevalerie date seulement du XIXe siècle.

« Keep » normand, Rochester, avant 1140

Transcender le monde

LE GOTHIQUE

1130-1500

LE GOTHIQUE CLASSIQUE DES CATHÉDRALES EN FRANCE 1130-1300

Des murs épais aux filigranes

Il est impossible de donner une date précise pour la transition du roman au gothique. Le débat des historiens d'art pour savoir si la cathédrale de Durham est encore romane, déjà gothique ou si elle relève d'un troisième style de transition n'est pas clos. On a aussi évoqué un « gothique primitif roman »... Pourtant, le terme « gothique » lui-même est problématique. Il est apparu au XVIe siècle, utilisé dans un sens péjoratif par le peintre, architecte et historien d'art italien Vasari, en référence aux barbares (Wisi-) Goths qui avaient donné le coup de grâce à l'Empire romain. Vers 1800, l'expression « gothique » était encore utilisée pour désigner un art arriéré et de mauvais goût.

Il est certain, par contre, que le gothique apparut en Île-de-France, au cœur du domaine royal capétien. Élu roi en 987, Hughes Capet fonda la dynastie qui succéda aux Carolingiens dans la partie occidentale de leur empire. C'est à partir de l'Île-de-France, domaine de la Couronne et épicentre culturel, que les Capétiens parvinrent à étendre leur pouvoir pour réunifier le pays sous leur sceptre.

L'édifice emblématique de l'architecture gothique est la cathédrale. Symbolisant le pouvoir de la nouvelle monarchie, elle se répand au fur et à mesure de son expansion territoriale. La cathédrale est lieu de sacre et de sépulture des souverains. La galerie des rois, sur la façade, légitime aux yeux de tous leur pouvoir – rejoignant sur ce point l'influence des empereurs sur les cathédrales romanes. La cathédrale incarne les idées, les vues politiques et théologiques de toute une société. Elle n'est plus édifiée sous le régime de la corvée mais au nom d'une conviction commune d'élever un symbole de la foi, de la ville et de la collectivité. Les corporations affichent leur fierté à travers un riche mobilier : après l'anonymat du haut Moyen Âge, portraits de donateurs et inscriptions rendent hommage aux architectes, aux artistes et aux bourgeois. Le langage des cathédrales n'est pas hermétique mais accessible à tout un chacun. Leur symbolique, notamment la sculpture et la peinture de vitrail, peut être appréhendée par les lettrés comme par la population la plus simple. L'interprétation de ce langage varie, mais son but reste le même.

Parmi les nombreuses écoles d'architecture romane en France, dont certaines se maintinrent jusqu'au milieu du XIIIe siècle, c'est celle de l'Île-de-France qui élabora le style qui remplacera l'art roman, d'abord en France, puis dans le reste de l'Occident.

Vers 1250 Au Moyen Âge, division de l'enseignement des arts libéraux en deux catégories : le trivium (grammaire, rhétorique, dialectique) et le quadrivium (musique, astronomie, arithmétique et géométrie).

1254 Le chapelain Robert de Sorbon fonde à Paris un collège de théologie qui prend le nom de Sorbonne au XIVe siècle.

Vers 1260 Les alchimistes pensent que les métaux se composent de mercure, de soufre et de sel et qu'on peut les transmuter à l'aide de la pierre philosophale.

1275 Marco Polo arrive à Pékin.

Vers 1300 Diffusion du métier d'apothicaire en Allemagne, de la fabrication des lunettes en Italie et des vitraux. Apparition du métier à tisser à pédale, des montres à rouages à échappement en Italie. Essor des foires de Bruges, d'Anvers, de Lyon et de Genève.

1302 Bulle « Unam sanctam » du pape Boniface VIII affirmant la prééminence du Souverain Pontife sur le monde.

1309 Clément V fixe la papauté à Avignon.

1311 Dante commence la « Divine Comédie ».

1318 Apparition d'un nouveau mode de paiement. À Venise, une loi adopte le paiement par billet à ordre (principe du virement).

1339-1453 Guerre de Cent Ans entre l'Angleterre et la France. Jeanne d'Arc libère Orléans et permet le sacre de Charles VII comme roi de France (1429). Captive des Anglais, elle est brûlée vive pour sorcellerie.

1347 Début d'une épidémie de peste en Europe.

Vers 1350 Division du parlement anglais en Chambre des Lords (House of Lords) et Chambre des Communes (House of Commons); celle-ci obtient le droit de pétition.

Entrée du roi Charles V le Sage (1364-1380) dans Paris. Miniature des chroniques de Jehan Fouquet, 1472.

1353 Boccace achève son recueil de nouvelles, le « Décaméron ».

1356 L'empereur Charles IV promulgue la Bulle d'or qui confirme le droit exclusif des sept princes électeurs allemands d'élire leur roi.

1378-1417 Le grand schisme avec les antipapes d'Avignon et de Rome marque un affaiblissement considérable de la papauté.

1415 Le réformateur religieux tchèque Jan Hus est condamné comme hérétique et brûlé vif.

1445 Première impression d'un livre avec des caractères mobiles par Johann Gutenberg à Mayence.

1447 Fondation de la Bibliothèque Vaticane.

1481 Établissement de l'Inquisition en Espagne. L'Église n'étant pas « assoiffée de sang », les autorités séculières sont chargées d'exécuter les sentences capitales.

1492 Découverte de l'Amérique par Christophe Colomb. Martin Behaim fabrique le premier globe terrestre.

L'abbaye de Saint-Denis est considérée comme le bâtiment « fondateur » de l'art gothique. Son abbé, Suger, fit remplacer entre 1140 et 1144 l'ancien chœur, trop étroit, par une aile plus spacieuse, aux lignes plus dégagées, plus animées et plus claires. Autant de caractéristiques propres à l'architecture gothique : on donne au chœur une importance nouvelle au sein de l'église et du culte, et on le valorise en conséquence. Là comme ailleurs, on ne touche pas à la nef carolingienne et l'on se contente d'y adjoindre de nouveaux choeurs. Celui de Saint-denis reçut un double déambulatoire où les niches des chapelles ne sont plus isolées mais forment des renfoncements qui se fondent dans le déambulatoire extérieur et font onduler le mur extérieur du choeur.

Les travées issues de ce plan étaient si irrégulières que la voûte d'arêtes devenait inutilisable. On la remplaça par la voûte ogivale à nervures brisées. Elle avait déjà été utilisée à des fins décoratives dans l'art roman, surtout chez les Normands. À Saint-Denis par contre, elles sont pour la première fois réellement porteuses. La construction des voûtes commençait par la pose des nervures, complétées ensuite par les voûtains. Ces derniers n'ayant plus de fonction portante, leur taille et leur poids purent être réduits au maximum. En se simplifiant, la construction s'allégeait. L'arc en ogive avait, en outre, une poussée latérale plus faible que les berceaux. Les piliers portants à section ronde ou carrée furent dotés de colonnettes, des demi-colonnes qui se poursuivaient dans les nervures pour supporter et répartir la pression exercée par la voûte.

Il ne faut pas perdre de vue que, pour l'abbé Suger, bâtisseur de Saint-Denis, ces détails n'étaient pas théoriques mais d'ordre mystique et symbolique : les colonnes représentaient les apôtres et les prophètes portant le christianisme et la clé de voûte, qui unissait deux parois, symbolisait Jésus. Ce qui est fascinant de notre point de vue, c'est que cette foi ait été à l'origine d'une révolution architecturale.

Toutes ces innovations techniques ouvrirent la voie à une nouvelle vision de l'intérieur des églises. Le chœur de Saint-Denis n'était plus articulé en espaces isolés et juxtaposés mais formait un grand espace unique. Pour ce pas perturber cette unité, on cessa de souligner la croisée et même le transept, les nefs latérales se poursuivant directement dans le déambulatoire du choeur.

Abbaye de Saint-Denis, près de Paris : chœur, consacré en 1144

Datant du VIIe s., l'abbaye de Saint-Denis connut après 1137, sous l'abbé Suger, plusieurs remaniements : façade occidentale à deux tours, chevet oriental. La nef centrale destinée à les relier ne put être réalisée qu'au XIIIe s. en style gothique rayonnant. La partie supérieure du chœur de Suger fut également réalisée dans ce style. Du chœur primitif n'ont été conservés que les colonnes, le déambulatoire, les chapelles rayonnantes et certaines parties de la crypte. Saint-Denis est le mausolée des rois de France, dont les tombeaux se trouvent dans le chœur et le transept. La façade à deux tours, composée de manière très dynamique et qui rompt l'unité du mur de façade, sera également d'une importance cruciale dans l'évolution de l'architecture gothique. Les larges portails sont pourvus d'un profond jambage décoré de colonnes et de sculptures de rois et de reines, de sybilles et de prophètes de l'Ancien Testament. Elles marquent la naissance de la sculpture gothique des cathédrales. Les fenêtres en roses apparaissent également pour la première fois. Les sculptures et la précieuse décoration intérieure de l'église furent en grande partie détruites pendant la Révolution française. Quelques rares pièces se trouvent aujourd'hui au Louvre. Les travaux de restauration du XIXe s. n'ont pu reconstituer qu'en partie la façade occidentale dans sa forme primitive.

En contrepartie de cette unification de l'espace intérieur, les contours extérieurs subirent une dissociation plus poussée. Les voûtes à nervures et le système d'arcs-boutants et de culées permirent de réduire et d'ouvrir considérablement les murs, devenus presque inutiles d'un point de vue statique. La nef centrale de la cathédrale de Chartres, érigée à partir de 1194, servit de modèle à l'élévation intérieure tripartite avec les grandes arcades et les fenêtres hautes, séparées par le triforium. Le reste de la structure était souligné par un réseau de nervures, de piliers fasciculés et de décors plastiques. Malgré leurs hautes fenêtres, les murs des façades laissaient à peine passer la lumière. L'impossibilité de produire de grands panneaux de verre imposait d'utiliser des quantités de petits carreaux, peints ou teints dans la masse, maintenus par des cadres en plomb (fenêtres à carreaux plombés). Ce fut le début de la création d'immenses panneaux colorés, qui paraissaient par contraste d'autant plus lumineux que la lumière qu'ils diffusaient à l'intérieur était faible. Cette lumière nouvelle, irréelle (« lux nova »), permettait de surcroît aux fidèles de découvrir, notamment sur les rosaces, des scènes édifiantes. Traversées par la lumière, leur origine divine devait être manifeste. « Bible des Pauvres », les vitraux étaient chargés d'enseigner le message biblique à ceux qui ne savaient pas lire ou n'avaient pas les moyens d'acheter de bible.

Amiens, cathédrale, 1220-1258, Perspective

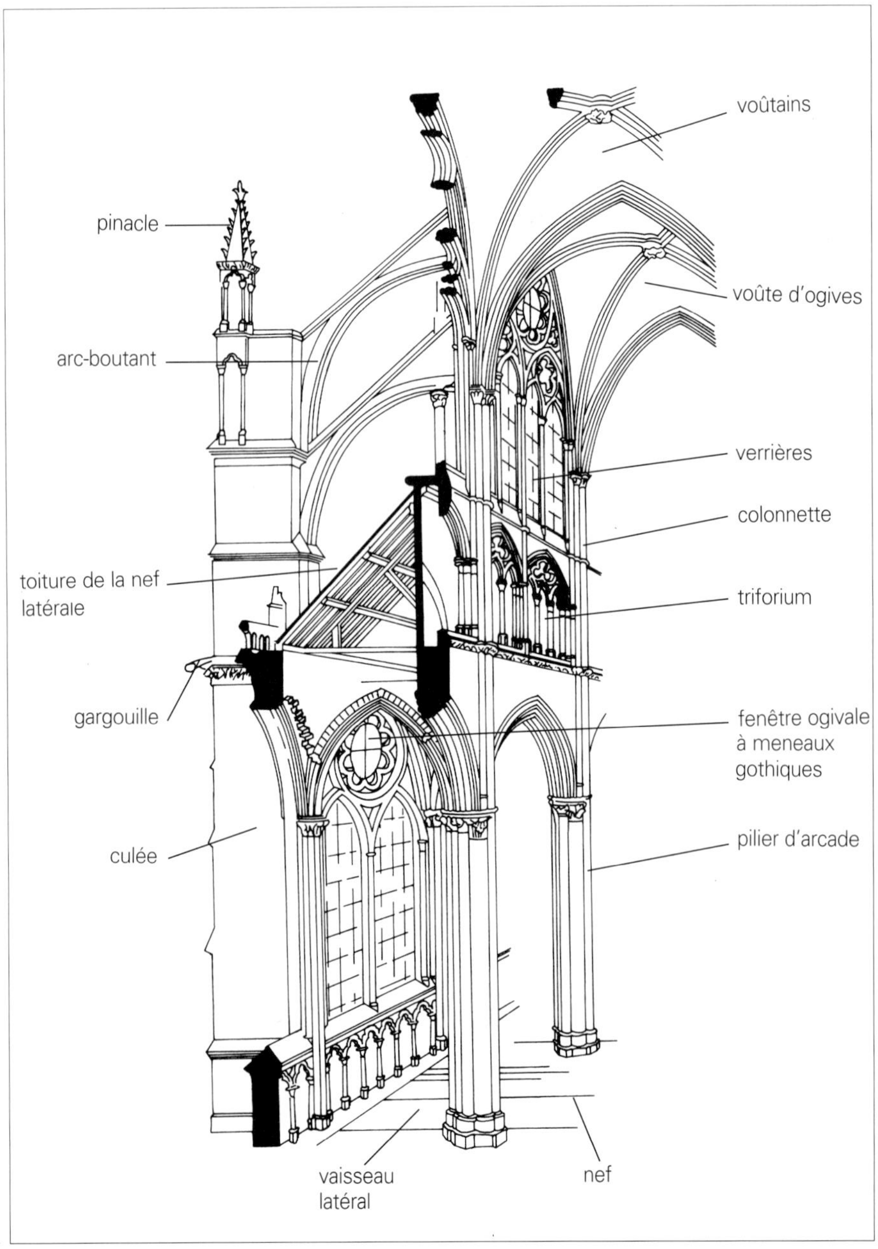

Souvenons-nous, dans ce contexte, des couleurs de l'architecture médiévale, que l'on a tendance à oublier. Les cathédrales gothiques étaient toutes somptueusement peintes à l'intérieur. Les vitraux parachevèrent cette impressionnante composition de fenêtres, de murs et de « ciels » – souvent des firmaments étoilés.

L'espace était tendu sur une frêle armature supportant de somptueux panneaux aux multiples coloris. Les églises étaient devenues des « cathédrales de lumière », des reliquaires flamboyants, comme la Sainte-Chapelle à Paris, où une architecture remarquable fait d'emblée converger le regard vers l'autel, nimbé de lumière.

Une architecture séculière et cléricale

La notion, nouvelle, de « conception spatiale » montre que l'effet produit par ces espaces intérieurs n'était pas uniquement une conséquence architectonique mais répondait à une volonté esthétique. Saint-Denis était une église abbatiale, mais l'abbé Suger, son fondateur, était aussi un proche conseiller du roi Louis VI. La Sainte-Chapelle fut érigée pour le palais de Louis IX. Une coopération étroite et fructueuse s'installa entre le pouvoir ecclésiastique et le pouvoir séculier. À mesure que la royauté française s'affirmait, s'appuyant sur le message de l'Église à des fins politiques, celle-ci se préoccupait de plus en plus de choses séculières.

L'apparition de la philosophie scolastique témoigna de l'intérêt de cette association. On commença à recueillir systématiquement le savoir du temps dans des encyclopédies en essayant, parallèlement, d'administrer la preuve dialectique que ce savoir était en accord avec la vérité de la Révélation. Ce courant, comme toutes les nouveautés,

Les très riches heures du duc de Berry, v. 1415 : le mois de juin avec l'ancien palais royal et la Sainte-Chapelle

Sainte-Chapelle, Paris, consacrée en 1248 : chapelle haute

Reliquaire démesuré, elle fut bâtie sur l'ordre de Saint Louis pour abriter les reliques de la Passion du Christ (couronnes d'épines, fragments de la Sainte Croix) qu'il avait acquises à Byzance. La disparition des murs, largement remplacés par des fenêtres hautes, inondées de lumière et colorées, atteint ici la perfection. Les vitraux retracent la Passion, l'histoire des reliques conservées dans la Chapelle, et des scènes de l'Ancien Testament. Les murs et les voûtes sont peints. Tandis que dans le chœur de Saint-Denis, conçu par Suger, les douze apôtres étaient symbolisés par des colonnes, ils sont représentés ici par des sculptures disposées sur les piliers. Au milieu du chœur se trouvait la tribune avec les reliquaires, détruits pendant la Révolution. La Sainte-Chapelle avait aussi la fonction de chapelle du palais. La chapelle haute était réservée à la famille royale, qui y accédait directement depuis le palais pour les offices. La chapelle basse était réservée aux membres de la cour. La miniature des « Très riches heures du duc de Berry » représente la Sainte-Chapelle parmi les édifices du palais royal de l'île de la Cité, la partie la plus ancienne de Paris.

suscita de vives résistances : les mystiques, partisans de la révélation, refusaient toute « preuve » de l'existence de Dieu.

Les cathédrales de cette époque expriment cette division, néanmoins toujours dominée par la Foi : les « gratte-ciel de Dieu » (Le Corbusier) mettent les nouvelles techniques en oeuvre en les associant à une vision colorée et imaginée de la Jérusalem Céleste. À l'époque gothique, on voyait le Ciel sous forme d'une architecture sublime, conformément à l'enseignement évangélique de saint Jean.

Ogives et piliers fasciculés étaient avant tout des éléments fonctionnels, mais leur élan vertical, en flèche tendue vers le ciel, était voulu. Avec cette verticalité accentuée des éléments, la nef, déjà exceptionnellement haute, paraît encore plus élevée. Les volumes robustes, massifs et ancrés au sol des édifices romans cèdent la place à une matière aérienne, à des murs lumineux, à une armature tout en finesse qui s'élève vers les cieux. Il est intéressant de noter que l'art gothique s'imposa à l'Occident au milieu du XIIIe siècle, à un moment où le Saint Empire «romain» germanique avait perdu son combat contre Rome.

L'essor des villes

Les XIIe et XIIIe siècles furent marqués par une vive croissance démographique et un essor économique et commercial. Au XIVe siècle par contre, l'Europe fut dévastée par la peste, des guerres civiles, des insurrections paysannes et des révoltes contre la misère consécutive au déclin économique.

Reims, cathédrale : vue intérieure de la façade occidentale avec une grande rosace, triforium et rose du portail, v. 1280-1300

La cathédrale de Reims, où avait lieu le sacre des rois de France, est célèbre pour sa façade occidentale et sa grande rosace. Les formes architectoniques et l'iconographie des rosaces symbolisent dans toutes les cathédrales l'ordre divin chrétien et le cosmos à travers un ensemble complexe de représentations religieuses.

En France, c'est le début de la guerre de Cent Ans. Les nouveaux ordres mendiants (Franciscains et Dominicains) toujours dans l'observance rigide de la pauvreté, ne s'établissent plus à l'écart de la civilisation mais dans les villes, où ils assurent des missions caritatives, élargissant ainsi leur influence sur les populations.

À la fin du XIIe siècle, le phénomène urbain s'amplifia. Des villes se fondèrent, celles qui existaient s'étendirent. Cherchant à encourager la Foi, les rois chrétiens eux-mêmes fondent des cités – « paroisses idéales » – au nom de Dieu. La physionomie des villes médiévales reflétait le contraste entre les mondes spirituels et temporels. La cathédrale, l'évêché, le palais ou la résidence du roi, l'hôtel de ville, les arcades, les maisons des corporations et des négociants dominaient les quartiers d'habitation. Hôtels de ville et églises rivalisaient de hauteur. À la fin du Moyen Âge, Paris, avec 200 000 habitants, était probablement avec Milan la ville la plus peuplée d'Europe.

Après l'église abbatiale de l'époque romane, construite à l'écart des villes, la cathédrale, élevée au cœur des cités, était devenue la tâche principale de l'architecture. C'était un ouvrage collectif réunissant les habitants d'une ville et des campagnes environnantes, qui versaient leur contribution à l'édification sous forme d'impôt ou en nature. Tout était mis en œuvre pour ces constructions, emblèmes destinés à durer pendant des générations. De nombreuses cathédrales gothiques, les tours en particulier, restèrent inachevées, soit parce que le projet n'était plus au goût du jour, soit que l'enthousiasme se relâchait ou l'argent manquait.

Pour mieux organiser et diriger des projets de cette envergure, on fonda des ateliers, des équipes d'artisans des divers métiers requis dirigées par le maître d'atelier. Les compétences de celui-ci dépassaient l'artisanat : il concevait des plans et dirigeait les travaux comme un architecte. C'est à ce moment que l'artiste, anonyme au Moyen Âge, commence à apparaître au grand jour. Les ateliers de cathédrales étaient placés sous l'autorité de l'évêque local, mais il y avait aussi des ateliers spécialisés pour les églises urbaines ou abbatiales. Les livres d'ateliers, qui rassemblaient le savoir et l'expérience des maîtres, ne devaient être communiqués qu'aux membres de la compagnie. Le seul document médiéval de ce type qui nous soit parvenu est celui de Villard de Honnecourt, qui donne un aperçu, avec de nombreux croquis à l'appui, de la marche générale d'un chantier gothique et des réalisations artistiques d'un atelier. En matière de planification et de construction, les possibilités étaient limitées. La triangulation permettait certes de calculer les proportions, et les connais-

Notre-Dame, Paris, 1163-v. 1197 : vue de la face sud

Commencée en 1163 par l'évêque Maurice de Sully, Notre-Dame est un exemple exceptionnel de gothique primitif. L'élévation quadripartite des murs (arcades, galerie, triforium, fenêtres hautes), les piliers ronds et les voûtes sexpartites sont les principales caractéristiques de cette époque stylistique. Une modernisation ultérieure de l'élévation a regroupé le triforium et les fenêtres hautes.
C'est probablement à Notre-Dame que l'on utilisa pour la première fois un système de contrebutée ouvert, faisant apparaître d'audacieux arcs-boutants à large portée. Les façades du transept, avec les grandes rosaces et les portails sculptés furent érigées lors de l'élargissement du transept entre 1245 et 1270. La façade occidentale, qui inclut pour la première fois une galerie des rois, une généalogie idéalisée des rois de France, est également remarquable. Elle fut détruite pendant la Révolution. Les vestiges retrouvés se trouvent aujourd'hui au musée de Cluny à Paris. Notre-Dame fut restaurée au XIXe s. par Viollet-le-Duc. La haute tour-lanterne fut également ajoutée à cette époque.

sances en statique progressaient, mais elles restaient empiriques. On n'avait aucune notion du calcul scientifique des pressions et des poussées. Les effondrements étaient nombreux, surtout parce que l'on poussa jusqu'à l'extrême la hauteur et finesse des armatures.

Construction et ornements

Les cathédrales étant souvent enchâssées dans des villes petites et ceintes de remparts, la vue sur les faces latérales et sur le chœur était en règle générale masquée. On mit donc l'accent sur la façade occidentale et le porche principal, surmonté par les deux tours de l'édifice. L'aménagement intérieur était prioritaire et l'on y consacrait un soin particulier.

Ce qui frappe surtout dans la physionomie d'une cathédrale gothique, c'est que les éléments de soutien et de contre-poussée soient rejetés à l'extérieur du bâtiment. Afin de dégager les fenêtres hautes en limitant le plus possible la hauteur des vaisseaux latéraux, chargés de contenir la poussée latérale des voûtes de la nef, celle-ci était recueillie par des arcs-boutants, souvent étagés, qui la transmettaient à de puissants contreforts de taille croissante. Ce système fut utilisé pour la première fois à grande échelle pour la cathédrale de Laon et pour Notre-Dame de Paris.

Les culées étaient couronnées de petites tours, les pinacles, dressés vers le ciel. Les articulations de ces piliers étaient soulignées par des ornements, surtout sur les zones inclinées, le long desquelles des ornements floraux grimpaient, se terminant par des fleurs cruciformes tendues vers le ciel. Le décor gothique classique ne cessa de s'enrichir et de se différencier, paraissant envahir la cathédrale en se logeant sur la moindre surface de mur encore libre.

On se contenta, au début, de fleurs et de plantes stylisées : rose, lierre, chardon, feuilles d'érable, de vigne ou de chêne, ainsi que de représentations animales. Le dessin se fit de plus en plus réaliste : calices et feuillages recouvrirent chapiteaux de piliers, corbeaux et clefs de voûte, corniches et parapets. Avec sa faune et sa flore, l'église devint une sorte de bestiaire fantastique, un abri paradisiaque de la Création.

C'est surtout la symbolique des portails, couronnés par leurs gables en surplomb, qui manifestait le changement. Figure centrale de l'art roman, le Jugement Dernier avait suscité l'angoisse – les tourments de l'enfer consécutifs au péché – et l'espoir – la béatitude réservée au paradis aux bons chrétiens. Conformément à l'esprit scolastique, le répertoire des sculpteurs gothiques se tournait, lui, vers une « description » du fait divin. Une évolution très nette est visible dans les portails royaux. Outre les apôtres et les épisodes de l'Ancien Testament on trouve, à Chartres par exemple, des portraits des rois et reines de France en tenue biblique. L'inscription placée derrière eux reprend une prière extraite du rite du sacre : puisse le roi recevoir les vertus des rois de l'Ancien Testament.

La forme évasée des bords du portail, déjà utilisée par l'art roman, conduisait le regard vers son centre et dégageait un espace supplémentaire pour des registres de reliefs. Les portails occidentaux à colonnes de la cathédrale de Chartres marquent la renaissance de la sculpture en ronde-bosse.

Tandis que la couleur et le choix des sujets bibliques des vitraux étaient soumis à une symbolique précise, la forme des fenêtres demeurait abstraite. Les meneaux, les montants qui les divisaient en surfaces verticales étroites, se terminaient souvent en ogive dans leur partie supérieure. Les écoinçons entre ces arcs et les ogives des fenêtres formaient des motifs géométriques. Dans le gothique primitif et rayonnant, c'était des formes concentriques à symétrie centrale, appelées arcs tréflés, poly-

Chartres, Cathédrale, consacrée en 1260 : portail occidental central (v. 1145-1155)

Le « portail royal » de la cathédrale de Chartres représente l'apogée de la sculpture française du gothique primitif. Il symbolise la « porta coeli », la porte menant à la Jérusalem Céleste. Le programme théologique forme un ensemble avec celui des deux portails latéraux.
Les sculptures des montants représentent des personnages de l'Ancien Testament. Dans le tympan, un Christ de l'Apocalypse est entouré par les symboles des quatre Évangélistes et des vingt-quatre Anciens : le Christ est la voie de l'éternité. À Saint-Denis et à Chartres réapparaissent pour la première fois depuis l'Antiquité, de grandes statues en ronde-bosse. Leurs vêtements s'inspirent de modèles antiques. Si leur attitude distante et majestueuse leur donne une allure archaïque, on note une première approche expressive individualisée.
La cathédrale fut remaniée à partir de 1194 avec des éléments du gothique rayonnant. Les portails occidentaux, en gothique primitif, furent conservés.

Salisbury, cathédrale, 1220-v. 1265 : vue du nord-est

Entièrement neuve, la cathédrale put être édifiée sans avoir à tenir compte d'édifices précédents. Relativement rapide pour l'époque, sa construction permit de respecter l'unité de l'ensemble.
Il s'agit d'une basilique à trois nefs pourvue de deux transepts, d'un déambulatoire et d'une chapelle mariale. Le cloître et le chapitre s'y rattachent au sud. Contrairement à l'harmonisation qui prévalait dans le schéma de distribution de l'espace des cathédrales françaises, l'échelonnement des corps du bâtiment suit des critères fonctionnels, à l'extérieur comme à l'intérieur.

lobés etc. en fonction du nombre de cercles ou de feuilles de trèfle (style rayonnant). Plus tard, ces motifs austères et géométriques furent relayés par des formes plus floues et plus enchevêtrées, comme les « poissons » du style flamboyant. La même évolution s'appliqua aux balustrades des fenêtrages et en partie également sur les admirables grandes rosaces des façades occidentales, qui illuminaient l'intérieur de l'édifice et symbolisaient les rayons du soleil.

LE GOTHIQUE EN ANGLETERRE 1200-1500

Une succession normande

Le style de l'Île-de-France diffusa hors des territoires français, notamment grâce aux voyages des bâtisseurs. Guillaume de Sens, architecte de l'atelier de Sens, joua un rôle de premier plan dans la reconstruction du chœur de la cathédrale de Cantorbéry, victime d'un incendie, et fit connaître le style gothique en Angleterre, où il connut un épanouissement tel qu'il rivalisa avec le gothique français. En Angleterre, le nouveau style se maria à l'architecture normande, qui comptait déjà nombre de germes gothiques, et produisit une architecture originale. Les édifices religieux, comme la cathédrale de Durham, se trouvaient en général en dehors des villes. L'église anglaise était une église de campagne, plus résidence qu'évêché. Les cathédrales se trouvaient au centre d'un complexe enserré dans une enceinte, avec des portails dans toutes les directions. Le chapitre était placé en bordure du complexe. Les églises gothiques anglaises étaient particulièrement longues et larges, sans proportion avec la hauteur totale, et leur chevet de plan carré. Une « Lady Chapel » (chapelle mariale) lui était apposée. Sur le continent, cette chapelle était étroitement intégrée à l'ensemble de la construction, par exemple au centre des chapelles rayonnantes du déambulatoire. Comme dans les grandes cathédrales françaises, la croisée avançait ainsi vers le centre de l'édifice. Alors que la France n'accentuait déjà plus les croisées, l'Angleterre en fit, sous la voûte de tour, le point nodal de l'église, autour duquel se greffaient d'autres corps de bâtiment de plan rectangulaire.

Le rôle central de la croisée se répercutait à l'extérieur. La cathédrale de Salisbury, à deux transepts, comme celle de Lincoln, n'a pas de façade à tours jumelles. Tout comme les extrémités du transept et du chœur, la façade occidentale est pourvue de petites tours en arêtes vives dont la hauteur ne dépasse pas celle de la nef centrale. L'ensemble de l'édifice est dominé par la tour-lanterne, haute de 123 mètres. Elle creuse, à l'intérieur de l'église, une élévation impressionnante qui l'isole du reste. Il n'y a pas, comme en France, d'harmonisation des composantes intérieures. Les éléments architectoniques

Lincoln, cathédrale, commencée en 1192 : vue ouest-est de la nef centrale

En entrant par le portail occidental, le visiteur est aussitôt frappé par les voûtes en étoile de la nef. Les nervures s'épanouissent en éventail sur chaque travée. La nervure centrale s'étire sur toute la longueur de la nef, jusqu'à la croisée du transept. Les murs soulignent la division horizontale en trois étages. Au-dessus des arcades inférieures à piliers fasciculés s'élèvent les tribunes, comprenant des arcades ouvertes sur la toiture des vaisseaux latéraux et des fenêtres hautes. Les séries de trois colonnettes appliquées sur les murs latéraux s'achèvent par des consoles et ne correspondent pas au nombre de nervures de la voûte. Elles sont conçues pour une voûte d'ogives traditionnelle. Le nombre de colonnettes et de nervures a uniquement été mis en correspondance dans le chœur des anges. Le chœur principal est couvert par une curieuse voûte à nervures asymétriques, sans doute une création de l'évêque Robert Grosseteste, féru de sciences et très intéressé par les effets d'optique.

des murs sont plus différenciés pour des raisons ornementales que fonctionnelles.
Cette version spécifique du modèle français, appelée « Decorated Style », succède vers 1250, au style gothique primitif, l'« Early English », notamment représenté par la cathédrale Salisbury. Le gothique classique des cathédrales françaises ne dissimulait pas les structures. La décoration se greffait sur elles, se contentant de les souligner. Les nervures centrales courant sur les voûtes en éventail des cathédrales de Lincoln et d'Exeter, en revanche, n'ont aucune fonction porteuse. Elles font partie d'un décor aux lignes nettes et marquées qui soulignent aussi les piliers et les arcades. Mais l'allégement ainsi obtenu n'est pas suffisant. Les colonnettes des voûtes en éventail ne s'appuient ni sur le sommet des piliers d'arcades ni même sur des socles au sol, mais sur des consoles suspendues dans les pendentifs. Ce manque de lignes verticales étendues du sol à la voûte ne fait que renforcer l'effet ramassé déjà induit par les proportions de l'édifice. Avec ses éléments regroupés en étages distincts, la construction paraît massive et statique au lieu de faire transparaître, comme en France, la finesse, le dynamisme et l'élan de la structure.
Cette conception aboutit au milieu du XIVe siècle au « Perpendicular Style », illustré par la cathédrale de Gloucester. Un réseau de nervures complexes et régulières, sans fonction structurelle, a été plaqué sur les voûtes. Ce type de construction n'était guère susceptible d'évoluer. L'espace intérieur était resté parallélépipédique et seule l'ornementation pouvait varier à l'infini. Cette architecture domina pendant plusieurs siècles en Angleterre et influença d'ailleurs en retour le gothique tardif, « flamboyant », en France.

LE GOTHIQUE EN ALLEMAGNE 1250-1500

Les églises-halles

En Allemagne, où le style roman avait connu son plus grand développement, le gothique français ne fut accepté que très lentement. La cathédrale de Limbourg-sur-la-Lahn est un exemple d'amalgame d'éléments ornementaux gothiques et d'une configuration de l'espace encore romane. En 1248, année où la Sainte-Chapelle est achevée, on pose la première pierre de la cathédrale de Cologne. Deux ans plus tard, on commençait la nef centrale de la cathédrale de Strasbourg. Strasbourg étant encore incluse dans la sphère politique et culturelle allemande, c'est en Rhénanie que l'influence de la cathédrale gothique française se fait le plus directement sentir. Les bâtisseurs rhénans avaient tous fait leur apprentissage à Laon ou Amiens, Paris ou Beauvais, et des liens étroits unissaient Paris à Cologne. La construction de la cathédrale de Cologne fut toutefois interrompue en 1560, avant d'être reprise en 1842

Gloucester, cathédrale : vue du sud-ouest

L'église abbatiale romane, commencée en 1089, fut maintes fois élargie et « modernisée ». Au début du XIVe siècle, la nef latérale sud puis, dans les années 1340, le transept méridional reçurent de nouvelles verrières à meneaux en « Decorated Style ». La croisée fut dotée d'une voûte réticulée. Au cours des siècles suivants, le chœur, le transept nord et le cloître furent renouvelés dans le « Perpendicular Style », qui recouvrit murs et voûtains d'un dense réseau ornemental. La tour-lanterne, caractéristique des cathédrales anglaises, date du XVe siècle.

Cathédrale de la Sainte-Croix, Nordhausen (Thuringe), milieu du XIVe s.

Au XIVe siècle, on remplaça dans de nombreuses églises romanes et gothiques d'Allemagne la nef centrale de plan basilical par une halle à trois vaisseaux. Ce fut le cas de la cathédrale de Nordhausen, dont le chœur, consacré en 1267 et voûté vers 1300, fut doté au milieu du XIVe siècle d'une halle à trois nefs et cinq travées recouvertes provisoirement d'une toiture plate. Le voûtement, commencé au début du XVIe siècle, ne fut achevé qu'au XIXe siècle. Les colonnettes des piliers fasciculés sont posées sur de simples bases parallélépipédiques et portent des chapiteaux à feuillage. Les voûtes sont à nervures étoilées et parallèles. L'unification de l'espace est encore freinée par les chapiteaux placés entre les colonnettes des piliers et les nervures des voûtes, qui ne sont par ailleurs pas aussi bien mis en correspondance que dans la Wiesenkirche de Soest, par exemple. La construction, étalée sur une longue période, ne permit pas de réaliser l'unité visuelle désirée. L'église est constituée d'éléments issus d'époques différentes.

Cathédrale Saint-Pierre et Sainte-Marie, Cologne, commencée en 1248, achevée en 1322, complétée de 1842 à 1880 : façade est du chœur

Le chapitre de Cologne décida de construire une cathédrale dans le style gothique flamboyant français afin d'accueillir le flot grandissant de pèlerins venus admirer les reliques des Rois Mages. Une fois fini, le chœur fut relié à l'ancienne nef centrale et ouvert. La cathédrale d'Amiens lui servit de modèle. C'est une église à cinq nefs. Sept chapelles rayonnantes entourent le déambulatoire du chœur à une nef. L'élévation tripartite (arcades, triforium et fenêtres hautes) s'inspire nettement d'Amiens formellement et ornementalement. Les vitraux, datant du début du XIVe siècle, représentent l'histoire des Rois Mages, dont le reliquaire devait se trouver dans la croisée, au centre de l'édifice. De l'extérieur, on voit parfaitement bien l'échelonnement des chapelles rayonnantes, du déambulatoire et du choeur, enserrés dans le système de contrebutée ouvert.

et achevée en 1880. Bien que les plans de la cathédrale de Strasbourg aient été de style gothique classique, la façade occidentale fut réalisée dans un style différent, comme ce fut souvent le cas. Les édifices de style strictement français sont exceptionnels. Soit on simplifiait l'élévation, soit on éliminait le déambulatoire et les chapelles rayonnantes. L'effet gothique était surtout obtenu par l'égalisation des hauteurs de nefs latérales et centrale. La cathédrale Saint-Pierre de Poitiers, commencée en 1166, en est l'un des meilleurs exemples. D'un autre côté, cette technique n'avait rien de très nouveau en soi. Les bâtiments dont le plafond ne pouvait être soutenu d'un seul tenant avaient été depuis bien longtemps dotés de piliers intermédiaires. L'appareil de contre-poussée, complexe et isolé, perdit sa raison d'être. Le vaste espace ainsi créé offrait une vision encore plus unifiée que le gothique classique. Souvent, le déambulatoire lui-même était aussi haut et large que le chœur et la nef centrale. La Wiesenkirche de Soest est l'un des premiers exemples de ces églises-halles sans transept. On vit ainsi apparaître des pseudobasiliques, avec des halles multiples couvertes par une toiture très pentue, qui avaient l'inconvénient de plonger la partie supérieure de la nef centrale dans la pénombre. Ce phénomène contredisait le désir d'obtenir une clarté, une simplicité et une légèreté supérieures à celles des cathédrales françaises. Les piliers n'étaient plus constitués d'un noyau et de colonnettes rondes additionnelles, mais se fondaient en supports cylindriques ou quadrangulaires. Les murs formaient une surface lisse intégrant les fenêtres, dotées de vitraux plus clairs. De l'extérieur, l'édifice était tout aussi lisse. Les culées, intégrées aux murs, s'élevaient du socle des chapelles construites entre elles. Elles enveloppaient l'ensemble de l'édifice, portant une toiture unique à la pente très prononcée.

Les églises-halles, dominantes dans les pays germaniques à partir du XIVe siècle, n'étaient généralement pas des cathédrales (églises épiscopales), mais des églises conventuelles ou paroissiales. Cette évolution vers l'unification de l'espace intérieur et une compacité extérieure correspondaient à une nouvelle conception de l'édifice religieux. Pour les Cisterciens surtout, l'église n'était plus le modèle de la Jérusalem Céleste, mais un simple lieu de prière. L'importance du sermon au sein du culte ne cessait de croître. Les habitants des villes, notamment les marchands, se tournaient davantage vers les choses d'ici-bas, vers leurs affaires, souvent lointaines, dont ils tiraient leurs richesses. Sans devenir secondaire, l'au-delà perdait peu à peu de son écrasante prépondérance dans les esprits.

Les églises-halles tendaient toujours vers le divin, non plus dans une aspiration extatique et mystique mais avec sérénité, douceur et harmonie. L'existence dans l'au-delà devenait d'une importance équivalente à celle d'ici-bas, une idée qui annonce déjà l'esprit de la Renaissance. Cette prise de conscience se traduisit aussi par une attention plus poussée portée à l'aspect extérieur des églises. Les villes fières de leur puissance et de leurs habitants tenaient à avoir des édifices d'apparence imposante.

Souvent, les églises-halles n'avaient plus qu'une tour, décalée par rapport à la nef centrale, au lieu de deux. Généralement trop haute de proportion par rapport à la nef centrale, elle était située à un emplacement déterminé par des critères urbanistiques. Celle de Saint-Martin de Landshut (1387-1498), par exemple, est située à un tournant de la rue principale.

Parallèlement, les constructions civiles, reflétant la puissance et l'aisance de la ville, devenaient plus nombreuses : portes, hôtels de ville, comptoirs de commerce et, à partir du XIVe siècle, les maisons elles-mêmes étaient de plus en plus souvent construites en pierre. Tandis qu'à l'époque gothique la construction de la cathédrale, œuvre communautaire, était au centre des préoccupations, on commença dès lors à s'intéresser à l'architecture domestique et professionnelle. Un élément caractéristique du gothique tardif fut notamment l'encorbellement, qui permettait d'observer la rue de part et d'autre – un signe évident d'intérêt pour les affaires de ce monde. Cette architecture civile s'inspira de l'architecture sacrée, comme le montre l'hôtel de ville de Louvain, en Belgique. Le gothique tardif appréciait également les agencements irréguliers donnant l'impression d'avoir poussé n'importe comment, pourvu qu'ils soient pittoresques. Ces constructions surchargées de détails et imaginatives, allaient à l'encontre du souci de simplicité et de clarté, tout comme les voûtes étoilées ou réticulées, les arcs et les piliers hélicoïdaux. Ces créations dénotaient une nette attirance pour l'ornementation pure et ludique, similaire à celle de l'Angleterre.

La brique du Nord de l'Allemagne

Le gothique de l'Allemagne du Nord connut un développement spécifique, lié à la présence de l'ordre teutonique – qui s'était consacré après les croisades à la christianisation de l'Europe orientale, – des villes marchandes de la Hanse, qui couvrait aussi les Pays-Bas, la rive sud et tout le pourtour de la Mer baltique. Ici, comme dans certaines régions de l'Allemagne du Sud, la pierre de taille était rare. À défaut, on utilisa la brique dont on tirait le maximum d'effet architectonique sans l'enduire ou la crépir, comme dans le Sud de l'Allemagne. D'une robustesse toute romane au début, comme Notre-Dame de Lübeck, les églises cherchèrent à imiter, avec la brique, l'effet ornemental de la cathédrale gothique classique. Techniquement, ces matériaux ne permettaient pas d'aussi grands évidements muraux que la pierre naturelle. On simplifia donc la construction, la rendant plus abstraite par l'emploi d'arcades et de fenêtres aveugles. Les pans de murs en retrait étaient blanchis à la chaux, contrastant avec les surfaces et les tuiles émaillées de rouge, vert, bleu ou noir. À côté de la variété introduite par les briques de couleur ou couvertes d'un émail coloré, on ajouta aussi des frises ornementales en terre cuite fabriquées en série. Autant de moyens qui permirent de créer un style gothique original qui conservait, malgré son charme, une certaine austérité et une simplicité en accord avec la mentalité du Nord de l'Allemagne.

LE GOTHIQUE ITALIEN 1250-1450

Un détournement de l'architecture sacrée

Le gothique italien se démarqua davantage encore du modèle français. Nous avons vu que le terme « gothique » avait une connotation péjorative dans l'Italie de la Renaissance. Le mépris d'une époque pour la précédente n'a rien d'inhabituel en soi, mais il faut reconnaître qu'ici, le style gothique n'a rien de particulièrement séduisant.

C'est, comme par ironie du sort, avec un édifice construit pour l'empereur Frédéric II, dernier des Hohenstaufen et ultime empereur au sens antique et universel, que débute le gothique italien. Frédéric II gouvernait d'Italie, où il fit construire sur une colline d'Apulie, vers 1230, le Castel del Monte. Extérieurement, il ressemble davantage à un château fort qu'à un palais. Parfaitement symétrique, imposant, et de caractère indéniablement profane – la chapelle, intégrée, n'apparaît pas – ce château, classé parmi les édifices gothiques à cause de quelques éléments décoratifs, forme exception parmi les châteaux forts. Frédéric II, ouvert à la civilisation musulmane, en reprit quelques éléments, notamment l'importance qu'elle accorde à l'habitation. D'abord limitée aux châteaux des Staufen, cette empreinte islamique se généralisa au siècle suivant, sous l'influence des éléments orientaux découverts lors des croisades.

Lübeck, église Notre-Dame, 1250-1350

Le gothique en brique naquit dans le Nord de l'Allemagne, où la pierre est rare. La puissante église Notre-Dame de Lübeck en est un exemple impressionnant. Édifiée comme église paroissiale, elle rivalise en taille et en volume avec les cathédrales.
Le matériau donne une structure plane et discrète à la façade, dont l'unité n'est pas troublée par les briques de couleur émaillées, qui la renforcent au contraire.

Castel del Monte, Pouilles, av. 1240-v. 1250

Frédéric II, empereur de la dynastie des Hohenstaufen, fit construire Castel del Monte comme château de chasse. Le plan est d'une clarté prismatique. L'édifice, à deux étages, se dresse sur un plan octogonal dont les angles sont marqués par des tours à escalier également octogonales. On pénètre dans le château par un portail à l'antique. L'influence du style gothique se manifeste dans la conception du plan et dans certains motifs ornementaux intérieurs.

Palazzo Pubblico (hôtel de ville) Sienne, 1297-1348

Sienne, en Toscane, possède l'un des plus beaux hôtels de ville d'Italie. La large façade, avec son haut campanile, manifeste l'assurance et la puissance de la communauté siennoise. Les édiles firent aménager devant l'hôtel de ville une place pour les assemblées publiques et les fêtes et imposèrent aux riverains des façades en harmonie avec celle de la mairie.
La façade réussit à équilibrer horizontales et verticales, entre ouverture et hospitalité d'un côté, fermeture et repli de l'autre. À l'intérieur, les grandes salles sont peintes d'importantes fresques, tableaux historiques et de dévotion. Dans la salle des Neuf, se trouvent les « Allégories » et les « Effets du bon et du mauvais gouvernement en ville et à la campagne » d'Ambrogio Lorenzetti (1338-1340). Elles exhortent les édiles à veiller au bien public sur le fondement de la foi chrétienne. Dans l'entrée de la chapelle, ce thème est repris, illustré par des allégories des vertus et des portraits de personnages historiques exemplaires.

Peu à peu apparurent de somptueux palais d'habitation, comme la Ca' d'Oro à Venise, commencée vers 1420. La richesse des villes italiennes et de ses habitants avait déjà donné naissance à des hôtels de ville libérés de l'influence de l'architecture religieuse. Ainsi l'hôtel de ville de Sienne, le Palazzo Pubblico, évoque-t-il avec ses murs massifs et fermés, ses crénelages et son haut campanile, la puissance de la ville. Cet édifice, aussi compact qu'un château fort, servit de modèle à de nombreux hôtels de ville et palais privés.
Cette architecture palatine s'imposa plus nettement encore à Venise pour l'hôtel de ville, le palais des Doges. Le doge, chef de la république de Venise, avait le rang de prince. La façade du palais (1309-1443), décorée de losanges, comprend sept grandes fenêtres sans ornementation placées au-dessus de deux rangées d'arcades ajourées, celles de la rangée inférieure étant les plus ouvertes. Paradoxalement, la masse de l'édifice se renforce vers le haut. Sur ce plan, le palais des Doges alla encore plus loin que la Ca' d'Oro, où la partie de la façade ajourée d'arcades et de loggias remonte dans la partie pleine. Les deux édifices montrent cependant le rôle joué par les surfaces dans l'adaptation italienne des suggestions gothiques. Plus encore qu'en Allemagne, les surfaces murales s'éloignaient des lourdes masses du roman, évoquant des cloisons fines et légères.

L'architecture dépouillée des ordres mendiants exerça une influence notable sur l'architecture sacrée italienne. L'église franciscaine Santa Croce de Florence par exemple, édifiée entre 1294 et 1442, se compose d'une nef principale rectangulaire à toiture plate et sans tours. Le chevet oriental se rattache sans transition au transept, suivant le modèle de la basilique paléochrétienne, encore appréciée à une époque où les ordres attachaient de l'importance à la simplicité. Les collatéraux presque aussi hauts que la nef centrale et les arcades, hautes et larges, renforcent encore cette impression d'espace unifié. Avec 34,5 m de hauteur, la nef dépasse celle de Notre-Dame de Paris. Une élévation qui passe presque inaperçue compte tenu de la largeur de l'église-halle et de l'accentuation des horizontales par une frise de moulures ininterrompue sur les consoles, au-dessus des arcades – seule note verticale de l'élévation. La surface parfaitement lisse des murs, à peine ornés, sans renfoncements ni ouvertures accentue encore l'unité spatiale.

Vers une architecture plus « humaine »

En Italie, les traditions architecturales locales marquèrent davantage le gothique que les influences étrangères, notamment françaises. Les façades occidentales des églises continuaient à n'être pour l'essentiel que les murs extérieurs de la nef principale. Le campanile restait autonome, les façades fleuries d'incrustations en marbre de couleur. Les motifs habituels des églises romanes, comme à San Miniato al Monte, étaient partiellement réalisés en relief et adaptés aux nouvelles directions stylistiques, comme sur les cathédrales de Sienne et de Florence – dont la façade occidentale date du XIXe siècle.

Mais c'est la cathédrale florentine de Santa Maria del Fiore (1296-1446) qui démontre le mieux que l'Italie était restée fidèle à elle-même dans son goût du spacieux, de l'étendue et des articulations claires. Son plan voûté aux piliers fasciculés comprend une courte nef centrale aboutissant dans un ensemble formé de trois absides semi-circulaires. L'impression que dégage cet espace est pratiquement la même qu'à Santa Croce : les arcades entre la nef centrale et les vaisseaux latéraux sont très ouvertes, les colonnettes larges et appliquées à des piliers relativement bas. La voûte est séparée des arcades par une forte corniche horizontale qui rompt l'élévation. Là aussi, la hauteur de l'espace intérieur n'est bien perceptible que par comparaison. La longueur de quatre travées du dôme de Florence équivaut à douze travées de la cathédrale de Salisbury et à dix de la cathédrale d'Amiens. Mais le dôme de Florence, aux contours moins subdivisés, composé de surfaces lisses, paraît plus clair, plus tangible, plus relié à la terre. La coupole, déjà Renaissance, ne semble en être que le couronnement.

La bourgeoisie italienne avait connu l'aisance et la richesse plus tôt qu'ailleurs et développé, en conséquence, une autre religiosité, qui se reflétait dans l'architecture. Le sacré ne s'opposait pas au séculier. Le gothique italien portait ainsi déjà le germe de la Renaissance et, tandis qu'au-delà des Alpes on continuait à construire de grandes cathédrales gothiques, qu'en Allemagne du Nord, le gothique en briques atteignait son apogée au XVe siècle, l'Italie inaugurait une nouvelle époque, liée à une nouvelle architecture.

Ca' d'Oro sur le Grand Canal, Venise, 1421-1440, Bartolomeo Bon

Avec sa façade de marbre richement dorée, la Ca' d'Oro est un excellent exemple du style de transition entre le gothique et la Renaissance à Venise. Les arcades ajourées des premier et deuxième étage, les fenêtres, les loggias et leurs balustrades sont encore nettement marquées par le gothique tardif, tandis que le portique du rez-de-chaussée et les petites fenêtres carrées de l'aile droite sont déjà Renaissance.
Le palais est inachevé. L'absence de l'aile gauche provoque une dissymétrie de la façade.

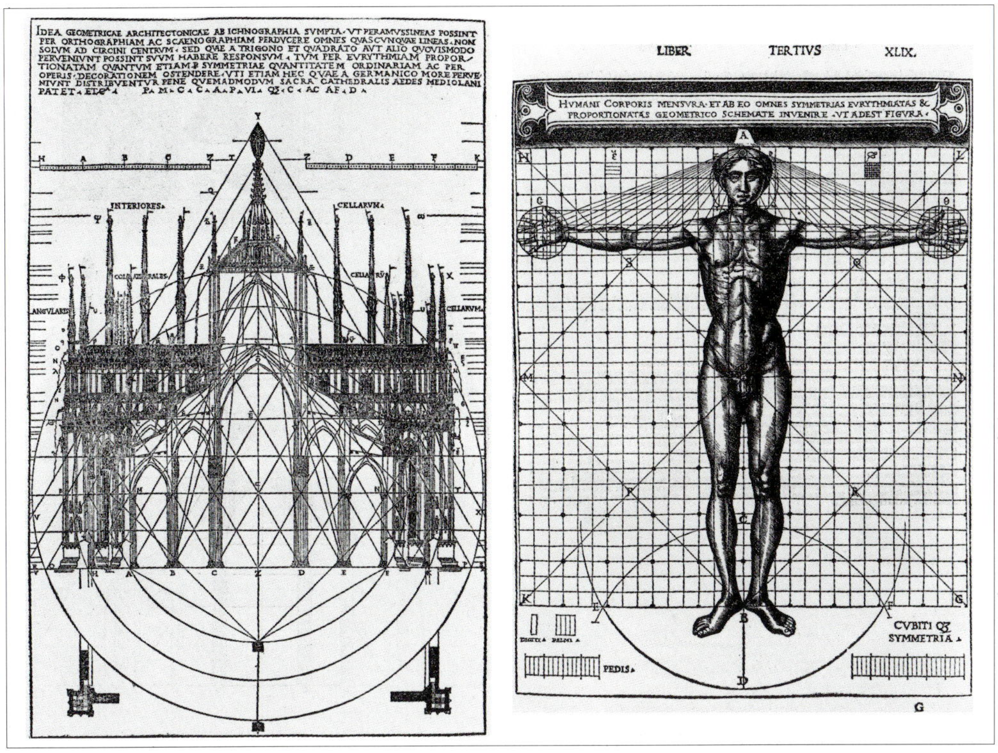

Édition de Vitruve par Cesariano (Côme, 1521) : l'« Orthographia (coupe) à l'exemple du dôme de Milan et la figure vitruvienne »

Le peintre, architecte et ingénieur Cesare Cesariano (1483-1543) présenta en 1521 la première traduction en italien du traité d'architecture de Vitruve, datant de l'Antiquité, assortie de nombreux commentaires et de gravures sur bois. Les descriptions du dôme de Milan associées aux figures de Vitruve expliquent comment s'est effectué le passage du gothique à la Renaissance. Cesariano applique les antiques principes de construction de Vitruve au dôme de Milan et les démontre en utilisant la triangulation (procédé de construction par triangles). Dans la figure proportionnelle de Vitruve, Cesariano développe, comme Léonard de Vinci, la parenté des proportions de l'homme, du cosmos et de l'architecture. Celle-ci devait exercer plus tard une grande influence sur la théorie de l'architecture et les constructions de la Renaissance.

La divine harmonie du monde

LA RENAISSANCE

1420-1620

FLORENCE ET LE QUATTROCENTO PRIMITIF 1420-1500

La découverte du monde et de l'homme

S'il enregistra le passage du style gothique, l'art italien n'y céda pas. À l'époque gothique, l'architecture italienne, avec ses palais, son agencement clair de l'espace, dominé par les horizontales et pondéré, portait déjà à l'état embryonnaire les premières manifestations de la Renaissance, d'où le nom de protorenaissance que l'on donne parfois à juste titre à cette période.

Les riches cités-État n'étaient ni dominées par le clergé ni par la noblesse chevaleresque, avec leurs idéaux abstraits, mais par une riche bourgeoisie et, spécificité italienne, par une noblesse très embourgeoisée, porteuse de valeurs plus tangibles comme le travail, le talent artisanal et l'économie. L'accès à la puissance et à la richesse par le commerce, y avait répandu une autre forme de religiosité. Au lieu d'aspirer, comme au Gothique, à surmonter la misère de l'existence terrestre, on cherchait à atteindre la beauté et l'harmonie dans ce monde.

L'humanisme vit le jour au XIVe siècle. Il exigeait et prônait l'idée que les sciences physiques et naturelles ne reposent plus sur des dogmes religieux mais sur une observation sans idées préconçues de la nature, sur la raison et l'expérience rationnelle. L'identité jusqu'alors totale entre la foi et le savoir disparut, le simple citoyen accéda tout comme le prêtre au savoir, les universités rompirent avec la tutelle de l'Église. Le long processus de la sécularisation était amorcé. La Renaissance posa ainsi les bases d'une évolution qui ne se concrétisa souvent que des siècles plus tard : le rationalisme, la démocratie, les droits de l'homme, la science moderne et la technique, les banques, la gestion axée sur le profit tout comme la conception de l'architecture comme art seraient impensables sans cette époque. Le Moyen Âge cédait la place aux temps modernes.

Il n'y avait, à l'origine de ce mouvement, aucune intention de « désacraliser » l'existence. Au contraire. Le monde étant considéré comme une création divine, on chercha à en explorer l'harmonie et les lois – celles de la nature. On croyait également que la beauté et l'harmonie dans les Arts obéissaient à des règles fixes. Un retour aux sources de l'Antiquité et de la civilisation grecque était inévitable. Les humanistes italiens renouèrent avec les traditions culturelles de leur pays. L'enseignement du grec et du latin, la langue de l'ancienne Rome, jusque-là réservé au clergé, se généralisa. On se mit à étudier et à traduire les écrits antiques, on s'intéressa aux édifices antiques pour les reconstruire, on entreprit de remettre au jour par des fouilles les objets d'art antiques.

Comme seule source littéraire et théorique sur l'architecture de l'Antiquité, les

1434 Cosme de Médicis prend le pouvoir à Florence et fonde en 1459 l'« Accademia Platonica ».

1497 Vasco de Gama découvre la route maritime des Indes.

1498 Savonarole, adversaire de l'autocratie des Médicis et dénonciateur des mœurs dissolues du pape Alexandre VI Borgia est exécuté à Florence.

1510 La famille Fugger, riches marchands d'Augsbourg, dispose d'un réseau commercial mondial.

1514 Machiavel écrit son « Principe » (« le Prince »), archétypique du souverain « éclairé » de la Renaissance.

1517 Luther affiche ses 95 thèses à Wittenberg. Début de la Réforme en Allemagne.

1518 Parution du premier manuel de calcul d'Adam Riese.

1519 Luther conteste l'origine divine de la papauté et l'infaillibilité des conciles. Mort du peintre et savant italien Léonard de Vinci.

1519-1522 Le navigateur Magellan fait le tour du globe.

1521 Le pape met Luther au ban de l'Empire au Concile de Worms.

1527 Rome prise et pillée par les mercenaires impériaux de Charles Quint (sac de Rome).

1528 Baldassare Castiglione publie son essai « il Cortigiano » (« le Courtisan ») qui décrit l'« homme universel » de la Renaissance.

1534 Publication de la traduction complète de la bible en allemand par Luther. Ignace de Loyola fonde l'ordre catholique des Jésuites (la Compagnie de Jésus), fer de lance de la Contre-Réforme.

1536-1541 Michel-Ange travaille à la fresque du Jugement dernier dans la chapelle Sixtine.

Platon et Aristote argumentant dans « L'École d'Athènes » de Raphaël, 1510-1511. Fresque, Loges de Raphaël, Vatican, Rome.

1555 La Paix d'Augsbourg règle les divisions confessionnelles en Allemagne et entérine le schisme protestant.

1564 Naissance de William Shakespeare à Stratford-upon-Avon.

1565 Soulèvement des Pays-Bas dirigé par Guillaume Ier de Nassau le Taciturne et le comte d'Egmont contre l'intolérance religieuse du pouvoir espagnol.

1571 Victoire de l'Espagne et de l'Italie contre la flotte turque à Lépante. L'Espagne maîtresse de la Méditerranée. Giovanni Palestrina est nommé maître de chapelle de Saint-Pierre de Rome

1588 L'Invincible Armada espagnole vaincue par la flotte anglaise de Sir Francis Drake.

1605 Parution du « Don Quichotte » de Cervantès.

1616 Mise à l'index des écrits coperniciens de Galilée.

humanistes disposaient des dix livres du traité d'architecture de l'architecte et ingénieur militaire romain Vitruve, rédigé vers 25 av. J.-C. Transmis et copié au Moyen Âge, ce texte connut dès lors une large diffusion. Outre des éléments techniques et historiques sur l'architecture, Vitruve y décrivait également l'architecte et sa formation. Il abordait la planification urbaine, les effets de couleur, l'utilisation des différents matériaux, les possibilités du génie et de la mécanique. Décrivant l'univers comme une construction architectonique, il en déduisait des lois régissant le cosmos et l'architecture. Les conceptions techniques présentées dans cet ouvrage, le seul traité antique d'architecture qui nous soit parvenu, sont encore en usage aujourd'hui.

Loin d'avoir réalisé une simple imitation de l'architecture de l'Antiquité, la « Renaissance », terme désignant un renouveau, le nouvel essor d'un style, d'une mode, d'une façon de penser, mit en œuvre une vision et une conception nouvelles du monde.

Expériences florentines

Florence joua le rôle de précurseur de la Renaissance. Grâce à son commerce, à son artisanat et à ses banques, elle s'était hissée au premier rang des cités européennes. Les Pazzi, les Médicis et les Pitti soutenaient tous les projets artistiques qui, rejetant un passé récent et désavoué, contribuaient à tracer les voies d'un avenir optimiste en s'inspirant de l'histoire glorieuse de l'Antiquité. Les citoyens éminents s'entouraient des conseils des humanistes ou se lançaient eux-mêmes dans des études humanistes. Les charges publiques étaient, à cette époque, souvent confiées aux érudits. Le désir de faire naître une vie moderne sur les fondements du riche héritage des civilisations antiques conduisit à une rénovation en profondeur des arts.

C'est dans ce contexte propice qu'apparut à Florence et en Toscane l'architecture de la Renaissance, dont la coupole du Dôme de Florence, mise en œuvre en 1420 par Filippo Brunelleschi, marque la naissance. Même s'il ne s'agit là que de l'achèvement d'un projet gothique, cette coupole à double voûte constitue une innovation technique géniale. Ce procédé permit de réaliser l'intérieur et l'extérieur indépendamment l'un de l'autre. La coupole intérieure, plus basse, s'adaptait mieux aux dimensions de la cathédrale gothique, tandis que le dôme extérieur, plus élancé et plus haut, s'élevait harmonieusement, sereinement, prolongé par la lanterne. Les nervures porteuses étant dissimulées entre les deux coupoles, les éléments architectoniques n'apparaissaient plus, comme au Gothique, au grand jour.

La physionomie d'un édifice ne résultait pas uniquement d'impératifs techniques et de rapports de proportions abstraits, mais avant tout et surtout de la volonté de son bâtisseur. Il avait pour mission de « rendre les idées de Dieu visibles » en obéissant aux « harmonies célestes » de la beauté. C'est ainsi qu'on réalisa au préalable une maquette de la coupole du dôme florentin avant sa réalisation, une habitude qui se généralisa pour la construction de bâtiments importants. L'architecte devenait le maître-d'œuvre artistique de la construction, dont il ne perdait jamais de vue la physionomie globale. Il ne s'agissait plus comme au Moyen Âge d'un exécutant anonyme, mais d'un créateur individuel et autonome.

Cette conception personnelle de l'artiste s'affirma également en peinture et dans les arts graphiques, où l'on commença à produire, au-delà des scènes religieuses traditionnelles, des portraits et des scènes d'après nature, inconnus jusque-là.

Dôme de Florence, v. 1294-1467
Coupole de Brunelleschi, 1418-1436
(perspective d'après Sanpaolesi)

La puissante coupole du dôme florentin représente, pour son époque, un exploit technique. L'élargissement du chœur édifié par Arnolfo di Cambio à la fin du Trecento, ne put être achevé qu'avec la construction de la coupole de Filippo Brunelleschi. Le tambour octogonal est couvert par une double coupole. La coupole intérieure, plus solide, soutient l'extérieure, plus légère. Toutes deux sont constituées d'une combinaison de rangées de pierres maçonnées en chevron et de nervures ouvertes. Entre autres nouveautés techniques, cette coupole, autoportante, n'avait pas besoin de cintre (échafaudage de soutien) pendant sa construction.

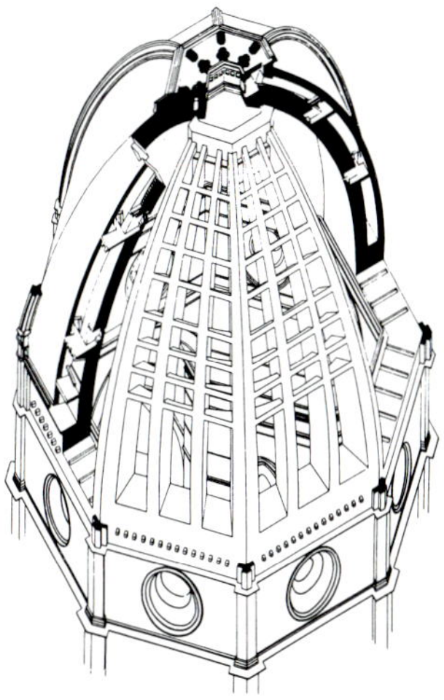

Hôpital des Innocents, Florence, Filippo Brunelleschi, commencé en 1419

L'hôpital des Innocents est l'une des premières œuvres de Brunelleschi. La clarté de la construction et la rigueur des proportions constituent déjà des éléments importants propres à la Renaissance.

Palazzo Rucellai, Florence, Leon Battista Alberti, 1446-1451

La façade du Palais Rucellai renoue avec l'Antiquité par une superposition rigoureuse de pilastres doriques, ioniques et corinthiens.

Pour la première fois depuis l'Antiquité, l'habitat redevint au XIVe siècle un thème d'architecture. Pour affirmer leur position sociale, les riches habitants des cités italiennes réclamaient des demeures fastueuses. Après plusieurs siècles, l'édifice profane pouvait de nouveau apparaître sous une forme qui n'était pas strictement liée à son utilité. Florence ouvrit également la voie au palais monumental, le « palazzo », dérivé du latin « palatium », en référence au mont Palatin, l'une des sept collines de Rome, où résidaient l'empereur Auguste et ses successeurs. Le point de départ fut la maison fortifiée des villes italiennes, en proie aux XIIIe et XIVe siècles à des conflits sanglants. Les palais des débuts de la Renaissance sont « fermés » à l'extérieur, fortifiés, bruts et rébarbatifs. Les façades, travaillées avec de gros blocs de pierre rugueux et concaves (bossage), accentuent encore cette impression, au même titre d'ailleurs que le rez-de-chaussée, percé de petites fenêtres rectangulaires, tandis que les étages supérieurs sont pourvus de doubles fenêtres en plein-cintre (fenêtres géminées). L'arc qui les surmonte est formé de moellons. Les bâtiments ont, en général, trois étages de hauteur décroissante, séparés par des corniches en doubleau à hauteur des bases de fenêtres. Un socle en corniche et une imposante corniche de couronnement antiquisants complètent cette composition horizontale des façades, rectangulaires et strictement symétriques. Les premiers palais sont par contre ouverts sur leur cour intérieure, entourée d'arcades et de loggias, matérialisant une attitude de distance vis-à-vis de l'extérieur et d'ouverture à l'intimité, correspondant à la prise en compte croissante de l'individu au cours de cette période.

Bien que le Palais Rucellai n'ait pas de cour – il fallut quelques dizaines d'années avant que l'idée s'imposât –, son architecte, Leon Battista Alberti, n'en est pas moins l'un des principaux représentants de tous les changements qui surviennent alors. Architectoniquement, cela s'exprime dans la façade lisse du bâtiment, avec le relief des pierres pour tout ornement. Une composante verticale, le pilastre des ordres classiques, réutilisé ici pour la première fois, complète la dominante horizontale de l'édifice.

Le Palais Rucellai fut l'une des premières œuvres d'Alberti qui, avec Brunelleschi, était l'un des architectes les plus importants des débuts de la Renaissance. Véritable artiste et conscient de l'être, il accordait une importance fondamentale à la conception, laissant à d'autres le soin de réaliser la construction. Cette vision qui privilégie l'activité créative et impose une division des tâches était nettement en avance sur son temps. Également théoricien, il résuma les fondements de son architecture dans des livres qui contribuèrent grandement à la diffusion de l'architecture de la Renaissance en fixant des normes précises. Considéré comme un « esprit universel », il produisit, comme Bramante, Raphaël, Michel-Ange ou Léonard de Vinci, des œuvres dans d'autres domaines : sculpture, peinture, poésie, mathématiques, sciences naturelles et politique.

Le cercle, expression de la perfection

D'une grande curiosité intellectuelle et marqués par une approche globale, caractéristique de la Renaissance, de la religion, de la philosophie et de l'esthétique, artistes et érudits commencèrent à s'intéresser à l'urbanisme et aux proportions du corps humain, module de base chez les Grecs de toute création artistique. On définit ainsi l'homme

comme centre du monde, une idée qui fut à la base d'un nouveau système destiné à saisir et à représenter l'espace : la perspective centrée. Pour l'élaborer, Brunelleschi se serait servi des principes de l'optique mathématique d'Euclide.

La redécouverte du savoir antique joua également un rôle dans la renaissance de la coupole, rendue possible par un savoir-faire technique et, surtout, par une volonté esthétique. À la même époque que la coupole du dôme de Florence, Brunelleschi réalisa avec l'hôpital des Innocents un édifice où les arcs reposent sur des colonnes qui fut, avec la Vieille Sacristie de Saint-Laurent, le premier édifice à plan centré de la Renaissance. Plus encore que le plan carré ou en croix grecque – autres structures typiques de l'époque –, le cercle symbolisait l'harmonie parfaite et l'équilibre. Pour Alberti, lui seul était en mesure d'exprimer la nature de Dieu et de la Création. Des études de proportions montrèrent en outre que le corps humain, créé « à l'image de Dieu », s'inscrivait dans cette forme.

Le cercle et le polygone étaient donc considérés par Alberti comme les formes idéales pour la construction des églises mais aussi pour leur couronnement : la coupole symbolisait par ailleurs traditionnellement le cosmos. Dans cette conception, l'autel devait être placé au centre de l'église et les fidèles se rassembler autour de lui. Au lieu de circuler, l'immobilité était désormais de règle. Chaque point de l'édifice offrait une perspective similaire sur la coupole. Le regard s'élevait mais, au lieu de se perdre, comme dans les cathédrales gothiques, la voûte hémisphérique le ramenait sur terre.

Dans les édifices chrétiens, le plan centré n'avait jusque-là été utilisé que pour les baptistères, les basiliques funéraires et parfois aussi pour les églises mariales. L'Église hésita à abandonner le traditionnel plan longitudinal, mais des églises de transition comme Sant'Andrea de Mantoue, un projet d'Alberti datant de 1470, ouvrirent la voie. Il s'agit d'une nef unique à voûte en berceau, avec trois chapelles latérales à voûtes de même type, transept, chœur à plan carré, abside semi-circulaire et croisée dotée d'une coupole à tambour, dont l'ornementation murale s'inspire de modèles antiques comme ceux des thermes et de la basilique de Maxence. La façade réalise une fusion des types de l'arc de triomphe et des façades de temples témoignant, comme le plan d'ensemble, d'une volonté d'aboutir à une harmonie et une unité parfaites des éléments architectoniques – sans toutefois recourir au plan centré.

RENAISSANCE CLASSIQUE ET TARDIVE (MANIÉRISME) 1500-1600

Une architecture organique

Au milieu du XVe siècle, le mouvement humaniste prit une ampleur considérable, favorisée par la prise de Constantinople en 1453 par les Turcs et l'afflux conséquent d'érudits grecs venus se réfugier en Italie; ainsi que par la découverte de l'imprimerie à caractères mobiles par Gutenberg, qui rendit possible une diffusion à grande échelle du savoir. De nombreux architectes publièrent dès lors leurs expériences et leurs conceptions. Celles-ci, même au stade de simples projets, purent jouer un rôle important dans l'évolution architecturale.

Tandis que l'Église opposait une résistance farouche à de nombreuses innovations – notamment dans le domaine des sciences – de la Renaissance, elle ressentait en même temps, tout comme les princes, un besoin nouveau de manifester gloire et puissance. Ce désir, parti d'un individualisme raisonnable, aboutit à la fin du XVe siècle à un besoin démesuré d'auto-glorification. Le comportement

La Ville idéale, Piero della Francesca, v. 1470

La stricte régularité de la ville idéale conçue par Piero della Francesca se fonde sur un plan urbain aux perspectives linéaires. L'église circulaire placée au centre du tableau manifeste nettement la position de l'Église dans la société. Les façades des bâtiments donnant sur la place reflètent par leurs différences les hiérarchies politiques et sociales. De telles villes idéales ne furent jamais construites, la réalité ayant souvent des exigences plus dures qu'un projet d'utopie esthétique et sociale.

Sant' Andrea, Mantoue, Leon Battista Alberti, commencée en 1470

Tempietto de San Pietro in Montorio, Rome, Donato Bramante, 1502-1503

Le Tempietto (petit temple) de Bramante est considéré comme l'un des meilleurs exemples de l'idéal architectural du début de la Renaissance. Sa symétrie repose sur l'utilisation cohérente de la pureté géométrique du cercle. Les proportions des éléments entre eux sont si bien calculées que l'ensemble est d'un parfait équilibre. S'élevant sur un socle à trois gradins, le portique circulaire porte une balustrade. La colonnade entoure un petit édifice cylindrique surmonté d'une coupole. Ce plan central d'une parfaite harmonie fait référence à un idéal classique tel que le Panthéon de Rome. Dans son projet, qui ne fut pas réalisé, Bramante faisait du Tempietto l'élément central d'une vaste cour circulaire à colonnade.

des papes et du clergé de la Renaissance et les critiques virulentes que les humanistes leur adressent portent déjà en eux les germes de la Réforme. Le principal foyer de l'évolution architecturale – tel un indicateur historique et culturel – se déplaça de Florence à Rome. La construction changea. Au lieu d'aligner les fenêtres à intervalles réguliers, on les disposait en groupes séparés par des espaces de largeur variable. Parallèlement à cette accentuation du dynamisme, la décoration sculptée des façades s'enrichit. On dota les fenêtres de socles, de colonnes et de pilastres et on les couronnait d'architraves, de cintres ou de frontons triangulaires. Les portails étaient pareillement soulignés ou structurés en cintre avec clé de voûte. Des frises surmontées de médailles et de triglyphes accompagnaient les corniches, le tout couronné de balustrades courant en bordure de la toiture. Il y eut, dès les premiers temps de la Renaissance, une certaine correspondance entre la physionomie intérieure et extérieure des bâtiments. À ce stade, la volonté de construire à partir du centre de l'édifice en faisant transparaître l'organisation architectonique à l'extérieur s'imposa.

Le prototype de ce genre de construction fut le petit temple de la cour de San Pietro in Montorio à Rome. Le bâtiment, circulaire et couronné d'une coupole, s'élève progressivement sur un socle à gradins. Ce petit temple montre bien que la Renaissance, tout en s'inspirant des formes antiques, les adaptait à l'esprit du temps. Le portique du « Tempietto » n'a rien de commun avec le caractère immobile et pesant des temples classiques grecs, pas plus que son bâtiment intérieur. Le Tempietto est une œuvre de Donato Bramante légèrement antérieure à ses grands édifices à plan centré, comme l'église Santa Maria della Consolazione à Todi (commencée en 1504) et le dôme de Côme (commencé en 1519). Son œuvre majeure devait être la reconstruction de Saint-Pierre de Rome (San Pietro in Vaticano), l'église du pape.

Avec Sixte IV, (1471-1484), qui fit construire et donna son nom à la chapelle Sixtine, commença une période marquante de mécénat artistique qui atteignit son apogée sous Jules II (1503-1513). Le projet de Bramante pour la basilique Saint-Pierre, surchargé de croix grecques, de modules concentriques et carrés s'interpénétrant ne fut finalement pas réalisé. La reconstruction de la basilique fut en grande partie exécutée sur des idées de Michel-Ange, qui avait entrepris la monumentale voûte de la chapelle Sixtine en employant les techniques de plus en plus raffinées de la perspective. L'homme en tant qu'observateur étant, à la Renaissance, la mesure de toutes choses, sa perception de l'espace devait devenir la mesure de l'architecture. Le trompe-l'œil devait être utilisé notamment quand, pour des raisons d'exiguïté, l'architecture n'avait pas la possibilité de créer un espace impressionnant. Bramante,

Libreria Vecchia, Venise, Jacopo Sansovino, 1536-1553

Appelé de Rome pour remanier la Place Saint-Marc, Sansovino introduisit à Venise la syntaxe architecturale rigoureuse de la Renaissance romaine.

MICHEL-ANGE

Michel-Ange passa les années décisives de sa vie à Florence, où il apprit la peinture dans l'atelier de Ghirlandaio puis la sculpture sous la direction de Bertoldo di Giovanni. Les deux artistes ne tardèrent pas à se rendre compte des extraordinaires dispositions artistiques du jeune homme, dont témoignent ses premières esquisses. Ses modèles étaient des peintures de Giotto et de Masaccio. Ses premières sculptures sont directement inspirées de Donatello. Laurent Ier le Magnifique de Médicis protégea et encouragea le jeune artiste, âgé de 15 ans, dont il avait vite découvert le génie, en l'hébergeant près de son palais, épicentre de la création artistique de l'époque. Quoique très tôt familier de la somptueuse cour des Médicis, Michel-Ange ne devint jamais un homme de cour. Il demeura toute sa vie réservé et peu avenant, solitaire, à la différence de Léonard de Vinci (1452-1519), très à l'aise en société et déjà célèbre quand Michel-Ange débuta.

Les premières œuvres de Michel-Ange, comme le « Combat des Centaures », virent le jour à Florence, mais il fut appelé à Rome dès 1496, à l'âge de vingt et un ans, et y réalisa sa Pietà pour la basilique Saint-Pierre. Ce groupe superbe, où le marbre devient vivant, émerveilla ses contemporains. Il revint deux fois à Florence pour de longs séjours, pendant lesquels il réalisa la statue de David (commencé en 1501). De retour à Rome, il s'attela en 1509 aux fresques de la chapelle Sixtine, qui l'occuperont, avec des interruptions, pendant presque trente ans.

Michel-Ange vint assez tard à l'architecture. En 1516, à l'âge de quarante ans, il réalisa des plans, jamais concrétisés, pour la façade de Saint-Laurent de Florence. Ses idées virent le jour entre 1520 et 1534 avec la Bibliothèque Laurentienne et la chapelle funéraire des Médicis. La disposition des murs semble en effacer les limites, l'extérieur et intérieur sont interchangeables, la distribution des étages est laissée dans le flou, les éléments architectoniques sont traités comme des sculptures. Avec la bibliothèque, Michel-Ange a créé un espace digne des précieux manuscrits qui y étaient entreposés. Il s'en dégage une atmosphère presque religieuse, une impression de verticalité, du fait que les livres sont rangés sur des étagères qui rappellent des bancs d'église et s'organisent comme eux perpendiculairement à une allée centrale. Comme presque toutes les œuvres architecturales de Michel-Ange, la Bibliothèque Laurentienne présente une tension dramatique où tout semble sérieux, conçu, élaboré dans les moindres détails, et respire la force, la sérénité et la dignité.

À partir de 1534, Michel-Ange passa les trente dernières années de sa vie à Rome, où il réalisa la fresque du « Jugement dernier » de la chapelle Sixtine. En 1547, déjà très âgé, il fut chargé de la direction des travaux de la basilique Saint-Pierre. Cette église d'apparat, située dans la Cité du Vatican, existait déjà sous diverses formes depuis 324 ap. J.-C., mais la première pierre pour une reconstruction complète ne fut posée qu'en 1506 par Jules II. Le projet de Bramante et les éléments déjà existants en imposaient les dimensions, mais Michel-Ange put, tout en conservant les grandes lignes et la conception d'origine – le plan centré et la croix grecque à coupole centrale –, donner à l'édifice plus de rigueur par rapport au plan initial et lui conférer une pureté et une clarté extrêmes. Le portique et le grand escalier extérieur matérialisent l'axe de l'église, orientée vers la ville. Gian Lorenzo Bernini (le Bernin) s'en servira, 50 ans plus tard, pour composer son projet de la place Saint-Pierre (le plan ci-contre montre l'église et le pan définitif de la place).

Michel-Ange couronna la croisée d'une coupole magnifique, chef-d'œuvre technique et d'harmonie architectonique. Elle a, comme le Panthéon, un diamètre de 42 m et atteint, jusqu'au sommet de la croix, sur la lanterne, une hauteur totale de 132 m depuis le dallage de marbre de la basilique. Comme celle de Brunelleschi à Florence, la coupole de Michel-Ange domine les nombreux autres dômes de Rome. Elle est d'une harmonie parfaite, quelle que soit la direction ou la distance d'où on la contemple.

Dans les dernières années de sa vie, Michel-Ange réalisa également les plans du Palais des Conservateurs du Capitole, sur lesquels il avait déjà travaillé en 1536, lorsqu'il avait fait les plans de la place du Capitole. Après le sac de Rome, pillée en 1529 par les mercenaires de Charles Quint, une reconstruction de la cité était devenue indispensable. Ainsi Michel-Ange ne travailla-t-il pas seulement pour le souverain pontife, mais aussi pour la ville, en lui donnant la première place monumentale des temps modernes. Le début de la reconstruction de la place fut inauguré avec la mise en place d'une statue équestre de Marc Aurèle, due à Michel-Ange, qui devait en orner le centre. La place ne fut pourtant terminée que 120 ans plus tard, après l'achèvement du Musée du Capitole, en 1654. Michel-Ange assista encore au début du chantier du Palais des Conservateurs, exécuté en majeure partie selon ses plans. L'ordre caractéristique des façades de Michel-Ange, avec leurs pilastres ou demi-colonnes sur deux étages, produit un équilibre solennel et majestueux.

Michel-Ange fut sans conteste l'un des plus illustres artistes aux talents multiples que le monde ait connu. Il légua des œuvres parfaites comme peintre, sculpteur et architecte. Son génie universel a profondément influencé ces trois domaines de l'art pendant des siècles.

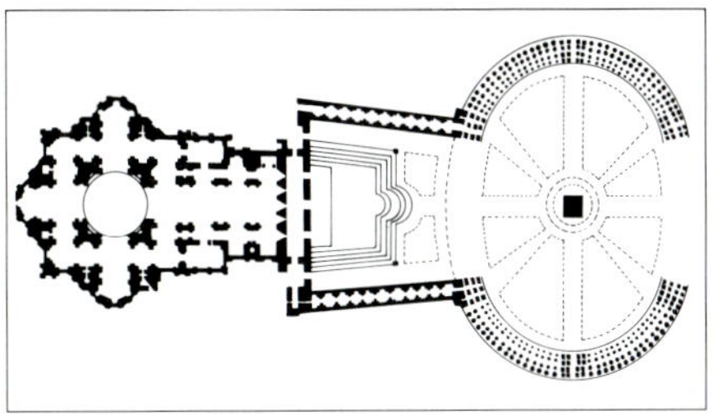

Façade du Palais des conservateurs, Capitole (ci-dessus)

Vue de la colline du Capitole à Rome, H. Cock, v. 1544-1545 (ci-contre, en haut)

Le Campidoglio d'après un projet de Michel-Ange, Étienne Duperac, 1569 (ci-contre)

Plan de l'église Saint-Pierre (Michel-Ange) et de la *place Saint-Pierre* (Le Bernin) (ci-contre, en bas)

L'imposante Coupole de Saint-Pierre de Rome

El Escorial, près de Madrid, Juan Bautista de Toledo et Juan de Herrera, 1563-1589

Le gigantesque monastère, immense et austère complexe construit sur ordre de Philippe II, est directement influencé par la Renaissance italienne. C'est un édifice de plan central, conçu par Juan de Bautista de Toledo et exécuté en grande partie par Juan de Herrera. Le complexe, de plan rectangulaire et de symétrie axiale, est entouré par quatre ailes immenses (environ 160 m) renforcées par des tours d'angle. À l'intérieur, alignés le long de l'axe principal, se trouvent l'église et, attenants au chœur, les appartements du roi qui, de son lit, pouvait voir l'autel. Les bâtiments destinés au service de la cour et du monastère sont regroupés latéralement autour de cours intérieures rectangulaires.
L'Escorial, qui réunit religion et pouvoir royal de droit divin, est un monument emblématique de la Contre-Réforme. L'amalgame entre château et monastère eut une grande influence sur les magnifiques monastères du Baroque.

par exemple, fait miroiter au visiteur de son église Santa Maria presso San Satiro, à Milan, un chœur impressionnant, pourtant purement « dessiné » et n'ayant qu'une profondeur apparente. À l'âge baroque, on perfectionnera ce phénomène jusqu'à l'illusionisme.

Une transition en douceur vers le Baroque

Ces tendances baroques furent encore plus nettes à Venise. Sur la lagune, la mauvaise qualité du sous-sol rendait indispensable une architecture « légère », notamment par la répartition des matériaux sur de grandes surfaces aérées, comme pour la façade de la Libreria Vecchia, par exemple. L'architecte Andrea Sansovino s'est inspiré, pour son alignement en apparence infini d'arcades, de prototypes classiques comme le Colisée. L'ornementation sculpturale prononcée de la façade – avec son jeu impressionnant de clair-obscurs –, la frise avec ses médaillons, ses puttis et ses guirlandes, couronnée d'une balustrade portant des statues et des obélisques, n'a plus rien de commun avec la rigueur impériale et revêt plutôt un air de fête. Ici, les signes avant-coureurs du maniérisme, qui annonce la fin de la Renaissance, sont très nets. Tandis que les éléments ornementaux sont utilisés avec légèreté et virtuosité, le projet architectonique initial devient méconnaissable. L'objectif était de rompre ironiquement les conventions établies, de manifester architectoniquement la désagrégation du monde en créant de forts contrastes entre les différents éléments d'architecture. L'esprit de la Renaissance avait déclenché une évolution qui devait conduire à sa propre fin. Copernic avait découvert, en observant les planètes, que la thèse géocentrique, selon laquelle la terre était immobile au centre de l'univers – obstinément défendue par l'Église –, était fausse (Révolution copernicienne, 1543). La découverte de l'Amérique et autres grandes expéditions de navigateurs confirmèrent que la Terre n'était pas un simple « disque sous une cloche à fromage ». De son côté, le déploiement de luxe des papes de la Renaissance mena à la fondation d'une nouvelle confession indépendante de Rome. L'équilibre du monde commença à chanceler. La réponse des princes et du clergé fut de réprimer l'aspiration aux libertés individuelles. L'Espagne, où depuis la fin du XVe siècle, l'Inquisition faisait rage contre de prétendus hérétiques, et dont la puissance atteignit son apogée au XVIe siècle, donna naissance au palais monumental de l'Escorial, qui exprime parfaitement cette transition vers une autre forme de pensée. Le corps de bâtiment fermé, aux angles marqués par des tours carrées, s'étend organiquement autour de l'église centrale et appartient encore à la Renaissance. Par la réunion du cloître, du palais et de l'église, le pouvoir montre déjà son aspiration à la royauté de droit divin, dans laquelle le souverain accomplit la volonté de Dieu sur Terre, anticipant sur le Baroque.

LA RENAISSANCE AU NORD DES ALPES 1520-1620

Une ornementation Renaissance sur des bâtiments gothiques

Le gothique était encore si dominant dans ses fiefs, la France et l'Allemagne, que le nouveau style eut du mal à s'affirmer. Pour des raisons pratiques, les édifices sacrés restèrent en grande partie à l'écart de la Renaissance : les églises et les cathédrales gothiques existantes suffisant aux besoins, il était inutile d'en construire de nouvelles. Aux XVe et XVIe siècles, nombre d'entre elles étaient encore inachevées. La première pierre de la cathédrale de Berne (la Suisse appartint à l'Empire romain-germanique jusqu'en 1648) ne fut posée qu'en 1421, un an après que Brunelleschi eut commencé la coupole de la cathédrale de Florence.
La France, État centralisé, avait produit dès le XVIe siècle une série de châteaux de toute première importance. François Ier et Henri II déployèrent une grande activité à Paris et

ANDREA PALLADIO

Avec Andrea Palladio, l'architecture de la Renaissance atteignit un équilibre et une maturité qui s'exprimèrent au XVIe siècle dans la République de Venise, en Vénétie et à Vicence, soumise à la cité des doges. Palladio réussit à allier harmonieusement l'humanisme de son temps à l'héritage de l'Antiquité et créa des édifices classiques d'après les principes énoncés dans ses ouvrages. Le palladianisme avait une telle cohérence qu'il influença durablement l'architecture des époques suivantes, notamment le classicisme anglais.
Andrea di Pietro dalla Gondola naquit le 30 novembre 1508 à Padoue. À l'âge de 13 ans, il entra comme tailleur de pierre dans l'atelier de

La « Rotonde », Vicence, 1566-1569

Bartolomeo Cavazza. Deux ans plus tard, il entama un apprentissage de sculpture architecturale chez Porlezza, à Vicence. Mais c'est à Trissino, qui l'employa pour les travaux de sa villa de Cricoli, en 1537, qu'il doit d'avoir découvert sa véritable identité d'architecte humaniste puisant aux sources de l'Antiquité. C'est probablement aussi Trissino qui le surnomma Palladio, un nom tout aussi élégant que devait l'être son œuvre. Humaniste versé dans le néo-platonisme, Trissino lui fit connaître les théories de l'architecture antique et les dix livres de Vitruve. Partant du principe d'Aristote, selon lequel le savoir s'acquiert par l'expérience et l'observation personnelles, Palladio ne se contenta pas d'écrits théoriques : il arpenta les routes à la recherche de bâtiments antiques, afin de les mesurer et d'en étudier les proportions, comme lors de ses voyages à Rome, entre 1545 et 1547. En 1570, il publia « Quatre livres sur l'architecture » dans la tradition des grands architectes Vitruve et Alberti. Il y étudiait les idées contemporaines sur les proportions et l'esthétique architecturales, notamment à travers une étude critique de l'interprétation des ordres de colonnes classiques par des architectes comme Serlio et Vignola. Mais il présentait avant tout son œuvre personnelle et sa typologie.
Palladio était un maître reconnu – il avait déjà la quarantaine – lorsqu'il commença à pratiquer le métier d'architecte. On lui confia en 1549 la reconstruction du palais communal de Vicence – la Basilique –, une réalisation qui coïncida avec l'essor économique et une nouvelle image de la ville. La basilique étant de type antique, Palladio put mettre ses théories en pratique et donner à la façade, encore médiévale, une allure plus au goût du jour. Il l'ouvrit sur la Piazza dei Signori avec des loggias sur deux étages, derrière des arcades reprenant le modèle des colonnes de Serlio. Cette réussite et les relations qu'il établit avec la ville de Vicence entraînèrent de nouvelles commandes. En comparaison des édifices anciens, qui avaient un caractère rustique de forteresses et des façades uniformes, il conféra un charme tout urbain au Palais Chiericati (1550-1609) par l'ouverture de la façade et le soulignement de l'axe central.
Avec ses villas de la campagne vénitienne, il aborda un domaine où purent s'exprimer toute l'originalité et la grâce de son architecture, formulant un nouveau langage pour ces édifices qui appartenaient à une noblesse rurale ambitieuse, riche et cultivée, désireuse d'associer à ses domaines agricoles des demeures susceptibles d'accueillir la bonne société urbaine. Palladio rapprocha deux types de villas. Celui, romain, de la villa rustique et celui de la villa suburbaine, une synthèse qui se reflète dans les villas Badoer à Fratta Polesine, Emo à Fanzolo et Barbaro à Maser, achevées vers 1560. Les ailes utilitaires, dissimulées derrière des arcades, sont disposées symétriquement de part et d'autre d'un bâtiment central. Celui-ci comprend un somptueux vestibule orné d'un tympan et de colonnes d'ordre antique qui donne accès à une salle de réception. Correspondant à l'effet

Il Redentore, Venise, 1577-1592

d'ouverture de la basilique et des palais de Vicence sur les places de la ville, il associe dans ses villas édifices et jardins par des zones d'ombre créées par les colonnades et les arcades.
Le point culminant de l'œuvre de Palladio est la villa Almerico-Capra de Vicence. Appelée simplement « la Rotonda », c'est un édifice idéal à plan centré, composé autour d'une salle circulaire surmontée d'une coupole, à quatre façades avancées identiques à fronton et colonnade de temple. Comme le Parthénon et le Tempietto de Bramante, elle symbolise l'harmonie parfaite entre l'homme et le cosmos. C'était, pour les humanistes, un lieu de rencontre idéal.
En 1571, Palladio est au zénith de sa carrière. Personnage éminent, on lui confie la succession de Sansovino comme premier architecte de Venise. Il réalisa essentiellement des églises et n'eut plus l'occasion de concrétiser son édifice idéal, à plan central et rythmé par des éléments d'ordre antique, en opposition avec l'édifice religieux, les besoins du culte imposant une structure à nef centrale et vaisseaux latéraux. Ses façades de San Francesco della Vigna (commencée en 1562) et de San Giorgio Maggiore (1565-1575, façade après 1600), réalisent un compromis qui mène Palladio à sa dernière église, Il Redentore. Sa façade soude le vaisseau central et les chapelles latérales par un agencement de colonnes juxtaposées et de tympans superposés. À la dissociation et à l'ouverture des éléments succède une plastique compacte qui rapproche Palladio du Baroque tout comme, ultérieurement, le Palais Valmarana (1566-1581) et la façade de la Loggia del Capitaniato (1565-1571), à Vicence.
Néanmoins, l'année de sa mort, en 1580, Palladio fit, avec le Théâtre Olympique, un dernier retour à l'Antiquité. Destiné à la reprise de pièces de théâtre antiques, il lui donna des tribunes en hémicycle et un espace scénique doté de passages convergents en perspective.

Théâtre Olympique, Vicence, 1580-1585

Château de Chambord, Domenico da Cortona (?), Jacques et Denis Sourdeau, commencé en 1519
Escalier, v. 1530 (ci-dessous)

Le château de Chambord, construit sur ordre de François Ier, illustre parfaitement bien le traitement original de la Renaissance en France. Le plan du complexe, sans doute conçu par Domenico da Cortona, est clair, la distribution symétrique et rectangulaire. La façade du côté jardin, large et régulière, contraste avec la partie centrale, qui ressemble à une forteresse médiévale avec un donjon. Les toits très inclinés et les cheminées, lucarnes et lanternes, disséminées apparemment au hasard sur le toit, sont en revanche totalement gothiques.
Situé au centre du bâtiment, l'escalier à vis à double révolution, véritable prodige technique, probablement dessiné par Léonard de Vinci, confère au château une touche maniériste. La spirale de l'escalier, avec ses deux volées de marches montant en sens contraire comme les brins d'un cordage ne correspond pas à l'idéal de sérénité soutenu par la Renaissance. L'espace a quelque chose de troublant, d'irrationnel, qui peut facilement donner le vertige si l'on se trouve au centre de la spirale.

dans les alentours, ainsi que dans les régions de chasse de la Loire. François Ier, qui avait pu admirer la grandeur de l'architecture de la Renaissance au cours de ses campagnes dans le Nord de l'Italie, fit venir des architectes italiens en France. Rares étaient leurs confrères transalpins qui avaient pu découvrir par eux-mêmes des édifices Renaissance ou classiques. La plupart travaillaient à partir de gravures et de traités d'architecture, comme ceux de Vitruve, de Palladio ou de Vignola.
La prédilection du Gothique tardif pour les ensembles imbriqués dans des structures complexes, se manifesta encore dans les châteaux de Blois, Amboise, Fontainebleau et Saint-Germain-en-Laye, tandis qu'à Écouen, Ancy-le-Franc ou Charleval les édifices, de plan rectangulaire, s'élevaient autour d'une cour intérieure.
Les plus célèbres bâtiments de cette catégorie sont d'une part le palais du Louvre, commencé en 1546 sur des plans de Lescot et poursuivi selon des plans différents, et d'autre part le plus grand château – inachevé – de la Loire : Chambord. Avec ses 365 petites tours, cheminées et lucarnes, il constitue aussi un exemple extrême de la tradition gothique des toits inclinés, dotés d'une multitude d'éléments richement ornés, qui fut reprise par la quasi-totalité des châteaux de la Renaissance française. Tout aussi typiques sont les tours d'angle très détachées, héritées des châteaux forts médiévaux, et les tours à escaliers appliquées sur les façades. Avec leurs jardins conçus en harmonie avec le château, Verneuil et Charleval annonçaient déjà le Baroque.

Les retombées du protestantisme

En Allemagne, la situation était similaire, à ceci près que la majeure partie du pays n'avait pas été sous domination romaine et ne disposait d'aucune tradition classique à laquelle se rattacher. Là comme en France, on emprunta des éléments à la nouvelle architecture : fenêtres rectangulaires, corniches en doubleau, frontons échelonnés, de largeur décroissante au fur et à mesure des étages, couronnés en partie d'obélisques ou flanqués de volutes. Ces éléments étaient particulièrement utilisés pour décorer les bâtiments du Gothique tardif. On peut citer comme exemples la maison du Charmeur de rats de Hameln (1602-1603), le château de Heidelberg (commencé au milieu du XVIe siècle) ou l'hôtel de ville d'Anvers (Cornelis de Vriendt, 1561-1565) avec sa façade de plus en plus ajourée d'étage en étage et qui servit de modèle à tout le Nord de l'Europe centrale. Les bâtiments relevant directement de l'esprit de la Renaissance virent le jour plus tard, comme le château d'Aschaffenbourg (Georg Riedinger, 1605-1614), le premier grand château à plan régulier d'Allemagne, ou l'hôtel de ville d'Augsbourg (Elias Holl), considéré comme l'une des œuvres les plus originales de l'architecture civile allemande. Les coupoles, elles, sont pratiquement absentes.
Plus que l'architecture, ce furent les retombées de l'esprit de la Renaissance dans le domaine religieux qui marquèrent l'Allemagne. Le mécontentement vis-à-vis d'une église « trop sécularisée » avait grandi. Les papes de la Renaissance l'accrurent par un faste excessif, responsable d'une crise financière que l'Église essaya de résoudre par le commerce des indulgences, qui promettaient à titre onéreux une rémission des péchés. Les esprits de la Renaissance soumirent les pratiques de l'Église d'alors à une critique serrée au regard de celles des débuts du christianisme. Traduite par Martin Luther, la Bible,

qui n'existait qu'en latin, devint accessible à tous.

Le refus du pape, du clergé et de l'empereur de réformer l'Église provoqua un schisme auquel Luther, au début, n'avait pas plus songé que les autres réformateurs. La nouvelle confession, marquée par l'esprit de la Renaissance, fut imposée par la base. Créé à l'image de Dieu, l'homme avait selon elle le droit de se présenter directement à Lui. Le rôle d'intercession des prêtres, limité, ne les autorisait en aucun cas à accorder Son pardon. Pas plus que la Vierge Marie ou les saints, l'Art ne pouvait servir de médiateur de la foi. La Réforme connut plusieurs épisodes iconoclastes, au cours desquels nombre de peintures et de sculptures religieuses furent détruites. Plus tard, les Luthériens surtout renoncèrent à l'interdiction des images et à la stricte séparation de la politique et de la religion. Cette alliance retrouvée du pouvoir et de l'Église permit l'apparition ponctuelle d'églises protestantes fastueuses mais, dans les régions protestantes d'Europe, l'édifice religieux avait définitivement perdu son rôle privilégié dans l'architecture.

Le palladianisme en Angleterre

En Angleterre, le Gothique était si bien implanté que la Renaissance n'eut pratiquement aucune retombée sur l'architecture religieuse. Même dans l'architecture civile, elle ne fit sentir ses effets qu'à la fin du XVIe siècle. L'œuvre d'Andrea Palladio allait jouer un rôle fondamental dans cette évolution, si bien que le néo-classicisme européen du XVIe au XVIIIe siècle allait être qualifié en Angleterre de « palladien ».

Wollaton Hall, dans le Nottinghamshire (Robert Smithson, 1580-1588), tout comme Burghley House, près de Stamford, Northhampton (commencé en 1575) – l'un des plus importants châteaux Renaissance britanniques – est un ensemble symétrique, articulé autour d'une salle centrale, avec des frontons en volute et des balustrades, des corniches en doubleau et des pilastres. Les grandes fenêtres rectangulaires, avec leurs meneaux grillagés, rappellent toutefois encore le « Perpendicular Style » du Gothique anglais, tandis que l'étagement en profondeur des angles des façades annonce déjà le Baroque. Cette tendance fut plus manifeste encore chez Inigo Jones, l'architecte anglais le plus important de la Renaissance tardive. Il avait séjourné quelques temps en Italie, où il avait étudié de manière approfondie le langage formel classique de Palladio. En 1615, il fut nommé inspecteur général des bâtiments en construction à la cour d'Angleterre.

Avec des réalisations comme la « Banqueting House » du palais royal de Whitehall, à Londres – exemplaire de l'« organisme parfait » voulu par la Renaissance –, il imposa si bien le style palladien en Angleterre qu'il y restera prépondérant pendant les deux siècles suivants.

Hôtel de ville, Augsbourg, Elias Holl, 1615-1620

En tant que « maître des ouvrages de la ville » (« Stadtwerkmeister ») à Augsbourg, Elias Holl conçut de nombreux édifices publics. Stimulé par Palladio, dont il admira l'architecture au cours d'un séjour à Venise, vers 1600, Holl développa un style classique et équilibré qui se manifeste ici particulièrement par la symétrie un peu lourde de son hôtel de ville.

Banqueting House, Whitehall Palace, Londres, Inigo Jones, 1619-1622

C'est avec Inigo Jones que la Renaissance italienne fit une entrée tardive en Angleterre. La Banqueting House est la première et la plus remarquable œuvre du palladianisme anglais. Jones s'était formé aux œuvres de Palladio et de l'Antiquité romaine au cours de deux voyages d'études en Italie. Cubique, le corps de bâtiment est d'une austérité classique et d'une dignité monumentale. La façade s'élève sur deux étages, structurés par des colonnes et des pilastres ioniques et corinthiens. L'axe des trois fenêtres centrales est légèrement souligné par les colonnes, plus nettement en avancée que les piliers. Pour ne pas perturber la régularité des deux façades principales, l'entrée a été placée sur le côté du bâtiment, qui ne comprend qu'une grande salle de réception, prévue pour la célébration des fiançailles du Prince de Galles.
Les travaux de Jones déclenchèrent un tel engouement pour l'architecture et les écrits théoriques de Palladio qu'ils jouèrent un rôle déterminant jusqu'au XVIIIe siècle.

La vie est une fête

LE BAROQUE ET LE ROCAILLE

1600-1780

NAISSANCE DU BAROQUE EN ITALIE 1600-1700

La Renaissance revue et corrigée

En règle générale, le passage d'une architecture à l'autre s'accomplit, insensiblement, petit à petit. Telle fut la transition de la Renaissance au Baroque. Est-il possible de préciser à quel moment de la fin de la Renaissance on a commencé à aimer l'ornement, le mouvement, le pittoresque des décors intérieurs et de l'agencement des bâtiments au point de justifier l'emploi du mot « baroque » ?

Un fait est certain : c'est bien la Renaissance qui a enfanté le Baroque, puisque le premier sanctuaire de ce style, l'église jésuite du Gesù à Rome (1568-1575), fut édifiée au milieu du XVIe siècle par l'un des plus grands architectes du style Renaissance tardif. L'architecte Vignole (Giacomo Barozzi da Vignola) inaugure ici un type d'église à « piliers muraux » - une vision moderne de la basilique paléochrétienne - qui allait s'avérer déterminant dans l'évolution de l'architecture sacrée catholique. La nef basilicale unique à voûte en berceau s'ouvre sur une croisée coiffée d'une haute coupole à tambour. Les vaisseaux latéraux, étroits, nettement séparés de la nef centrale, se réduisent souvent à de simples chapelles latérales qui possèdent toutefois une fonction de contrepoussée. On parle souvent ici d'interpénétration des espaces de la nef et de la croisée, alors qu'il faudrait plutôt évoquer une fusion des deux.

À peine était-elle achevée que Saint-Pierre de Rome, première église des catholiques, reprit, elle aussi, ce plan traditionnel longitudinal en faisant ajouter par Carlo Maderna, entre 1607 et 1626, une nef à l'édifice centré. L'église catholique romaine, qui n'avait que difficilement accepté l'idée du plan central, issue de la Renaissance, revenait à ses formes traditionnelles. Un retour aux sources qui ne se limita d'ailleurs pas à l'architecture mais exprimait tout un courant nouveau. Sur bien des plans, la Renaissance avait entraîné un recul du pouvoir de l'Église. Une grande partie de l'Europe était devenue protestante. L'essor des sciences modernes et rationnelles avait réfuté des dogmes anciens, comme la forme de la terre ou sa position dans l'univers. L'Église avait perdu son monopole sur l'érudition et l'édifice sacré sa place prépondérante dans l'évolution de l'architecture.

L'Église réagit par des mesures de plus en plus répressives. La Contre-Réforme commença avec le concile de Trente, en 1545. Elle entraîna des changements indispensables au sein de l'Église romaine mais engagea aussi une lutte massive contre le protestantisme. En 1559, Rome rendit public un Index des livres prohibés par l'Église et, à partir de 1562, de violentes guerres de religion entraînèrent la persécution des protestants (huguenots) en France.

Excepté en Angleterre, où l'église anglicane

1602 Fondation à Batavia de la Compagnie néerlandaise des Indes, première société anonyme moderne, avec un capital de 6,5 millions de florins.

Vers 1610 L'économie monétaire s'impose face au paiement en nature.

1622 Richelieu devient cardinal et prend les rênes de la politique française.

1633 Galilée est obligé d'abjurer sa doctrine copernicienne.

1634 Wallenstein est congédié puis assassiné pour avoir traité avec les protestants.

1638 Inauguration du Théâtre d'Amsterdam, premier théâtre national en Europe.

1642 Introduction de la scolarité obligatoire dans la principauté de Saxe-Gotha.

1644 René Descartes publie ses « Principes de la Philosophie ».

1648 La Paix de Westphalie met fin à la guerre de Trente Ans. Confirmation de la Paix d'Augsbourg (1555), incluant les Calvinistes.

Vers 1650 Premier service postal à Paris. À Berlin, première parution régulière d'un journal.

1651 Parution du « Léviathan » de Thomas Hobbes, apologie de la monarchie absolue.

1655 Rembrandt peint son « Ecce Homo ».

1664 Molière écrit « Tartuffe ».

1666 Fondation de l'Académie des Sciences à Paris.

1673 En Angleterre, les catholiques sont exclus de la fonction publique (jusqu'en 1828).

Uniformisation du droit en France sous Colbert.

1675 Fondation de l'observatoire de Greenwich.

« L'État c'est moi » : Louis XIV, le Roi Soleil, par Hyacinthe Rigaud (1701)

1685 Louis XIV révoque l'édit de Nantes. Émigration des huguenots.

1686 Isaac Newton publie les « Principes mathématiques de Philosophie naturelle », son œuvre majeure.

1689 Le « Bill of Rights » fonde la monarchie constitutionnelle anglaise.

1701 Frédéric III, Électeur de Brandebourg, se sacre Frédéric Ier, roi en Prusse.

1703 Pierre le Grand construit Saint-Pétersbourg sur le modèle européen.

1710 Fondation de la manufacture de porcelaine de Meissen.

1724 Ouverture de la Bourse de Paris.

1742 Première du « Messie » de Georg Friedrich Haendel.

réformée avait vu le jour après une querelle personnelle d'Henri VIII avec le pape, et non pas par la base, comme en Allemagne, les édifices protestants d'importance étaient rares. L'église protestante Notre-Dame de Dresde, de Georg Bähr (1726-1738), constitue une exception. Elle fut élevée par la bourgeoisie protestante de la ville pour faire pièce au faste des édifices princiers catholiques. Considérée comme la plus importante église baroque protestante, elle fut conçue comme édifice à plan centré. Le prêche, central dans la foi protestante, se voyait ainsi accorder un rôle prépondérant, y compris au sein du cadre pompeux de l'art baroque.

Un appel à l'émotion

Pourtant, ce fut surtout la Contre-Réforme qui marqua l'architecture baroque. Tous deux légitimés par Dieu et absolus, les pouvoirs spirituel et temporel chargèrent le Baroque de les représenter avec la majesté et la splendeur appropriées. Dans les deux cas, les moyens utilisés furent très proches : le pouvoir devait être mis en scène en faisant appel aux sens de l'observateur, qui devait être explicitement submergé, presque écrasé par sa grandeur. Ainsi, les avantages des nefs principales longitudinales étaient-ils évidents pour les églises de la Contre-Réforme. Le regard de l'observateur est pris en charge et dirigé le long d'un axe triomphal qui offre une multitude de possibilités d'arrangements plastiques.

Là encore, le terme « baroque » fut à l'origine employé péjorativement, pour qualifier un style qui semblait bizarre et de mauvais goût - en portugais, « barroco » désigne une perle de forme irrégulière. Dans la seconde moitié du XVIIIe siècle, on utilisait ce mot pour dénigrer l'architecture de Borromini et de Guarini, perçue comme une déviation stylistique des canons architecturaux classiques. Aujourd'hui encore, on qualifie de baroque ce qui paraît excessif, exubérant ou surchargé. La fantaisie de la plupart des architectes était en effet débordante. Partout, on essayait d'estomper la clarté des contours, d'ajouter des éléments architectoniques aux murs, décorés de formes mouvementées et élancées. On galbait aussi les façades en tous sens, on couronnait portes et fenêtres de frontons triangulaires ou en arcs de cercle, souvent brisés, contournés, courbés ou même amalgamés, comme sur la façade de l'église du

Gesù. Les corniches - souvent rompues au niveau de la toiture par les couronnements de fenêtres - étaient extrêmement graduées. On retrouve en abondance des éléments décoratifs comme les guirlandes, les vases et les urnes, les putti (amours et angelots), les volutes en S, les œils-de-bœuf et les cartouches à enroulements.

Comme dans la Rome antique, tout aussi avide d'apparat, on privilégia le chapiteau composite et autres amalgames d'ordres antiques, le pilastre aminci vers le bas et formé à sa partie supérieure d'un buste en hermès, ainsi que les colonnes purement décoratives. Articulée à l'extrême, la composition architecturale baroque demeurait monumentale. Les éléments de soutien étaient soulignés et renforcés : colonnes et pilastres étaient souvent groupés par paires de deux ou prolongés en ordre colossal sur deux étages, le rez-de-chaussée étant parfois même composé en totalité comme socle.

Toutes ces ressources architectoniques, cet amoncellement ornemental apparemment chaotique, n'étaient nullement fortuits. Ils résultaient d'une volonté rationnelle, souvent apparentée ultérieurement au concept d'« œuvre d'art totale ». En effet, l'objectif de cette mise en scène destinée à émouvoir et à impressionner n'était pas seulement atteint par l'ampleur, le dynamisme et le faste, mais aussi par une symétrie rigoureuse et une prépondérance de l'axe central servant à mettre en valeur le portail.

En Europe, le baroque était omniprésent.

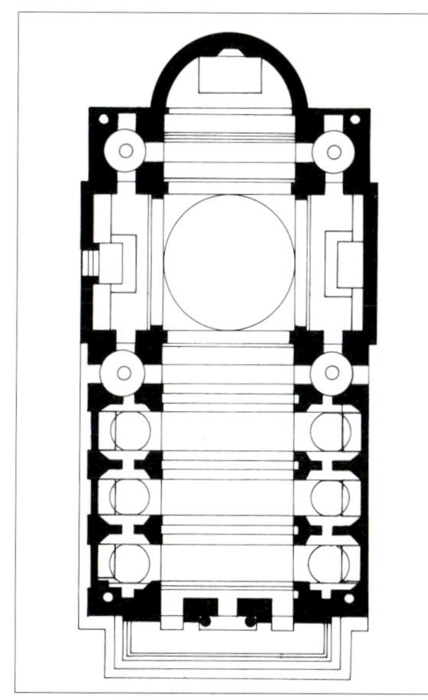

Il Gesù, Rome, Giaccomo Barozzi da Vignola (Vignole), 1568-1575

Le plan de l'église du Gesù, assurant la transition des espaces ajoutés de la Renaissance aux espaces continus du Baroque, fit école dans l'architecture sacrée pendant deux siècles. L'édifice incorpore le plan central et le plan longitudinal dans un seul volume. Les espaces intérieurs des bras du transept et des chapelles longitudinales se dirigent tous vers le haut, vers la tour-lanterne. Les articulations des voûtes ne s'interpénètrent toutefois pas encore et les murs n'ont pas les formes dynamiques convexes et concaves qui caractériseront la vivacité du style baroque à son apogée. Architecture, sculpture et décors peints ne s'uniront que plus tard dans un art illusionniste. Ici, le riche décor peint reste autonome par rapport aux éléments architectoniques. L'austérité des structures intérieures, rythmées par des pilastres cannelés qui circonscrivent aussi le tambour de la coupole, reste propre à la Renaissance.

Saint-André-du-Quirinal, Rome, Gian Lorenzo Bernini, 1658-1661

La parfaite élégance et l'originalité du plan elliptique se manifestent à l'extérieur par un escalier concave partant du porche.

Palais Spada, Rome, Francesco Borromini, 1652-1653

Borromini a renforcé l'effet de perspective de cette colonnade illusionniste en raccourcissant et rapprochant les colonnes du fond. Le rapprochement perspectif opéré par l'œil de l'observateur, associé au choix d'une statue de petite taille à l'arrière-plan, donne l'impression que la colonnade est bien plus longue qu'elle ne l'est en réalité.

Au-delà d'un style architectural, c'était une sensation qui imprégnait tous les domaines de la société : on vivait d'une manière « baroque ». Une volonté affichée à travers les arts - peinture, arts plastiques et musique -, mais aussi dans la manière de célébrer les fêtes religieuses et princières, par un engouement pour la religiosité, par la littérature - sentimentale et parfois crue -, dans la mode, la coiffure, le mobilier et même le langage.

L'époque est aussi marquée par une dialectique entre la volonté de l'Église romaine et l'évolution des moeurs et des mentalités. Après la « découverte du monde » réalisée lors de la Renaissance, la notion de « splendeur du monde » était ressentie douloureusement et assombrie par l'idée de la mort - « Memento mori ! », Souviens-toi que tu es mortel ! Autant l'homme de la Renaissance se sentait bien dans ce monde, qu'il étudiait minutieusement et où il pensait avoir décelé les lois divines, autant l'homme du Baroque était égocentrique et fasciné par l'au-delà. L'art baroque reflétait donc deux perceptions complémentaires : celle du monde sensible et celle de l'univers invisible qui le sous-tend, la transcendance. L'harmonieuse perfection du cercle avait symbolisé les courants de pensée de la Renaissance. Le Baroque, lui, s'incarna dans l'ovale, forme dynamique, tendue, en équilibre instable, que l'on retrouve souvent dans les plans d'édifices.

À l'opposé des arcs en ogives du gothique, aspirant à l'élévation, l'ellipse du Baroque hésite, revient sur ses pas. Tandis qu'au Gothique, on s'envolait pour échapper aux misères de l'existence terrestre, on a au Baroque un sentiment mélancolique de la finitude de l'homme. On ne retrouve pas, dans les édifices sacrés baroques, l'étirement extatique vers les cieux, presque désespéré, des cathédrales gothiques. Comme à Saint-André-du-Quirinal, le regard erre le long de la nef, s'accrochant aux débordements allégoriques, avant de s'élever vers le ciel sous la coupole. Logiquement, le chœur et les bras du transept - réduits à de profondes niches - sont secondaires. L'autel, placé directement sous la coupole, provoque immédiatement une ascension du regard.

Illusion, confusion, mise en scène

La coupole était donc l'objet de toutes les attentions. Elle n'était pas, dans cette conception, un point d'équilibre central comme pendant la Renaissance mais la finalité d'un mouvement facilité par le retour au plan longitudinal. De l'extérieur, les coupoles donnaient aux églises la grandeur et la monumentalité recherchées, à l'intérieur, elles symbolisaient le ciel, comme dans l'architecture byzantine et celle de l'Antiquité. Cette symbolique, qui ne fut pas contestée malgré les progrès des sciences naturelles, était soulignée par des peintures associant le ciel réel et le Royaume des cieux, avec des anges volant au milieu des nuages. Une technique subtile permit, grâce à la perspective, de transformer des plafonds plats en voûtes, de faire paraître voûtes et coupoles plus grandes qu'elles n'étaient en réalité. L'espace s'élevait vers l'infini mais, à la différence des cathédrales gothiques, il ne s'achevait pas dans une pénombre mystérieuse.

Le Baroque n'utilisait pas seulement des subterfuges picturaux pour abuser l'oœil du spectateur. Caractéristique de cette époque, l'illusionisme estompait les limites de l'architecture, de la sculpture et de la peinture jusqu'à les rendre méconnaissables. Il prolongeait imperceptiblement des éléments architecturaux ou décoratifs sur des surfaces peintes ou intégrait des sculptures à des fresques. Les façades étaient très richement sculptées : de nombreux artistes, comme Le Bernin (Gian Lorenzo Bernini) ou Andreas Schlüter étaient à la fois architectes et sculpteurs. Comme le montre le Palais Sparda, de Borromini, on jouait aussi des distorsions de perspective.

L'architecture baroque aiguillait le mouvement avec une rigueur mathématique et utilisait dès la conception des édifices, outre l'illusion d'optique, les effets de lumière pour leur donner un effet et une apparence déterminés. Les mêmes principes d'éclairage étaient appliqués aux murs intérieurs et aux façades. Sur ce plan, l'espace intérieur était privilégié. Les sources de lumière, canalisées par les chapelles et la coupole, permettaient un jeu raffiné d'ombres et de lumière dans lequel les saillies plus ou moins prononcées des éléments muraux intervenaient. Ce jeu sur les luminosités s'appliquait à toutes les églises, y compris de plan centré, si bien que celles-ci ne transmettaient plus, comme à la Renaissance, une impression de paix et de sérénité. Borromini a conçu l'église Saint-Charles-aux-Quatre-Fontaines, à Rome, sur un plan elliptique. Elle est enserrée, au ni-

Place Saint-Pierre, Rome, le Bernin, 1656-1665

La place Saint-Pierre du Bernin est conçue pour mettre en valeur la Basilique Saint-Pierre, cœur de l'Église catholique, œuvre de Maderno, de Michel-Ange et du Bernin lui-même. Aujourd'hui encore, les fidèles assemblés sur la place y reçoivent la bénédiction « Urbi et Orbi » du pape depuis la loggia située au-dessus du portail central de la Basilique. La place est conçue comme le théâtre d'une liturgie à ciel ouvert. La scène est matérialisée par le parvis, en légère pente ascendante vers la Basilique. Au fond, sa façade est mise en valeur par les colonnades latérales, non pas à angles droits, mais légèrement divergentes vers l'arrière. La grande place dégage une perspective imposante, en pente imperceptible et légèrement divergente, qui renforce optiquement la masse de la Basilique tout en l'affinant. Cet artifice inverse la perspective centrée traditionnelle de la place Renaissance, où les bâtiments sont habituellement regroupés autour d'une cour intérieure. La vaste esplanade ovale placée devant la Basilique est ceinte par une triple colonnade voûtée, dont le mouvement d'ensemble était déjà interprété par le Bernin comme celui d'une étreinte. Au centre de la place, l'obélisque se dresse entre deux fontaines. Les accès à la place sont disposés comme dans les temples à antes, une citation qui inscrit l'esplanade dans le motif antique de l'arène ou du théâtre selon Vitruve.

veau des quatre passages de la croisée, par des chapelles elles-mêmes elliptiques, si bien que la salle donne une vive impression d'oscillation.

La mise en scène baroque incluait également un jeu entre l'architecture et les espaces urbains ouverts. La place Saint-Pierre, à Rome, sur un projet du Bernin, en est le meilleur exemple. L'axe menant à la basilique joue sur une alternance d'espaces qui s'agrandissent et se rétrécissent. Dans l'espace séparant deux ruelles se dirigeant en divergeant légèrement vers la grande place, on aménagea une petite place, refermée par deux massifs derrière lesquels commence la colonnade - l'un des éléments favoris du Baroque - qui entoure l'esplanade, elliptique. Celle-ci, à son tour, conduit à une place trapézoïdale plus petite qui, en s'ouvrant et en montant légèrement vers la Basilique donne optiquement à l'ensemble, déjà colossal, des dimensions encore plus monumentales.

Le Baroque ne s'intéressait pas à l'univers naturel créé par Dieu, ni même à celui, raffiné, que l'homme de la Renaissance avait aménagé. Ce qu'il voulait, c'était un monde transformé de fond en comble par la main de l'homme. L'idée de l'au-delà, au lieu de rendre humble, incitait à embellir l'existence éphémère d'ici-bas. L'objectif le plus important était de créer une impression de richesse et de luxe à tout prix. On dorait le plâtre, on peignait le bois à l'imitation des marbres les plus précieux. Les édifices étaient plus larges que profonds et seule la façade est l'objet de toutes les attentions. Les nobles portaient des perruques, des costumes - robes et des habits - largement évasés et des talons hauts, un costume malcommode destiné à les distinguer du peuple, bourgeois, ouvriers et paysans. La société féodale brillait une dernière fois de tous ses feux.

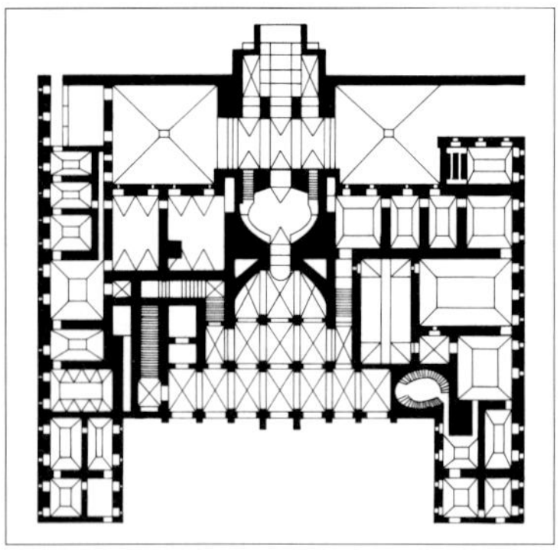

Plan du Palais Barberini, Rome, le Bernin : la construction de l'édifice, commencée en 1625 sur des plans de Carlo Maderno, fut poursuivie à partir de 1629 par le Bernin, assisté comme Maderno par Borromini.

La façade du palais ne laisse rien transparaître de la richesse de l'intérieur. L'ouverture des ailes sur la ville distinguait déjà l'édifice des bâtiments clos de la Renaissance. Sa situation en bordure de la ville permit de lui donner un plan monumental proche de celui de la « villa suburbana » en fer à cheval. La dynamique baroque vient du portique d'entrée à sept travées qui se rétrécit progressivement vers le centre du palais. Il conduit à une salle ovale qui s'ouvre sur le jardin par une longue rampe. L'axe central est fortement mis en relief. Le débordement de l'élévation des pièces dans les étages supérieurs était également une innovation.

Hôtel de Rohan-Soubise, Paris, Pierre-Antoine Delamair, 1735

Delamair parvint à supplanter son rival Hardouin-Mansart pour la transformation du vieil Hôtel de Guise du prince de Rohan-Soubise en un palais d'une ampleur dépassant celle des édifices contemporains et doté d'une vaste cour d'honneur à colonnades.

CHÂTEAUX ET JARDINS EN FRANCE 1630-1750

L'annexion de l'extérieur

Autant l'idée de la finitude de l'homme fut loin d'amener l'âge baroque à l'humilité et à la modestie, autant on méprisait alors tout ce qui, dans ce monde, n'était pas modelé par la main de l'homme. Rien n'aurait pu empêcher les puissants d'entreprendre tout ce qui contribuait à l'éclat et à la glorification de leur personne. La religion avait perdu tout son sens. Souverains « par la Grâce de Dieu », les princes toléraient difficilement l'Église. Simultanément, ils cherchèrent à se soustraire à toute les influences, au demeurant modestes, issues de la noblesse ou de la haute bourgeoisie. Selon la doctrine de l'absolutisme selon Jean Bodin, le roi incarnait également l'unité d'une nation. Devenue État unifié, cette nation naissante avait le roi, au service des intérêts publics, pour maître absolu.

L'absolutisme atteignit son paroxysme sous Louis XIV, auteur de la fameuse phrase « l'État, c'est moi ». D'autres princes détinrent un pouvoir comparable dans leurs états, mais aucun ne déploya le faste du Roi Soleil. Sous son règne, la France, qui était une puissance européenne majeure, affirma sa prédominance culturelle et se forgea une image, toujours actuelle, du pays de l'élégance, du bon goût et de l'art de vivre.

La vanité des princes baroques les amena à se glorifier par des châteaux qui éclipsaient par leur éclat et leur taille tous les édifices profanes construits depuis l'Antiquité et qui rivalisaient même, parfois, avec les édifices sacrés. Alors que le palais de la Renaissance se fermait sur une cour intérieure, le palais baroque, lui, s'ouvrit à l'espace extérieur, y déposant son empreinte. Même si l'édifice profane baroque allait surtout s'affirmer en France, c'est en Italie que l'on trouve l'un des tout premiers édifices de plan baroque - il est vrai derrière une façade Renaissance. Construit en 1629 par le Bernin à Rome, le Palais Barberini marque une innovation typologique : la cour close disparaît, remplacée par deux ailes dégageant une cour ouverte sur l'extérieur. En France, on voit ainsi apparaître la cour d'honneur, profonde, encadrée par des ailes parfois soulignées par des éléments d'angle. Elles forment une haie triomphale pour les visiteurs et guident le regard. Pour obtenir le même effet, on rehaussa souvent le pavillon central de plusieurs étages - parfois coiffés par une toiture particulièrement haute - et on lui ajouta un avant-corps. Tandis que la Renaissance avait préféré, avec ses coupoles, des toitures plates, invisibles derrière les balustrades, les crénelures ou les corniches, le Baroque privilégiait les mansardes (du nom de l'architecte Jules Hardouin-Mansart), qui atteignaient souvent la hauteur d'un à deux étages. La rupture de la ligne générale de l'édifice qu'elles provoquaient, tout en lui donnant un volume plus impressionnant, correspondait parfaitement au goût baroque.

En ville, les hôtels particuliers ne s'ouvraient pas complètement sur la rue. Souvent précédés d'une cour fermée, ils étaient bordés sur trois côtés d'ailes annexes assez basses. Bâti sur ce modèle, l'hôtel de Rohan-Soubise, à Paris, démontre également la tendance baroque à privilégier l'apparence. Compte tenu de la disposition du terrain, la cour n'est pas placée face au bâtiment principal mais sur le côté, la façade correspondante de l'aile latérale reprenant la décoration habituelle - partiellement en trompe-l'œil - des façades principales.

La ville et la nature maîtrisées

Les palais baroques étaient ouverts sur le paysage urbain et sur la nature, bien entendu soumise aux caprices de l'homme. Selon le modèle des jardins à la française, les fleurs étaient ordonnées en parterres aux formes géométriques ou curieusement galbées, arbustes et haies taillés en forme de prisme. Les allées - un élément très important - s'étiraient, rectilignes, depuis le château, rayonnant à travers le parc et se poursuivant même parfois au-delà, jusque dans la ville. Au premier abord, la nature et la ville étaient soumises au bon plaisir du souverain,mais en fait, cela symbolisait son emprise sur le peuple et l'État. Les nouveaux palais, construits conformément à cette conception de grandeur, s'adressaient autant aux personnes privées que, de plus en plus, parallèlement à l'évolution de l'État, aux administrations. On vit ainsi s'élever des villes entières, des « résidences », comme dans le cas de Karlsruhe, en Allemagne, où l'opposition entre la ville et le prince donna naissance à une nouvelle cité, dont la conception compte parmi les aménagements urbains les plus impressionnants du Baroque. Là comme ailleurs,

VERSAILLES

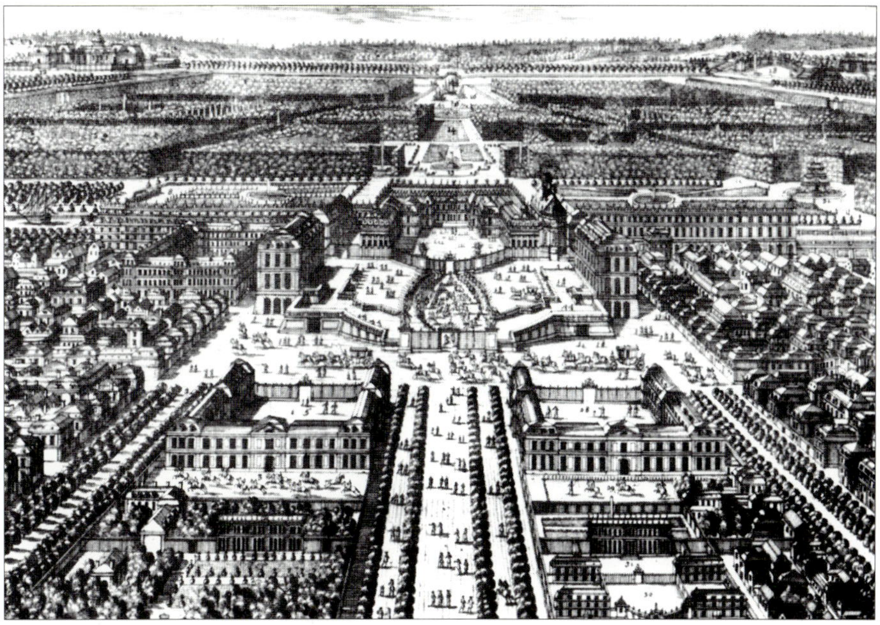

Vue sur la ville, le château et les jardins, gravure sur cuivre de 1700

Nul château, parc, ou ensemble urbain n'eut un tel rayonnement à l'époque baroque que Versailles. En 1623, Louis XIII fit construire dans cette petite localité située au sud-ouest de Paris un pavillon très simple dans l'esprit de la Renaissance, avec un bâtiment principal rectangulaire à trois ailes entourant une cour, la quatrième aile étant remplacée par des arcades basses. Celles-ci furent détruites en 1661, lorsque les travaux d'agrandissement du château commencèrent.

Cette année-là, Louis XIV, le futur Roi Soleil, prend directement les rênes du pouvoir, qu'il conservera jusqu'à sa mort, en 1715. Son long règne marqua l'apogée de la monarchie absolue en Europe et fit de Paris le centre de la vie politique et culturelle du continent. Parallèlement, il marqua aussi le début des Lumières, un mouvement qui aboutit à la fin du XVIIIe siècle à la chute de l'absolutisme.

Le château de Vaux-le-Vicomte, construit près de Paris par le surintendant des Finances Nicolas Fouquet, fut achevé l'année où Louis XIV entamait son règne personnel. Le roi y trouva matière à s'inspirer et Louis Le Vau, l'architecte, Le Brun, chargé de la décoration intérieure et André Le Nôtre, créateur des jardins de Vaux-le-Vicomte, furent invités à travailler à Versailles, où Louis XIV avait décidé de bâtir sa nouvelle résidence. Les dimensions monumentales du palais n'étaient pas le seul défi lancé aux concepteurs. Le château devait aussi symboliser l'unité du pays et témoigner de la puissance royale aux yeux du monde entier.

La transformation du vieux château commença en 1661 sur des plans de Le Vau. De 1668 à 1671, la cour d'honneur fut flanquée de deux ailes ouvertes aux façades en temple. Simultanément, la façade du côté des jardins s'élargit, Le Vau ajoutant deux pavillons - avec les salons de la Guerre et de la Paix - à l'aile existante. La terrasse reliant les deux pavillons souligna l'importance du premier étage, celui des appartements royaux.

En 1678, Jules Hardouin-Mansart remplaça Le Vau, mort huit ans auparavant, à la direction du chantier. Il recouvrit la terrasse de la célèbre Galerie des Glaces. Les miroirs qui la garnissent lui donnent une luminosité exceptionnelle et provoquent, par un effet d'optique, l'impression qu'elle s'étire à l'infini - un effet typique de l'illusionnisme baroque. Cette salle, illuminée par des centaines de bougies, servit de cadre à de somptueuses fêtes baroques mais aussi, du 18 janvier au 28 juin 1919, aux négociations qui aboutirent à la signature du traité de paix de Versailles.

La nouvelle façade unifiée créée par Mansart fut encore élargie par l'ajout de deux ailes en retrait, si bien qu'elle finit par atteindre une largeur totale de 576 m. Baroque et mouvementé à l'origine, l'édifice se drapa ainsi progressivement d'une solennité rigide et impressionnante, correspondant à l'attitude de Louis XIV, incarnation de l'État et souverain absolu, jusqu'à ce que le château, conçu pour servir le prestige royal, atteigne des dimensions dépassant l'échelle humaine. Cette ambition est également évidente en voyant l'immense esplanade et la grande cour d'honneur, à nouveau élargie par deux ailes sous Louis XV, à partir de 1742. L'une d'elles est due à Ange-Jacques Gabriel, l'autre, sa copie exacte, fut érigée au XIXe siècle. Le château atteignait ainsi une profondeur totale de 407 mètres, une ampleur dont l'ambition était de rester inégalée.

En 1667, Le Nôtre commença l'aménagement des jardins, qu'il fit partir directement du château, entre le bassin de Neptune au nord et l'Orangerie au sud, à laquelle conduisent deux « escaliers à 100 marches » larges de 20 m chacun. André Le Nôtre renouvelle, en les magnifiant, les parterres réguliers de broderies - typiques du Baroque -, bosquets, vases, statues, fontaines et pièces d'eau inaugurées à Vaux, mêlant l'art des jardins à celui des bâtiments. Dans l'axe principal, perpendiculaire au château, on trouve successivement le bassin de Latone et le Tapis vert (64 x 335 m) ainsi que le bassin d'Apollon (82 x 116 m), légèrement en contrebas. En son centre se dresse une statue du dieu du soleil - hommage au roi - sur un char tiré par des chevaux et des tritons. Le bassin est au centre du plan radial, axial et stellaire qui structure l'ensemble des jardins. En partie masqué par la croissance des arbres, ce système apparaît moins nettement de nos jours.

L'immensité du parc est encore soulignée par un canal de 1560 m de long, également situé sur l'axe central. Il est coupé transversalement par un canal plus petit, à l'extrémité nord duquel se trouvent deux petits châteaux d'agrément : le Grand Trianon, bâti en 1687-1688 par Hardouin-Mansart et Robert de Cotte, et le Petit Trianon, érigé entre 1764 et 1768 par J.-A. Gabriel. Après la mort de Louis XIV, la cour les préféra au gigantesque château de Versailles.

La Galerie des Glaces

Théâtre de la Résidence, Munich, François de Cuvilliés, 1752

Le théâtre est une parfaite métaphore esthétique d'une époque tournée vers la mise en scène. Les salles de théâtre constituent l'une des plus fastueuses coulisses de la vie de cour.
Le théâtre de la Résidence de Munich possède un parterre et des loges selon le modèle italien. Les quatre étages de loges se galbent autour de la loge princière centrale. L'atmosphère de fête est créée par les couleurs, blanc, rouge et or, les draperies et les lustres, ainsi que par le riche décor plastique d'atlantes et de cariatides, le couronnement de la loge princière, les loges d'avant-scène et les armoiries placées au-dessus de la scène.

c'est Versailles, apogée de l'architecture baroque profane, qui servit de modèle.
À côté des complexes urbains structurés par les allées rayonnant depuis le château - ou convergeant vers lui, ce qui revient au même -, certaines villes étaient bâties sur un plan en damier, comme à Mannheim. Dans tous les cas, le château restait en position « capitale », privilégié par les perspectives ouvertes par les axes, et la symétrie absolue. L'effet produit restait primordial : on « insérait » des églises dans les alignements de maisons et l'on « habillait » les édifices groupés autour des places pour en unifier le style. Les aménagements intérieurs, notamment des châteaux, n'échappaient pas à ces lois. L'axe central du bâtiment, prolongement de la ville, s'enfonçait à l'arrière dans la nature. Idéalement, un axe transversal - l'enfilade - répondait à l'axe principal. Les portes et les pièces, alignées, pouvaient être embrassées en totalité d'un coup d'œil. Les pièces de réception, les plus importantes, étaient situées au centre, sur l'axe principal, constituant le cœur d'un ensemble organique - au sens de la Renaissance - comprenant : un vestibule - hall d'entrée depuis la cour d'honneur -, un grand et somptueux escalier central - l'escalier, jusqu'alors dissimulé est dorénavant mis en valeur - et, au premier étage, une grande salle de réception pouvant atteindre la hauteur de deux étages et s'ouvrant sur les jardins, accessibles par une rampe ou une terrasse. La grande salle de réception n'était pas uniquement placée au centre du palais par souci de grandeur ou de symétrie, mais parce qu'on aimait la vie de société et l'éclat des grandes fêtes. Malgré quelques réalisations à la fin de la Renaissance, on commença de nouveau, pour la première fois depuis l'Antiquité, à construire des théâtres, souvent d'ailleurs associés aux châteaux.

LE BAROQUE ALLEMAND ET LE ROCOCO 1710-1780

Une floraison tardive

Les nouveaux châteaux du Saint Empire romain-germanique étaient pourvus d'escaliers particulièrement somptueux. Retardé en Allemagne par la guerre de Trente Ans, la plus grande catastrophe que le pays eut jamais connue jusqu'alors, le Baroque s'y exprima avec une ferveur d'autant plus grande. Le prétexte de cette guerre entre catholiques et protestants avait permis à plusieurs puissances européennes de régler leurs comptes sur le sol allemand. Après la paix de Westphalie, en 1648, le pays, déjà déchiré du point de vue confessionnel, éclata en près de trois cents territoires indépendants. Le trône impérial de Vienne, occupé presque sans interruption par les Habsbourg, était encore en titre celui du Saint Empire romain-germanique, mais n'avait en fait plus aucun pouvoir dans les territoires non soumis aux archiducs d'Autriche.
Pourtant, cette constellation politique se révéla très propice à l'épanouissement du Baroque car, après avoir surmonté vers 1680 les lourdes conséquences de la guerre et définitivement repoussé les Ottomans - qui menaçaient l'Empire en Europe du Sud-Est depuis des siècles - les innombrables princes étaient prêts à s'affirmer en bâtissant des châteaux grandioses. Les plus importants furent Schönbrunn, près de Vienne, bâti sur des plans de Fischer von Erlach, le Palais Royal de Berlin, édifié par Andreas Schlüter, et le château de Ludwigsbourg, près de Stuttgart. Pour la remarquable Résidence de Würzburg, Balthasar Neumann s'inspira des conseils et des suggestions d'architectes de l'Europe tout entière. La mise en relief des ailes centrales et latérales avait déjà poussé

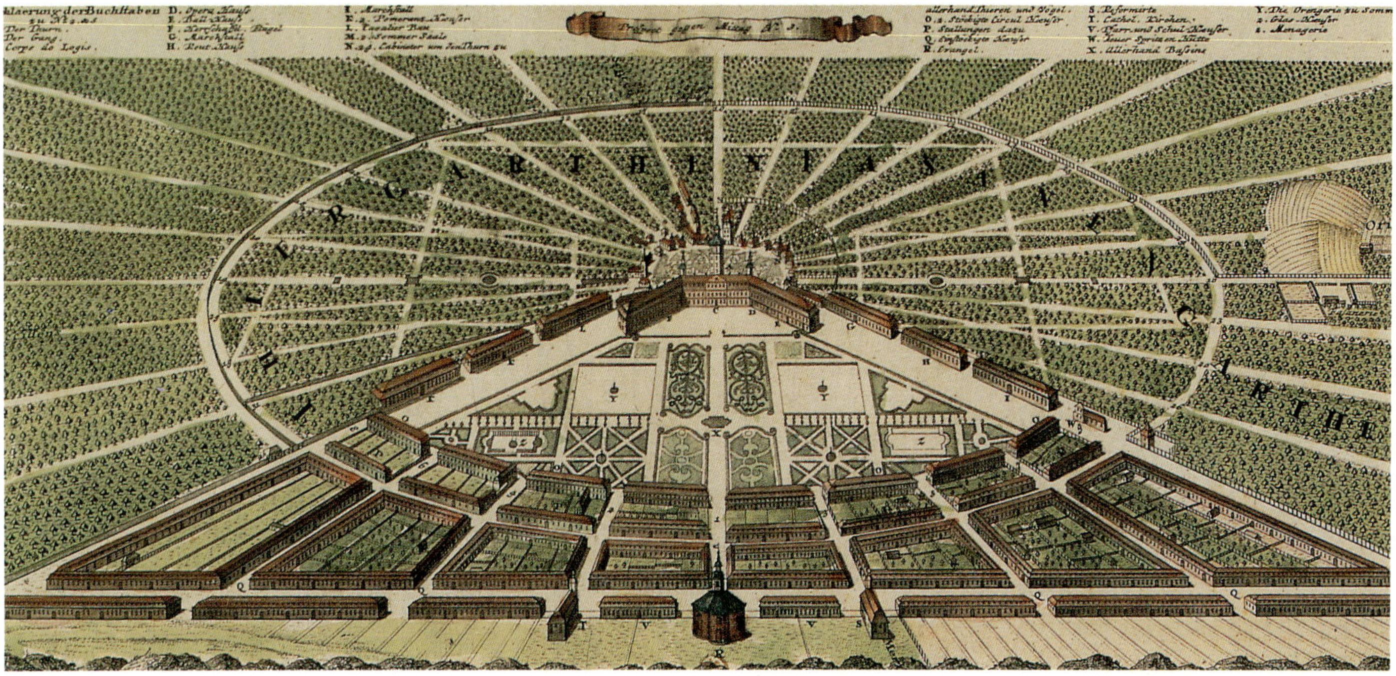

KARLSRUHE : VILLE EN ÉVENTAIL

Le plan de Versailles, qui soumet le château, les jardins et la ville à un ordre symétrique rigoureux, inspira le complexe urbain de Karlsruhe. À l'origine, le margrave Karl Wilhelm de Bade-Durlach, passionné de chasse, voulut élever dans la Hardtwald une simple tour octogonale d'où rayonneraient trente-deux chemins. Ce nombre correspondait aux trente et un chevaliers de l'ordre de la Fidélité plus lui-même, maître de l'ordre. Le site, centré par la tour qui dominait un périmètre de 850 mètres de diamètre, s'agrandit jusqu'à se fondre avec la ville de Karlsruhe, fondée en 1715.
Les bâtiments du quart de cercle sud sont orientés vers l'axe central et subdivisés par neuf rayons. L'ancien noyau du centre-ville, qui se trouvait, avec la place du marché et l'église de la Concorde, en dehors du cercle, fut inséré dans ce plan symétrique par la rectification d'une rue qui y conduisait. Le château, avec ses ailes spacieuses en V, prolongées par les demeures des fonctionnaires appartenant à la noblesse, enserrait le quartier sud. On trouvait à l'intérieur un grand parc à la française avec des parterres de fleurs et des bosquets. Les bâtiments corporatifs de la bourgeoisie, des commerçants et des artisans s'établirent le long des rues radiales. Ouvriers, domestiques et journaliers étaient rejetés hors du cercle.
Le complexe reflétait autant la hiérarchie féodale par son plan que par la gradation des niveaux d'architecture. L'axe central reçut le nom du margrave, les autres ceux des chevaliers de l'ordre. La tour octogonale symbolise le souverain, identifié à l'État, et sa mission de gardien de la société féodale, relayée par les chevaliers de l'ordre qui rayonnent dans toutes les directions du pays. Pour s'installer, les habitants se voyaient accorder, comme à Versailles, des privilèges et avantages. On leur offrait la liberté de culte, un terrain et des matériaux de construction de base. Les demeures devaient être bâties selon le modèle hollandais imposé par le margrave, avec une hauteur maximale de deux étages et des toits mansardés à colombages en crépi rouge. Le site fut détruit lors d'un bombardement en 1944, mais sa structure de base se perçoit aujourd'hui encore, les façades d'un certain nombre de bâtiments ayant été reconstituées.

ici à l'isolement des éléments du complexe sous forme de pavillons reliés entre eux par des galeries. Ce principe fut appliqué à une échelle gigantesque pour le château de Nymphenbourg, à Munich, avec sa façade de 600 m de long et, dans des dimensions plus réduites et plus fines, pour le « Zwinger » de Dresde, une grande salle de réception faisant partie d'un projet conçu par Matthäus Daniel Pöppelmann pour Auguste le Fort, Électeur de Saxe, et dont une infime partie seulement fut réalisée.
Contrairement à ce qui se passa pour l'abbaye baroque de Melk, en Autriche, la construction de ces colossaux ensembles « idéaux » fut rarement menée à son terme. L'église suit le modèle d'Il Gesù, déjà imité en Allemagne avec l'église Saint-Michel de Munich. Avec sa magnifique salle à dosserets et ses puissantes voûtes en berceau, elle introduisit le Baroque en Allemagne du Sud et inspira directement une centaine d'édifices. Le Baroque se développa rapidement en Allemagne. Au XVIIIe siècle, il fut particulièrement influencé par les travaux de l'architecte italien Guarino Guarini, qui concevait avec une précision mathématique des édifices d'une fantaisie extrême, aux volumes très dynamiques. Largement diffusée, son œuvre théorique influença surtout les architectes de Bohême et d'Allemagne du Sud. Les frères Dientzenhofer s'en inspirèrent pour l'église Saint-Nicolas à Prague, dans la Malà Strana, tout comme Johann Balthasar Neumann pour Würzburg. Là, son église des Quatorze-Saints poussa à l'extrême la conception d'interpénétration des espaces de Guarini. Le dynamisme interne est renforcé par un jeu subtil de couleurs et une surabondance de décors plastiques. Dominicus Zimmermann, architecte de l'église de Wies, reprit cette conception en l'exagérant, jouant de surcroît sur l'illusion : le pèlerin qui s'approchait de l'église, blanche et sobre à l'extérieur, ne pouvait soupçonner la beauté féerique de l'intérieur.

Abbaye bénédictine de Melk, sur le Danube, Jakob Prandtauer, 1702-1746

Sanctuaire de la Flagellation du Christ, Wies, près de Steingaden, Haute Bavière : Dominicus Zimmermann, 1745-1757

À l'époque du Baroque tardif, les sanctuaires des villages et de la campagne du Sud de l'Allemagne attiraient de nombreux pèlerins. Le sanctuaire de Wies, construit sur des plans de Dominicus Zimmermann, rayonne d'une atmosphère gaie grâce au revêtement blanc de la nef ovale et à sa vive luminosité, encore accentuée par la coloration intense du chœur. La loggia supérieure du déambulatoire à deux étages est délimitée par des colonnes de stuc veinées de bleu qui contrastent avec celles, imitant le marbre rouge, d'un maître-autel surmonté d'un baldaquin bleu. La statue miraculeuse du Christ flagellé est placée dans la partie inférieure du maître-autel à deux étages. La thématique décorative s'inspire de la Flagellation. Sur les fresques du plafond, des anges montrent à Dieu les instruments de la Passion du Christ.

Rococo et retour à l'intimité

Après la mort de Louis XIV, en 1715, le rejet du faste et de la monumentalité provoqua à Paris l'apparition d'un « style nouveau », le « Louis XV ». La dénomination « rococo », utilisée dans plusieurs pays européens, dérive du mot français « rocaille », synonyme de « coquille », l'un des motifs typiques de ce style. Rocailles, fleurs et plantes grimpantes, naturalistes ou stylisées, parfois asymétriques, s'élevèrent et s'entortillèrent sur les édifices, allant jusqu'à les envahir.

À mesure que le décor s'affinait et s'égayait, la sphère intime elle aussi gagnait en importance et l'on se préoccupa bien plus de l'aménagement des pièces personnelles. On raffolait des pastorales galantes, des gracieuses figures de porcelaine, et l'on élevait des pavillons portant des noms évocateurs comme « Monbijou », à Berlin, ou « Solitude » à Stuttgart.

On débat encore pour savoir si le Rococo est un style à part entière ou un avatar du Baroque tardif. À supposer qu'il y ait une différence, l'attribution d'une décoration ou d'un édifice au Rococo, du seul fait de sa délicatesse, est purement subjectif. Le Rococo expira dans la seconde moitié du XVIIIe siècle. Avec l'avènement de Louis XVI, en 1774, on vit apparaître des éléments décoratifs plus linéaires, plus rigoureux et moins abondants, caractéristiques du style « Louis XVI ».

L'ANGLETERRE ET LA TENDANCE CLASSICISTE 1700-1770

Réduction et rigueur

Parallèlement au Rococo, une tendance à des éléments plus nets et moins contournés se développa dès le milieu du XVIIIe siècle, notamment en France. Le Baroque, qui y avait déjà trouvé une forme beaucoup plus froide qu'en Italie, s'y heurtait à une conception issue de la Renaissance selon laquelle la beauté et l'harmonie naissent du respect de règles architecturales strictes, notamment mathématiques. Pour le dôme des Invalides, à Paris, Jules Hardouin-Mansart

Sanctuaire des Quatorze-Saints (Vierzehnheiligen), Haute Franconie : Johann Balthasar Neumann, 1743-1772

Avec ses articulations autonomes, l'église réalise une synthèse parfaite de plasticité baroque et d'une légèreté appartenant déjà au rococo. L'opposition entre nef longitudinale et plan centré est résolue de manière originale. En effet, le gracile autel des Quatorze-Saints ne se trouve pas dans le chœur mais en plein milieu de la nef, sous un baldaquin dont les piliers délimitent un espace ovale.
La grande coupole à tambour surmontant la croisée, qui donne aux églises italiennes leur élan vertical, cède ici la place à un affrontement de formes ovales et circulaires qui estompe la voûte et toute pesanteur. Neumann dépasse ici la technique d'interpénétration syncopée des voûtes de Christoph Dientzenhofer. Il ne s'agit plus ici de monumentalité mais de légèreté et de clarté des volumes, qui confèrent à cette église tout son charme.

avait calculé superficies et hauteurs d'après le rayon de la salle centrale, circulaire. La coupole à triple voûte est un autre exemple de l'illusionnisme scénographique du Baroque. La première coupole, la plus plate, permet de voir par une ouverture ronde une autre coupole, plus concave et plus lumineuse que la première. Une luminosité qui reste mystérieuse pour l'observateur, puisque la seconde coupole est éclairée par des fenêtres - situées entre les deux voûtes - qu'il ne peut voir. La troisième coupole, elle, est uniquement calculée en fonction de l'effet produit à l'extérieur.

La coupole de la cathédrale Saint-Paul à Londres est structurée d'une manière similaire. C'est l'œuvre majeure du plus important architecte britannique du Baroque, Christopher Wren, qui dirigea la reconstruction de Londres après le grand incendie de 1666. Extérieurement, cette église se distingue nettement du dôme des Invalides. On n'y trouve plus d'élévation dynamique progressive mais une juxtaposition assez brutale des éléments. La colonnade ne circule plus dans un mouvement rythmique mais presque régulièrement et à l'infini. La forme élancée du dôme, prolongée par la lanterne, n'est plus soutenue par de larges rubans aux couleurs relevées mais par des lignes très fines. La manière dont la coupole et son tambour reposent sur l'église relève aussi déjà du classicisme, tandis que l'utilisation d'un portique - tout comme dans l'église Saint-Martin-in-the-Fields, à Londres, de James Gibbs - et la rigueur des façades, avec leurs piliers schématiques, ressortent toujours du palladianisme, implanté sur l'île depuis le début du XVIIe siècle.

Tandis qu'en France l'absolutisme allait atteindre son point culminant, l'Angleterre préparait déjà sa révolution bourgeoise (1642-1649), accompagnée d'une guerre civile, d'une exécution du roi, d'une abolition de la monarchie et de l'introduction, en 1653, d'une constitution écrite. La République fut éphémère mais après la fin des conflits le pays devint définitivement, en 1689, une monarchie constitutionnelle avec un roi nommé par le parlement. Très liée à la bourgeoisie, la petite noblesse (les titres ne se transmettant qu'au fils aîné, les cadets gagnaient leur vie généralement dans le commerce) s'était battue pour obtenir la promotion de ses intérêts économiques et participer au gouvernement. Dans d'autres pays, on essaya en vain de résoudre les problèmes économiques et les tensions sociales sans réformes de fond. La fin proche du féodalisme, que l'on voulait ignorer par une fête perpétuelle, allait se concrétiser à la fin du XVIIIe siècle.

Cathédrale Saint-Paul, Londres, Sir Christopher Wren, 1675-1710

Lorsqu'on proposa à Wren, après l'incendie de Londres, en septembre 1666, de construire une église monumentale, il était encore très influencé par le Baroque italien. Sa cathédrale présente ainsi une copie standardisée de la coupole de Saint-Pierre de Rome, opposée à un portail antiquisant à deux étages de colonnes et tympan. Résultat du compromis entre l'exigence anglicane d'une nef basilicale et la conception de Wren d'un plan centré, la coupole avance au centre de la nef longitudinale.
Les tours, d'un baroque modéré, s'emboîtent dans une construction en bloc amalgamant plusieurs styles et de caractère fonctionnel. L'édifice et la place, clairement délimités, renoncent à la théâtralité au profit d'un classicisme palladien en accord avec le culte anglican.

Saint-Martin-in-the-Fields, Londres, James Gibbs, 1721-1726

Ce chef-d'œuvre tardif de James Gibbs subit encore l'influence de Christopher Wren. Avec sa tour posée sur un temple classique, il reflète la sobriété du rationalisme et de l'empirisme anglais. Le grand portique romain, déterminant dans l'allure générale, rappelle l'influence de l'Antiquité en Angleterre, qui développa un classicisme indépendant du Baroque et inspiré de Palladio. Cette église fut souvent copiée dans les colonies britanniques, y compris en Australie.

Une architecture de la Raison

LE CLASSICISME

1750-1840

LUMIÈRES ET RÉVOLUTION 1750-1790

La démocratie remplace l'absolutisme

Le mouvement des Lumières, qui avait pour objectif d'arracher la pensée et la vie aux liens traditionnels et de les axer sur la Raison (rationalisme), se développa en plein absolutisme. Pour le philosophe Emmanuel Kant, le but des Lumières était de « libérer l'homme de sa propre immaturité ». Seul l'esprit critique déterminé par la raison doit établir la vérité ou la fausseté des faits et définir les normes éthiques, politiques et sociales de l'action, un principe également exprimé par Friedrich Schiller : « Ne te fie qu'à ton propre entendement ! »

En conséquence, les Lumières, qui rassemblèrent au cours du XVIIIe siècle de plus en plus de partisans, notamment parmi la bourgeoisie, réclamaient aussi des changements politiques. Pour les bourgeois, érudits, banquiers ou commerçants, la pensée et l'action rationnelles étaient tangibles et quotidiennes. Leur importance économique n'avait cessé de croître mais, dans des pays comme la France et l'Allemagne, ils restaient exclus des décisions politiques. Même les monarques partisans d'un « absolutisme éclairé » comme Frédéric II de Prusse ou Joseph II d'Autriche ne purent, en introduisant une liberté religieuse relative, l'abolition de la torture ou un système juridique réglementé, régler les problèmes sociaux de fond de leurs États. Au contraire, leurs tentatives éveillèrent l'impression que l'ordre féodal avait survécu et que des changements radicaux étaient nécessaires.

Des philosophes comme John Locke, Jean-Jacques Rousseau et Montesquieu développèrent les notions d'État populaire et de partage du pouvoir. Pour eux, ce n'était pas le prince mais le peuple qui incarnait la nation et qui devait par conséquent exercer le pouvoir, directement ou indirectement, par des représentants élus. À l'origine, cette idée se limitait à l'institution d'un contrôle parlementaire et constitutionnel sur le monarque et à une restriction de ses pouvoirs. Afin d'éviter les abus et les décisions arbitraires, les pouvoirs, réunis entre les mains du souverain, devaient être divisés en trois : législatif, exécutif et judiciaire. En outre, les agissements de l'État devaient s'inscrire dans un cadre de règles fixes et publiques (la Constitution, les lois). Au bout d'un certain temps, le peuple, véritable souverain, devait pouvoir remettre en question le mandat de gouvernement du « régent », lui-même soumis au contrôle des autres pouvoirs et surtout de la critique publique, juge ultime, selon la philosophie des Lumières, de tout agissement et de toute

Par la « Boston Tea Party » (16.12.1673), les Américains protestent contre les taxes douanières et le monopole anglais sur le thé. Lithographie de 1846.

1750 Mort du compositeur Jean Sébastien Bach.

1759 Ouverture du British Museum (avec des collections privées).

1762 Le traité de Jean-Jacques Rousseau, « Du Contrat social », propose un modèle idéal de démocratie.

1764 Parution de l' « Histoire de l'art de l'Antiquité » de Johann Joachim Winckelmann.

1765 Invention de la machine à vapeur par James Watt (brevetée en 1769). La pomme de terre devient un produit alimentaire en Europe.

1768 James Cook explore au cours de trois voyages l'Australie, la Nouvelle-Zélande, le Pacifique Sud et l'Alaska.

1773 Des citoyens déguisés en indiens détruisent un chargement de thé de la Compagnie des Indes Orientales dans le port de Boston, aggravant le conflit avec l'Angleterre.

1776 Le Congrès américain déclare l'indépendance des 13 colonies américaines. Déclaration des Droits de l'Homme.

1781 Le philosophe Emmanuel Kant publie sa « Critique de la raison pure » et Johann Heinrich Voß traduit « l'Odyssée » d'Homère en allemand.

1789 Prise de la Bastille, début de la Révolution française.

1796 Jenner met au point le premier vaccin antivariolique en Angleterre.

1797 Senefelder invente la lithographie.

1804 Napoléon Bonaparte se sacre Empereur des Français. Création du Code Napoléon.

1808 Parution de la première partie du « Faust » de Goethe. Publication du recueil de chants populaires « Le cor enchanté de l'enfant » par Achim von Arnim et Clemens von Brentano.

1813 Bataille des Nations près de Leipzig. Napoléon vaincu par la Prusse, l'Autriche et la Russie coalisées.

1814 Napoléon abdique et part en exil sur l'île d'Elbe. À Vienne, le Congrès réorganise l'Europe.

1824 Ludwig van Beethoven achève sa neuvième symphonie.

1832 Fête des démocrates allemands à Hambach.

1838 Samuel Morse invente un code pour transmettre des messages par télégraphe.

Vers 1840 Frédéric Chopin compose ses œuvres majeures pour piano (« Nocturnes »).

pensée. À la base de cette conception, on trouve la conviction que seule la confrontation des opinions - le pluralisme -, appuyée par la raison, permet de cristalliser la juste opinion et d'éviter des erreurs lourdes de conséquences. Pour ses promoteurs, la démocratie impliquait nécessairement des processus de décision longs et complexes. Malgré cet inconvénient, l'Histoire a montré qu'ils avaient raison et que les dictatures s'achèvent toujours au moins par un désastre économique.

Parallèlement, les Lumières postulaient une image assez idyllique de l'homme. Pour Rousseau, l'homme, « naturellement bon », avait seulement été perverti par la civilisation. Il proposait un retour à la forme la plus « naturelle » de l'État, une communauté d'individus égaux en droits, liés par un « contrat social », établi selon les règles de la Raison. John Locke avait déjà désigné la liberté, l'égalité et l'inviolabilité de la personne et des biens comme les valeurs juridiques suprêmes. Les droits de l'homme et les principes d'un État démocratique furent ancrés pour la première fois dans les constitutions des États des anciennes colonies d'Amérique du Nord entre 1776 et 1780, puis dans la Constitution des États-Unis, en 1787-1788, et enfin dans la Constitution française de 1791.

Construire selon la morale

L'affirmation que le triomphe de la raison humaine accomplirait le règne du Bien et de la Justice n'eut pas seulement des conséquences politiques majeures. Elle initia une sécularisation de la société, poursuivie jusqu'à nos jours. Si l'homme de raison peut accepter Dieu comme Créateur, il ne tolère pas qu'Il lui prescrive ses actions. Ainsi, l'architecture se libéra-t-elle de toute servitude à l'égard de la religion et des monarques féodaux. On était alors convaincu que l'environnement bâti pouvait avoir une influence positive sur l'homme et le pousser à agir selon les principes de la raison et de la morale. Pour ce faire, il fallait que la construction elle-même obéisse à des critères éthiques et moraux. Carlo Lodoli développa, dès les années 1740, la thèse selon laquelle pour être « authentique », l'architecture devait se plier aux lois du matériau et de sa finalité architectonique. De même, l'abbé français Laugier exigeait en 1753 dans son « Essai sur l'architecture » une « architecture sincère », unissant à nouveau la construction et le décor. Finalement, l'architecture devait être directement « parlante » et servir de support aux idées des Lumières.

Les protagonistes de la « révolution architecturale » française firent donc « parler » l'architecture, au point qu'on la qualifia d'« expressive ». Selon eux, l'art se démocratiserait en faisant appel aux émotions et non par une approche intellectuelle ou scientifique.

« Oh Newton, l'étendue de ta sagesse et ton génie sublime ont déterminé la forme de la Terre. J'eus l'idée de te placer au sein de ta découverte », écrivit en 1784 Étienne-Louis Boullée au sujet de son esquisse d'un cénotaphe en l'honneur de Newton. Le tombeau du physicien devait être placé à la base d'une sphère de 150 mètres de diamètre, surmontée d'un planétarium.

Claude-Nicolas Ledoux, autre représentant de ce courant architectural, conçut à la même époque une maison pour les inspecteurs fluviaux de la Loue. Il s'agissait d'un cylindre horizontal traversé par un ruisseau

Projet du Cénotaphe de Newton, Étienne-Louis Boullée, 1784 : vue d'ensemble et coupe

Le projet de Boullée d'un cénotaphe (« tombe vide » en grec) dédié à Newton a la forme de planétarium commémorant les découvertes scientifiques du savant. Il résume deux des principales caractéristiques de l' « architecture révolutionnaire » : accumulation des masses et utilisation de formes géométriques simples.

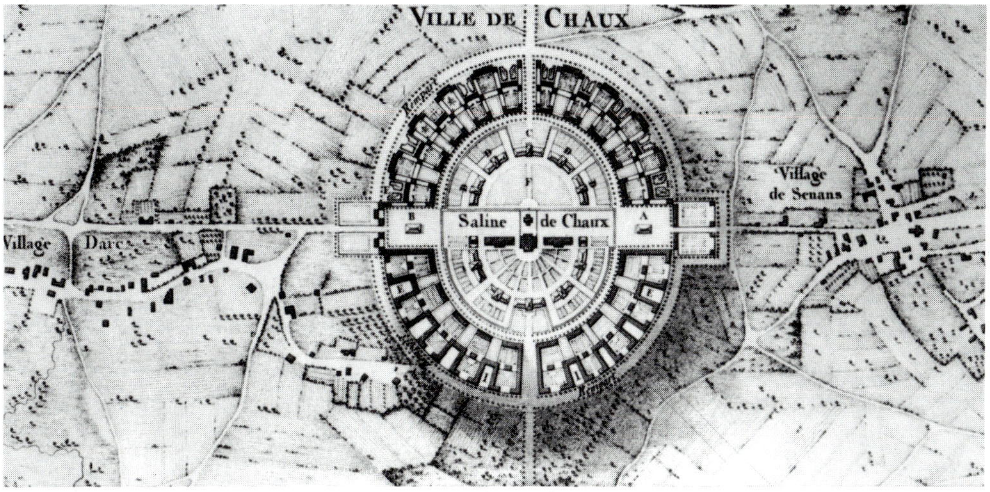

Plan de la ville idéale de Chaux (Doubs), près d'Arc-et-Senans, Claude-Nicolas Ledoux : édition in-folio de 1806

La ville idéale, une idée déjà mentionnée dans l'Antiquité, devrait permettre de répondre à tous les besoins, matériels et esthétiques d'une ville. On y retrouve toujours un plan régulier et des formes géométriques simples. Pourtant, le plan de Ledoux n'est pas abstrait, mais « parlant ». Le texte accompagnant le projet déborde de propositions de réforme sociale. Il voulait ainsi créer un centre dédié au « culte des valeurs morales ». L'idée de ville idéale fut explorée au début du XXe siècle par Bruno Taut et Le Corbusier.

Église Sainte-Geneviève, devenue le Panthéon après la Révolution, Paris : Jacques-Germain Soufflot, 1764-1790

Le Panthéon, chef-d'œuvre de son temps, marque le début en France d'une période néoclassique inspirée par la grandeur de la Rome antique. Les contemporains de Soufflot considéraient Sainte-Geneviève comme le « premier témoignage d'architecture parfaite ». La gigantesque coupole, qui rivalise avec celle de Saint-Pierre de Rome, de Saint-Paul de Londres et le dôme des Invalides, devait dominer la rive gauche de Paris et marquer l'emplacement du tombeau de la sainte patronne de la ville. Soufflot voulait réaliser une synthèse de la légèreté gothique et des formes antiques. Le plan en croix grecque répond à l'idéal de la Renaissance. La colonne se substitue au mur comme élément porteur. Le recours au béton armé pour le portique, doté de 22 colonnes, annonce l'ère moderne. En renonçant à un système complexe de piliers, de supports et de masses murales, Soufflot a créé un édifice impressionnant par sa rationalité et la pureté de ses formes.

retombant en chute dans la rivière, ainsi symboliquement domptée. Parmi les autres œuvres majeures de Ledoux, on trouve les Salines Royales d'Arc-et-Senans avec la « ville idéale » de Chaux, le théâtre de Besançon et l'Octroi de Paris (1785-1789).
Les dates indiquent que cette « révolution architecturale » est indépendante de la Révolution française de 1789. La période la plus productive de Ledoux avait commencé avec sa nomination comme architecte royal, dans les années 1770, et c'est la Révolution qui mit un terme à sa carrière. Les nouveaux modèles d'une société en gestation se sont traduits, en avance, dans les utopies des Boullée, Ledoux et autres architectes. Elles restaient le plus souvent à l'état de projets en rupture avec les traditions, mais leur réalisation était finalement secondaire. Nombre de projets n'auraient d'ailleurs pu être réalisés à l'époque comme, par exemple, le refuge pour gardes forestiers, une sphère au mur extérieur lisse et très mince, en équilibre sur une surface étroite. Très peu de projets de Boullée furent réalisés, en partie - comme pour le Cénotaphe de Newton - à cause de leur gigantisme.
Du point de vue du style, l'architecture révolutionnaire, qui fait partie du classicisme, est avant tout une contre-réaction au langage formel exubérant du Baroque et du Rococo. Les tracés sont clairs et élégants, le prototype des corps de bâtiment, compacts et généralement stéréométriques, est le temple antique.

LE CLASSICISME OFFICIEL 1780-1840

Rigueur et sérénité

« Il n'y eut, et il n'y aura jamais qu'une architecture, celle qui connut son achèvement dans l'Antiquité grecque », écrivait Leo von Klenze en 1830 dans son « Recueil de projets d'architecture ». Il considérait l'architecture de la Grèce classique comme « un art universel transcendant les époques. Ni climat, ni matériaux, ni mœurs, rien ne s'oppose à ce qu'elle soit utilisée partout ». Étant donné que le siècle des Lumières poursuivait l'approche intellectuelle de la Renaissance et de l'humanisme, un nouveau retour à l'architecture de l'Antiquité était logique. Plus encore qu'aux XVe et XVIe siècles, on voyait dans l'Antiquité le berceau de l'architecture, et la source des lois éternelles de l'harmonie et de la beauté.
Au milieu du XVIIIe siècle, un débat opposa les tenants de l'architecture romaine et de l'architecture grecque. Laquelle était la plus importante ? Inspirée par l'art étrusque, Rome avait-elle affiné ou dénaturé la culture grecque ? L'archéologie naissante offrait des arguments aux deux partis. À la Renaissance, l'Antiquité n'était connue que par les vestiges des édifices d'Italie et les textes de Vitruve.
À partir du XVIIIe siècle, on commença à se rendre en Grèce, alors simple province de l'Empire ottoman. Les jeunes Britanniques James Stuart et Nicholas Revett y firent de 1751 à 1753 des dessins détaillés d'édifices antiques, publiés à partir de 1762 dans les « Antiquities of Athens ». En 1738, on commença les fouilles d'Herculanum, en 1748 celles de Pompéi, ensevelie et préservée en 79 ap. J.-C. par une éruption du Vésuve.

Vivant à Rome, l'Allemand Johann Joachim Winckelmann, le « premier archéologue », décrivit les fouilles et tout ce qu'elles mirent au jour dans son ouvrage « Histoire de l'art de l'Antiquité » paru en 1764, fondement des sciences de l'art modernes. Sa vision de l'art grec, fait d'une « noble simplicité et d'une grandeur sereine » allait être déterminante pour le « classicisme » allemand.

En France et dans les pays anglo-saxons, où l'architecture « classique », notamment à travers le palladianisme, n'avait pas connu de solution de continuité depuis la Renaissance, on baptisa le nouveau style « néoclassicisme ». En Allemagne, ce terme désigne l'architecture classiciste, schématique et monumentale du tournant du XXe siècle.

Construite de 1764 à 1790 à Paris sur des plans (1757) de Jacques-Germain Soufflot, l'église Sainte-Geneviève (le Panthéon) témoigne de la précocité de cette tendance classique en France. Sur un plan à croix grecque proche de celui des églises de la Renaissance, elle élève une coupole à tambour aux éléments nettement dissociés, posés lourdement sur l'édifice. Sous la Révolution, en 1791, l'église fut transformée en mémorial des Français illustres et rebaptisée « Panthéon ». Référence à l'un des plus importants édifices conservés de l'Antiquité romaine, ce nom traduit aussi la volonté de remplacer les panthéons divins par celui de l'esprit des « grands hommes ».

Les dernières décennies du XVIIIe siècle et les premières du XIXe furent dominées par les principes de l'architecture classique. Clarté et réduction des perspectives extérieures et du plan, prédominance de l'orthogonalité et de la linéarité, stéréométrie, superposition et juxtaposition franche des éléments, rigueur et sérénité des formes en accord avec la grandeur des idées et des missions matérialisées par les édifices. L'éthique et la morale succédaient au faste et à l'apparence. Tout comme le décor, simple, les ressauts et pilastres paraissaient greffés sur l'édifice. La symétrie régnait encore en maître. Malgré la présence de portiques en façade, l'axe central était déjà moins prononcé. Pour le British Museum, à Londres, on décida d'entourer la totalité du bâtiment d'une colonnade qui devait lui donner l'aspect d'un temple périptère, sans qu'une face soit privilégiée. Les colonnes retrouvèrent une fonction constructive et non plus seulement décorative. Le style devant correspondre plus étroitement à la fonction de l'édifice, la sobriété des ordres doriques et ioniques fut préférée aux chapiteaux corinthiens ou composites, plus somptueux.

Thomas Jefferson et les États-Unis

Le Panthéon de Rome servit également de modèle à Thomas Jefferson, un homme aux multiples talents, pour sa résidence de Monticello, aux portes de Charlottesville (Virginie). Extrêmement étirée en largeur par ses ailes latérales, la résidence est bâtie sur une petite colline, dont le sommet est répété par la coupole de l'édifice. L'usage de la brique ne dépare en rien le bâtiment,

British Museum, Londres, Sir Robert Smirke, 1823-1847

En Angleterre, le début du XIXe siècle est marqué par le « Greek Revival », inspiré par une redécouverte de l'architecture grecque classique. L'apparence d'un bâtiment doit dès lors refléter sa fonction et l'Histoire. Les édifices publics ne sont plus en concurrence avec les églises et les palais : ils se doivent de les dépasser. Le British Museum est un chef-d'œuvre du classicisme européen. Avec son puissant portique à 48 colonnes ioniques, la façade sud reprend le modèle du temple grec. La monumentalité sévère du projet s'oppose à l'idée d'œuvre d'art totale de l'architecture baroque. Le principe de l'emboîtement ludique, dominant dans cette dernière, est remplacé ici par une construction additive en blocs.

Capitole des États-Unis, Washington, D.C.: plan de William Thornton, début des travaux en 1793, directeur des travaux de 1803 à 1817 Benjamin Latrobe, puis Charles Bulfinch jusqu'en 1824, bâtiments additionnels et coupole de Thomas Walter (1851-1865)

La construction d'un monumental Capitole émut beaucoup les Américains. Le Capitole romain de l'Antiquité, toit de la démocratie, servit de modèle. La réalisation s'inspire nettement du classicisme de Palladio et de sa théorie des proportions.
La puissante coupole de Thomas Walter est l'emblème de la ville. Elle incarne le rêve américain de liberté et des possibilités infinies. Techniquement, elle représenta un pari risqué. Pour la première fois, Walter y utilisa la fonte. Compte tenu de la dilatabilité du métal, il construisit deux coques chevillées et ceinturées par un dispositif complexe. La coupole du Capitole peut rivaliser avec la coupole baroque de Michel-Ange à Saint-Pierre de Rome et avec celle du dôme de Florence, due à Brunelleschi.

d'allure fière et assurée. Jefferson s'inspira, pour ce projet, de la Villa Rotonda de Palladio, renouant avec la Renaissance tardive et, à travers elle, avec l'Antiquité romaine. La première université des États-Unis, créée par Jefferson à Charlottesville (1817-1826), présente les mêmes particularités. C'est aussi une imitation du Panthéon, cette fois par la bibliothèque, située en haut d'une allée légèrement en pente et bordée de pavillons abritant les facultés, à colonnades de divers ordres romains. Ils intègrent aussi des éléments inspirés de Ledoux, dont Jefferson découvrit les travaux pendant qu'il était ambassadeur à Paris, avant la révolution.

Pour lui, la Rome républicaine était un modèle pour les États-Unis, tant socialement que politiquement. C'est lui qui donna le nom de « sénat » au Parlement américain, qui siège sur la colline du « Capitole ». Comme gouverneur de Virginie, ministre des Affaires étrangères puis président des États-Unis, il favorisa une architecture nouvelle, en rupture avec celle qui prévalait en Grande-Bretagne, l'ancienne puissance coloniale, à une époque où la jeune démocratie, en plein développement, avait besoin de bâtiments pour abriter ses institutions.

L'œuvre la plus monumentale du néo-classicisme américain reste le Capitole, le plus grand et le plus somptueux édifice américain de l'époque, manifestation des idées des Lumières. Sa coupole impressionnante incita par la suite d'autres États d'Amérique du Nord, centrale et du Sud à se doter de parlements imitant le Capitole.

L'essor néo-classique en Allemagne

En Europe, la situation se développait à l'opposé. Comme bien des révolutions, la Révolution française était allée au-delà de son objectif initial et avait aboli la monarchie, remplacé le calendrier d'origine chrétienne par un calendrier décimal, fermé les églises et les monastères - « lieux de superstition » - pour les consacrer au culte des

Monticello, Charlottesville, Virginie, USA : Thomas Jefferson, projet de 1769

Pour Jefferson, l'architecture antique est liée à la démocratie et toutes deux reposent sur un principe fondamental d'ordre. Dans une société basée sur l'égalité, l'architecture ne doit être ni exubérante ni diffuse, mais simple et à la portée de tous. Sa propre demeure, inspirée par Palladio, représente pour lui le type de la villa idéale. L'édifice séduit par sa structure horizontale et symétrique à deux portiques sur les façades avant et arrière. Jefferson allie la linéarité palladienne des portiques et des encadrements de fenêtres à l'élégance française de la haute corniche surmontée d'une balustrade qui circonscrit le bâtiment. L'emploi de la brique rouge contrastant avec les articulations blanches est typiquement américain.

Glyptothèque, Königsplatz, Munich : Leo von Klenze, 1816-1834

Architecte de Louis Ier de Bavière, Klenze fut chargé de la modernisation de Munich. À côté de l'Odeonsplatz et de la Ludwigstraße, la Königsplatz (« Place Royale ») regroupait le plus grand ensemble de bâtiments, comprenant la Glyptothèque (musée de sculpture antique), le musée bavarois des Antiquités et les Propylées. Le cube et le temple grec constituent les éléments de base de l'architecture de von Klenze, qui s'était rendu en Grèce en 1823 pour des relevés topographiques. Le « temple » de la Glyptothèque est d'ordre ionique, que l'architecte trouvait plus adapté à un musée que l'ordre dorique. Le parallélépipède stéréométrique et sans fenêtres paraîtrait froid et distant sans les niches des statues, sa seule décoration. Von Klenze conçut la salle d'exposition du musée indépendamment de son aspect extérieur, comme si le style grec ne convenait qu'aux façades.

héros de la Révolution, comme Sainte-Geneviève, ou les raser, comme ce fut le cas de l'abbaye de Cluny, l'un des plus beaux édifices victimes de la Révolution, loué ensuite pour exploiter son gisement de pierres. Ce retournement de situation aboutit, au bout de plusieurs années de guerre civile et de terreur, au coup d'État de Napoléon Bonaparte, qui se couronna empereur en 1804. Après avoir conquis la moitié de l'Europe, son empire s'écroula. En 1814-1815, le Congrès de Vienne réorganisa le continent. Les princes, soumis par leurs populations à une pression réformatrice dans le sillage de la Révolution française, ne tinrent pas leurs promesses de réforme et Metternich, ministre des Affaires étrangères, puis chancelier autrichien, imposa en Europe une politique rigide de restauration. L'ordre ancien, balayé par Napoléon et ses réformes, ne put pourtant être rétabli durablement. Les idées des Lumières n'étaient pas mortes et le néo-classicisme put s'épanouir aussi dans l'Allemagne « restaurée ».
Ses principaux centres furent le Bade, la Bavière, la Prusse et leurs capitales respectives : Karlsruhe, où Friedrich Weinbrenner parsema la ville baroque d'édifices néo-classiques ; Munich, avec Leo von Klenze, élève de Gilly et de Durand, architecte royal à partir de 1816, et Berlin, où la Porte de Brandebourg, de Carl Gotthard Langhans, devint l'édifice fondateur du néo-classicisme allemand. Cet arc de triomphe ouvrant la grande avenue « Unter den Linden », construction typiquement romaine, fut néanmoins traité dans le répertoire grec, dominant en Prusse et en Bavière. Ce goût allait jusqu'à donner aux édifices des noms grecs, comme pour les Propylées de Munich ou le temple du Walhalla, près de Ratisbonne, tous deux de von Klenze. Le Walhalla, copie du Parthénon surplombant le Danube, fut érigé comme panthéon en l'honneur des « Grands hommes » de l'Allemagne. Le roi de Bavière Louis Ier fit lui aussi construire un édifice de ce type, suivant les révolutionnaires français qui avaient consacré l'église Sainte-Geneviève à leurs héros et trahissant la portée considérable de l'esprit des Lumières.
On ne voit plus, alors, apparaître d'églises ou de châteaux importants d'un point de vue architectural. L'idéal culturel de la bourgeoisie éclairée se traduisait désormais, en Allemagne comme ailleurs, par la construction de musées, de bibliothèques et de théâtres, souvent pourvus d'un portique, vestige de l'architecture religieuse. Conformément aux Lumières, où la connaissance doit supplanter la croyance, l'ère des « temples » du savoir, de l'art et de la culture succéda à celle des temples de la Foi. Les banques, les bourses, les universités, les écoles, les édifices gouvernementaux et administratifs, toujours plus nombreux, reçurent également des façades de temple empruntées à l'Antiquité. Toutes les fonc-

Plan du Théâtre national de Berlin,
Friedrich Gilly, 1798 (non réalisé)

Avec l'émergence de la bourgeoisie, le théâtre devient à la fin du XVIIIe siècle un sujet important d'architecture. Il était considéré comme une sorte d'institution morale et culturelle contribuant à émanciper la bourgeoisie de la noblesse. Les plans et la réalisation des théâtres étaient soumis à un vif débat public. En réaction contre les théâtres à loges de la monarchie, certains architectes conçurent des salles inspirées des amphithéâtres de l'Antiquité, où tous les spectateurs sont sur un pied d'égalité. S'inspirant de l'architecture « révolutionnaire » française, Gilly conçut pour Berlin un édifice aux articulations nettes et aux masses strictement géométriques. La façade est soulignée par un portique monumental. Gilly avait prévu une salle en hémicycle, non plus tournée, comme les loges, vers le public lui-même, mais vers la scène, en accord avec la nouvelle conception du théâtre.

tions réunies auparavant dans le château ou le monastère recevaient un toit en propre. La société moderne exigeait une spécialisation plus poussée.

Seul le financement ne pouvait plus s'effectuer comme dans la société de type féodal par l'exploitation du peuple. La question fut abordée dès le début du XIXe siècle par Durand, élève et collaborateur de Boullée, dans son « Précis de leçons d'architecture » qui la lie étroitement à des considérations esthétiques. L'architecture, le plus onéreux de tous les arts, ne se justifie à ses yeux qu'au nom de « son utilité publique et privée, sa contribution à répondre aux besoins de l'individu, de la famille et de la société ». Ainsi, « l'utilité et l'économie des moyens ainsi que les sources où l'architecture doit puiser sont nos seuls guides dans l'étude et l'exercice de cet art ».

Deux possibilités d'évolution

En dehors des imitations de l'Antiquité, l'architecture produisit en France comme en Allemagne des projets innovants. Friedrich Gilly, mort en 1800 à l'âge de 28 ans et qui n'eut pas le temps de réaliser ses projets, exerça dans ce domaine une influence certaine, notamment à travers son projet de monument berlinois dédié à Frédéric II. Ici, ce n'était plus comme autrefois une statue que l'on consacrait au personnage, mais une idée. Le temple périptère grec, symbole spirituel du monarque, aurait pu abriter son tombeau dans son socle. Le temple devait se dresser sur un promontoire avec vue panoramique sur Berlin et ses environs, capitale et dans une certaine mesure œuvre de Frédéric le Grand. Gilly combinait dans son plan éléments grecs et égyptiens avec d'autres, issus de l'architecture révolutionnaire française. Il influença surtout Karl Friedrich Schinkel, qui approfondit cette fusion du langage formel antique avec celui, nouveau, de la fonctionnalité.

L'architecture évolua toutefois d'abord dans une autre direction, également indiquée par le néo-classicisme. Le romantisme, la sentimentalité, la rêverie étaient une réaction à la froideur de l'exigence de rationalité des Lumières. D'un autre côté, le goût de Rousseau pour l'« état de nature » contenait déjà une composante proche.

Après le Premier Empire, romantisme et néo-classicisme s'unirent pour fournir à l'Allemagne, désireuse de fuir une réalité politique oppressante, un terrain propice à ses rêves. Un château néo-classique convenait mieux aux jardins à l'anglaise, très en vogue à l'époque, qu'un pavillon baroque, totalement déplacé dans ce contexte. Des architectes paysagistes comme le prince von Pückler-Muskau ou Peter Joseph Lenné créèrent sur le modèle anglo-saxon de magnifiques parcs avec des bâtiments de plain-pied, donnant directement accès au jardin anglais sans terrasse ni perron. La rigueur de l'architecture néo-classique soulignait la nature libérée, avec ses étangs, ses pelouses vallonnées, ses sentiers et ses cours d'eau serpentants, ses haies non taillées et ses arbres disséminés çà et là. La nature devait paraître fortuite et harmonieuse et non, comme dans les jardins à la française, tirés au cordeau et artificiels. Tandis qu'au Baroque les perspectives convergeaient pour mettre en valeur la monumentalité, il s'agissait maintenant de raffiner la nature par de surprenantes et séduisantes éclaircies. L'aménagement des parcs est nettement romantique : on y découvre de petits temples à l'antique, des ponts de pierre, des châteaux miniatures et de fausses ruines pour lesquels on recourt volontiers aux formes néo-gothiques.

KARL FRIEDRICH SCHINKEL

Théâtre du Gendarmenmarkt, Berlin, 1818-1824

La petite ville de Neuruppin, au nord de Berlin, donna naissance à deux hommes importants pour le royaume de Prusse : l'écrivain Theodor Fontane (1819-1898) et l'architecte Karl Friedrich Schinkel (1781-1841). Schinkel, élève de David Gilly (1748-1808) à l'Académie d'architecture de Berlin, y étudia l'architecture classique, en vogue depuis la fin du XVIIIe siècle.

On venait de redécouvrir les temples grecs et l'idéal architectural classique. Avec ses colonnes sans base, le temple dorique de Paestum, inconnu jusque-là, fit sensation. Sachant que l'Antiquité grecque avait réuni un idéal de beauté parfaite et de vérité absolue de la fonctionnalité par rapport au matériau, l'architecture du XVIIIe siècle se détourna radicalement de la Renaissance et du Baroque et s'orienta, y compris académiquement, vers l'idéal classique. L'architecture organique devait céder la place à la clarté linéaire épurée de l'Antiquité. Schinkel fit donc ses études en pleine révolution de l'architecture qui, pour la première fois, pouvait embrasser la totalité de son histoire. En dehors de Schinkel, l'académie de Berlin forma aussi des architectes comme Leo von Klenze (1784-1864), qui joua en Bavière le même rôle que Schinkel en Prusse.

Après ses études, Schinkel entreprit un voyage à travers l'Italie (1803-1805), où il peignit des tableaux romantiques et conçut des projets architecturaux néo-classiques mais aussi déjà néo-gothiques. Il réalisa des décors d'opéra (« la Flûte enchantée »), créa des monuments, des ponts et des barrages. Comme beaucoup d'architectes de cette époque, Schinkel avait de multiples talents.

Son heure de gloire s'amorça après les guerres napoléoniennes lorsque la Prusse, considérablement agrandie par le Congrès de Vienne, recommença à construire. Schinkel fut bientôt nommé architecte royal, membre de l'influente Commission supérieure d'architecture, et enfin surintendant général des constructions. L'influence prépondérante qu'il exerça sur l'architecture en Prusse fut poursuivie par ses principaux élèves, Persius, Stüler et Strack.

Schinkel travailla parallèlement dans trois styles distincts : le néo-classicisme, le néo-gothique et le romantisme. Son nom reste surtout attaché à ses œuvres néo-classiques, les plus belles de ce style en Allemagne. D'une clarté harmonieuse et respectant la fonctionnalité, elles sont considérées comme une expression particulièrement pure des idéaux classiques de l'Antiquité.

De toutes les églises de Schinkel, l'église Saint-Nicolas de Potsdam, proche du château, reste la plus imposante. Sa puissante coupole évoque la beauté du Potsdam d'autrefois. La cathédrale de Berlin, très finement reconstruite jadis par Schinkel, dut céder la place en 1890 au bâtiment prétentieux de Raschdorff. Conservée, l'église néo-gothique de Friedrichwerder, à Berlin, abrite aujourd'hui le musée Schinkel. D'autres églises, comme celle du quartier de Moabit, sont de style romantique florentin.

Schinkel a donné de nombreux plans de palais et de châteaux. L'un de ses projets les plus significatifs est sans doute celui d'un palais pour l'Acropole d'Athènes, également traité par von Klenze et d'autres architectes néo-classiques. L'édification d'un palais sur le lieu d'origine du classicisme antique était un défi considérable pour les néo-classiques. Parmi les plus séduisants palais de Schinkel, il faut mentionner celui de Charlottenhof, dans le parc de Sanssouci à Potsdam et le petit palais Liegnitz près du château de Charlottenbourg de Berlin. En revanche, le château néo-gothique de Kamenz, en Silésie, est nettement plus austère.

Le « Vieux Musée » de Schinkel, commencé en 1822, se distingue surtout par son vestibule ouvert, d'où l'on pouvait voir le palais royal (disparu), et sa grande salle centrale circulaire, bel exemple de création néo-classique.

La Neue Wache, sur le Forum Fridicianum (1817), prévue autrefois pour abriter une compagnie de gardes et aujourd'hui monument à la mémoire des victimes de la Seconde Guerre mondiale et des génocides est l'un des chefs-d'œuvre de Schinkel.

L'académie d'architecture (commencée en 1825), hélas détruite, était un modèle exemplaire d'architecture en briques. Cet édifice fut l'aboutissement des impressions recueillies par Schinkel lors d'un séjour en Angleterre, au cours duquel il visita les bâtiments des filatures de Manchester, des « masses monstrueuses qui n'avaient plus rien de commun avec l'architecture en tant qu'art de la construction ». Il voulut démontrer, avec le Packhofgebäude de Berlin - bâtiments douaniers et administratifs, entrepôts -, réalisé dans les années 1829-1832 le long du Kupfergraben, qu'on pouvait bâtir de l'utilitaire tout autrement. Il donna aux bâtiments une esthétique strictement linéaire, comparable à celle de l'académie d'architecture.

L'une des œuvres les plus importantes de Schinkel est le Schauspielhaus (théâtre) du Gendarmenmarkt, à Berlin, encadré par les hautes coupoles des églises Allemande et Française. Derrière sa façade de temple grec, avec ses colonnes, sa charpente et ses frontons repris des modèles antiques se cache un édifice construit selon des critères strictement fonctionnels, dont les éléments stéréométriques sont eux-mêmes subdivisés en plusieurs articulations. On donna, pour l'inauguration de l'édifice, une représentation de la « Flûte enchantée » de Mozart avec des décors de l'architecte. Par chance pour Berlin, ce précieux bâtiment ne fut pas détruit durant la guerre.

L'académie d'Architecture, commencée en 1825

Une révolution technique

HISTORICISME ET INGÉNIEURS

1840-1900

HISTORICISME 1840-1900

Des styles empruntés

En réinterprétant, à partir des données de l'Antiquité, quelques vieux principes d'architecture, le néo-classicisme avait ouvert la voie à de multiples innovations. Stéréométrie, clarté tectonique, linéarité et décors épurés sont tous des éléments préfigurant l'architecture moderne. L'historicisme - ou éclectisme historique -, que l'on pourrait aussi qualifier de néo-classicisme tardif ou maniériste, utilisa tous ces éléments sur les plans architectonique et ornemental, mais en y greffant des caractéristiques stylistiques venues d'horizons variés, non limités à l'Occident. Parallèlement, les ressources du progrès technique étaient utilisées, mais dissimulées pour qu'au moins en façade rien ne parût avoir changé.

Le premier emprunt fut un retour au style gothique. En Angleterre, où il s'était émancipé, sa prédominance se maintint bien au-delà du Moyen Âge. Dès le milieu du XVIIIe siècle, on voit apparaître dans les manoirs des tentatives de « Gothic revival » qui se généralisent avec le début du XIXe siècle. En Allemagne, où le sentiment national s'était renforcé après la défaite de Napoléon - sans réussir toutefois à se concrétiser politiquement -, on assista également à un retour du style gothique, une épithète utilisée péjorativement - comme synonyme de « barbare » - depuis la Renaissance mais considérée dès lors comme l'équivalent de style « allemand ». Ce n'est que plus tard, dans la seconde moitié du XIXe siècle, que les historiens d'art s'aperçurent que le gothique des cathédrales, avec sa pureté austère et sublime - comme à Cologne -, était d'origine étrangère, plus précisément française.

Le passage du néo-classicisme à l'éclectisme historique se manifesta clairement en Angleterre en 1840, avec la construction d'un nouveau Parlement à Londres, un immense complexe néo-gothique d'environ 1 100 pièces, avec une façade de 275 mètres de large le long de la Tamise. Renouant avec le gothique tardif anglais, le Perpendicular Style, il fut décoré d'une trame géométrique verticalisée et très serrée. Refusant le style néo-gothique imposé par le concours, l'architecte Charles Barry, partisan de l'esthétique classique, engagea Augustus Welby Pugin, adepte passionné du gothique, pour concevoir les facades. Pourtant, avec leur horizontalité accentuée par les corniches, elles témoignent aussi peu que la composition intérieure d'une tendance à l'élévation gothique. La décoration extérieure est certes composée de modules de petite taille, mais répétés schématiquement à l'échelle - considérable - de l'édifice.

Le Parlement de Londres illustre parfaitement l'éclectisme historique qui cherche, en réutilisant des éléments empruntés à un

1842 La chine cède Hong Kong à l'Angleterre et ouvre ses ports aux puissances de l'Europe occidentale et au marché britannique de l'opium.

1843 Felix Mendelssohn-Bartholdy compose la musique de la pièce de théâtre de Shakespeare le Songe d'une nuit d'été.

1845 L'université de Berlin abolit le latin comme langue officielle de cours et d'examens.

1847 Une loi sur la journée de dix heures est votée en Angleterre.

1848 Karl Marx publie son Manifeste communiste. La découverte de gisements d'or en Californie provoque une ruée vers l'or.

1861 Abraham Lincoln, élu président des États-Unis, abolit l'esclavage.

1863 Fondation de la Croix Rouge Internationale.

1864 Jules Verne écrit le Voyage au centre de la Terre, premier roman d'anticipation scientifique.

1865 Lewis Carroll écrit Alice au pays des merveilles. Georg Johann Mendel énonce ses lois, base de la génétique, qui ne seront prises en compte qu'après 1900.

1869 Ouverture du canal de Suez. Publication de La vie des animaux de Alfred E. Brehms.

1871 Fondation de l'Empire allemand après le traité de Versailles qui met fin à la guerre franco-allemande. Bismarck devient premier Chancelier de l'Empire (jusqu'en 1890).

1874 Première exposition de groupe des Impressionnistes à Paris.

1876 Alexander Bell dépose le brevet de son oreille artificielle pour sourds, précurseur du téléphone.

1877 Léon Tolstoï publie Anna Karénine.

Après1880 : Les grandes puissances se disputent la division économique et politique du monde (impérialisme), en poursuivant la même politique coloniale qu'aux XVIe au XVIIIe siècles.

Victoria, reine de Grande-Bretagne et d'Irlande, symbolise la politique culturelle et mondiale de toute une époque. Vers 1890.

1882 Première représentation de Parsifal de Wagner à Bayreuth.

1885 Gottlieb Daimler et Carl Benz construisent la première automobile. Premier sous marin couronné de succès, de Nordenfeldt.

1886 Mise sous tutelle et suicide du roi Louis II de Bavière.

1892 Publication des Tisserands de Gerhart Hauptmann, drame évoquant la misère des ouvriers silésiens et leur révolte.

1894 L'officier juif français Alfred Dreyfus est injustement condamné au bagne pour espionnage et déporté.

1895 Le physicien Wilhelm Conrad Röntgen découvre les rayons X. Sigmund Freud fonde la psychanalyse. Premières projections de films par les frères Skladanowsky à Berlin et par les frères Lumière à Paris.

1899 Conférence de paix de La Haye sur les conventions de guerre et le règlement pacifique des conflits internationaux.

style révolu, à résoudre les problèmes posés par des constructions totalement nouvelles. Le style ancien était réinterprété d'une manière excessivement « académique », avec une rigueur que les architectes de l'époque évitaient, s'échappant des canons formels pour créer des œuvres originales. Contrairement à la Renaissance et au Classicisme, l'historicisme n'utilisa pas les éléments antiques comme point de départ pour une création autonome, mais comme support d'une imitation schématique et sans inspiration. Cet amalgame parfois arbitraire d'éléments repris d'une ou de plusieurs époques donna souvent naissance à des édifices qui paraissent faux et chaotiques. Le Parlement de Londres montre ainsi des avant-corps qui n'existaient pas encore au Gothique. Les éléments stylistiques sont « empruntés ou volés. En tout cas, ils ne nous appartiennent pas », écrivait Gottfried Semper, pour qui plan, aspect extérieur et décoration devaient refléter la fonction d'un bâtiment et qui fut l'un des rares architectes de l'historicisme à apporter quelque chose de nouveau.

Au-delà de la décoration, le problème majeur reste celui des proportions. Les nouveaux édifices - tel le Parlement de Londres -, avaient des dimensions très différentes des bâtiments auxquels les styles originaux avaient été appliqués. Sur la façade d'un bâtiment administratif de deux cents mètres de long et de quatre étages, le décor d'une maison de la Renaissance menait forcément à une répétition formelle absurde et démesurée. À côté de bâtiments isolés aux dimensions gigantesques, le milieu du XIXe siècle connut également une fièvre de construction sans précédent, dépassant de loin le zèle des princes baroques.

Faire du neuf avec de l'ancien

Deux facteurs essentiels déterminèrent le goût de l'époque. D'une part, les bâtisseurs n'étaient plus des individus cultivés - princes, évêques ou patriciens -, mais le plus souvent des groupes anonymes ou des commissions agissant au nom de sociétés collectives ou d'administrations abstraites qui n'avaient aucune envie de prendre des risques. En outre, avec la division du travail liée à l'apparition de la société industrielle, élites politique et intellectuelle s'étaient séparées, ce qui entraîna inévitablement une prédominance du goût de masse, qui

Charles Barry et A. W. Pugin : ***House of Parliament,*** 1840-88, Londres, Maison des Parlements, avec la Tour Victoria (1858, 102 m de haut) et « Big Ben » (1859, 97 m de haut)

Le nouveau parlement, élevé à la place de l'ancien Palais de Westminster, détruit en 1834 par un incendie, témoigne du « Gothic revival », de l'enthousiasme des Anglais pour le Gothique, né au milieu du XVIIIe siècle. C'est un complexe rectangulaire aux multiples ailes juxtaposées, d'ordonnance asymétrique. La façade occidentale donnant sur la Tamise est marquée par Victoria Tower, la face nord par Big Ben. Le revêtement ornemental de la façade de Pugin indique un retour au Perpendicular Style (le Gothique tardif anglais). Il accentue les motifs verticaux et présente une trame géométrique très prononcée en surface. Le langage architectural n'appartenant autrefois qu'au domaine sacré peut être désormais utilisé pour l'architecture profane. La « Jérusalem terrestre » a relayé la « Jérusalem céleste ».

Charles Garnier : ***Opéra,*** le Grand Escalier, vue de l'intérieur 1871-74, Paris.

Voir et être vu ! Telle était la devise du Second Empire et tel se présente l'Opéra de Paris, cathédrale de la bourgeoisie parisienne du XIXe siècle, symbole du style Second Empire. Entièrement conçue pour mettre en scène la brillante société parisienne, la somptuosité de l'architecture et du décor est portée à son paroxysme dans le grand escalier et le foyer. L'architecture de représentation y accueillant le spectacle du mouvement d'une foule élégante, s'étalant sur les marches et l'éclat des soies se mêlant aux reflets des marbres ne peut y être mieux définie. Le langage éclectique des formes et du décor aux dépens d'une esthétique normative et descriptive est manifeste. L'esthétique ne se pose plus en juge, mais décrit. Les styles historiques, n'exprimant plus que les manifestations de mode et de société, sont formellement considérés comme pouvant être combinés à volonté.

privilégie ce qui est déjà reconnu et familier. Le goût des masses fut cependant ébranlé par de profondes incertitudes. La marche triomphale des machines et le développement des sciences naturelles et physiques avaient, en quelques décennies, bouleversé tous les domaines de la vie comme aucune autre époque auparavant. Un médecin allemand avait déclaré que la vitesse des premiers chemins de fer - en moyenne trente kilomètres à l'heure - causerait inévitablement de graves dommages du cerveau. L'époque était déchirée, d'un côté euphorique face aux promesses du progrès, de l'autre d'un romantisme nostalgique face au passé.

Le Reichstag de Berlin, de Paul Wallot, par exemple, avec ses réminiscences de la Renaissance tardive, n'en présentait ni la gaieté ni la noblesse, paraissant au contraire lourd et massif. On le surmonta, pour l'alléger, d'une coupole de fer et de verre. Une tentative très osée sur le plan esthétique - même dans les années 1880 -, compte tenu de l'importance du bâtiment.

On raffolait de « mises en scènes » historicisantes, n'hésitant pas à dissimuler une station de pompage à vapeur sous la façade d'un pseudo-manoir normand, par exemple. Ce procédé d'« emballage » du neuf avec du vieux est caractéristique de l'éclectisme historique. On le retrouve dans le Parlement de Londres, « habillé » en cathédrale gothique - sans omettre la tour-lanterne -, dans les fabriques, les centrales électriques ou hydro-électriques « travestis » en châteaux forts, en hôtels de ville ou en églises (la cheminée était alors dans une tour), ou bien dans les galeries marchandes - le petit commerce se déplaça des espaces ouverts à des espaces fermés -, imitant les palais de la Renaissance.

Face aux incertitudes des temps industriels, on idéalisa le Moyen Âge. L'Italie, où cette époque située entre la chute de l'Empire romain et la Renaissance avait toujours été suspecte, perdit définitivement le rôle moteur qu'elle avait toujours eu en Occident depuis la Renaissance.

Dans les pays à forte culture médiévale, en France, en Allemagne ou en Angleterre, on commença à restaurer monuments historiques et châteaux forts. Parallèlement à cet intérêt pour l'Histoire, les sciences artistiques développèrent leurs méthodes et leurs connaissances, guidant restaurations et reconstitutions avec une rigidité académique plus néfaste qu'utile, dans la mesure où l'on n'hésitait pas à « corriger » les bâtiments pour éliminer « impuretés de style » et ajouts postérieurs. On s'efforça aussi de terminer de grands édifices inachevés, comme les cathédrales de Cologne, d'Ulm ou de Berne. Enfin, quand il n'y avait rien à restaurer, on créait de toutes pièces des bâtiments de fantaisie, comme le château de Neuschwanstein, amalgame d'architecture romane et de l'imagination de ses bâtisseurs.

Ces contrefaçons architecturales permettaient d'échapper à l'insécurité du présent et de remédier à certains complexes historiques. Les villes récentes, datant des XVIIIe ou XIXe siècles, construisirent des hôtels de

Paul Wallot : ***le Reichstag,*** Berlin, Place de la République, 1884-1894.

L'essor de Berlin en ayant rapidement fait une métropole, son architecture devait exprimer un sentiment national et lui refaire une identité. La réalisation de cet objectif avec le Reichstag, « digne du peuple allemand », repose sur un besoin excessif de monumentalité et l'usage parallèle d'éléments baroques et de formes de la Renaissance italienne. La monumentalité est accentuée par la situation de l'édifice seul dans son entourage, exposé et isolé du reste. Le corps de bâtiment rectangulaire de trois étages est concis, homogène et symétrique par rapport à l'axe central. La salle des séances se trouve au milieu. Elle est surmontée d'une coupole de fer et de verre. Wallot utilisa pour cette construction très complexe et luxueuse des colonnes antiquisantes d'une seule venue sur toute la hauteur de l'édifice, un avant-corps très plastique, précédé d'un portique, ainsi qu'un architrave saillant.

ville néo-gothiques, les États-Unis élevèrent des cathédrales néo-gothiques. En Prusse orientale, où les Allemands ne s'implantèrent qu'à l'époque du Roman tardif, on vit apparaître d'imposants monuments néo-romans. La bourgeoisie enfin, parvenue au pouvoir après avoir été le principal moteur des grands changements sociaux et architecturaux, voulut s'approprier l'éclat révolu de l'ordre féodal. Une volonté qui, pour faire barrage au mécontentement grandissant de la classe ouvrière, se traduisit également sur le plan politique par l'utilisation de vestiges de l'ordre féodal : résurgence de l'Empire allemand, fondé en 1871, au moment où le Second Empire disparaissait en France. Le témoignage architectonique le plus remarquable de cette tendance est sans doute l'Opéra de Paris (1861-1874). Parmi tous les opéras construits au cours de ces décennies, ce fut le plus grandiose et l'un des meilleurs exemples du rôle prépondérant - y compris plus tard aux États-Unis - de l'École des Beaux-Arts de Paris dans la diffusion de l'architecture éclectique.

Son architecte, Charles Garnier, conçut l'opéra dans un style mi-baroque, mi-renaissance, correspondant aux désirs du riche public parisien qui fréquentait l'Opéra. Plus d'un tiers de l'espace est dédié à la « rencontre » sociale. L'immense hall d'entrée, le foyer et l'escalier occupant toute la hauteur de l'édifice ne forment plus des lieux clos comme au Baroque, mais une succession d'espaces en continuité qui traduisent déjà, au-delà de la reprise des formes traditionnelles, l'arrivée des tendances modernes.

Les machines imitent le travail artisanal

Responsables de la fuite vers les formes du passé, les machines lui apportèrent également, paradoxalement, leur soutien technique. Prenons par exemple la fabrication artisanale d'un verre soufflé et taillé. Sa production, qui exigeait un savoir-faire unique et beaucoup de temps, était proportionnellement onéreuse. Aussi talentueux soient-ils, souffleurs et tailleurs de verre ne réalisaient jamais deux objets parfaitement identiques. La découverte du verre moulé faisait désormais de l'objet de luxe un produit utilitaire accessible à tous. Face à la concurrence de la production en série des usines, de nombreux artisans durent fermer leurs ateliers et partir travailler dans les villes. Au lieu d'être transmises aux générations suivantes, leurs compétences se perdirent. Au lieu de produire des œuvres originales et créatives, on fabriqua à dizaines de milliers d'exemplaires des objets imitant grossièrement l'artisanat.

Cette évolution toucha tous les domaines. Au fer forgé succéda la fonte, aux œuvres élaborées des sculpteurs, des éléments décoratifs standardisés que le consommateur n'avait plus qu'à commander sur catalogue et à coller au mur. La réflexion d'un maître maçon de l'époque à un architecte résume bien la situation : « Maintenant que la maison est terminée, quel style voulez-vous y mettre ? »

Un mouvement en faveur des arts décora-

Le Château de Neuschwanstein, érigé entre 1869 et 1886 pour le roi Louis II de Bavière, près de Schwangau dans l'Allgäu.

Situé au milieu d'un site romantique et pittoresque, à l'emplacement d'une ruine médiévale, Neuschwanstein illustre mieux qu'aucun autre château la sublimation du Moyen Âge au cours du romantisme allemand. Inspiré par le monde fictif du théâtre, le monarque fit ériger son « Wartburg », temple dédié à Richard Wagner, sur un rocher au-dessus du château. Cet édifice montre à quel point le roi était romantique et introverti. Se référant à l'art roman, le château est une tentative d'œuvre d'art totale dans le paysage tourmenté, cherchant à allier art, nature et architecture.

tifs tenta de combattre cette tendance en incitant bâtisseurs et consommateurs à découvrir les objets d'art exemplaires produits par l'artisanat ancien et contemporain rassemblés dans les tout nouveaux musées. Mais cela ne fit qu'aggraver la crise. Face à la perfection atteinte par les artisans du passé, on pensait ne plus rien pouvoir inventer. Les collections des musées étaient devenues des fonds stylistiques dans lesquels on puisait à volonté quelques éléments isolés.

La technique et les sciences imposaient des certitudes en apparence inébranlables et franchissaient les unes après les autres les limites posées au savoir. Pourquoi les limites spatiales et temporelles de la culture ne seraient-elles pas, elles aussi, franchies ? Les éléments architectoniques occidentaux furent ainsi bientôt complétés par d'autres, empruntés aux civilisations étrangères au gré des conquêtes coloniales. Le palais de justice de Bruxelles (1866-1883), de Joseph Polaert, le plus grand monument administratif européen de l'époque, est en réalité un bâtiment composé et stéréométrique, mais couvert, à une époque où les surfaces nues faisaient encore peur, d'un amalgame d'ornements renaissants, baroques, romains, grecs et assyriens. Les « néo-styles » reprenaient même des éléments venus de Chine ou des Indes, les architectes inventaient des amalgames sans cesse plus extravagants. Autant on imitait les éléments traditionnels, autant on méconnaissait leur véritable signification et leur contexte historique.

Avec l'augmentation considérable de la démographie et l'exode rural, le travail agricole et artisanal n'ayant plus d'avenir, la population urbaine se multiplia en l'espace de quelques dizaines d'années, poussant les villes à s'agrandir et à accroître leur densité. Dans la seconde moitié du XIXe siècle, la planification urbaine se contentait encore de définir les alignements des façades et la hauteur des gouttières, en y ajoutant quelques dispositions pour la protection contre les incendies. Une directive était célèbre à Berlin. Elle fixait la dimension minimale des arrière-cours à 28,52 m^2, soit le rayon de braquage des lances de pompier. Le reste était laissé à la libre initiative des constructeurs. Les aménagements sanitaires ou sociaux, comme les espaces verts prévus par Peter Joseph Lenné dans les années 1840 pour Berlin, ne jouaient plus aucun rôle. Les boulevards percés à Paris entre 1853 et 1870 par le baron Haussmann ne l'ont pas été pour des raisons de ce type. Il s'agissait surtout, avec ces 137 km de larges voies, de faciliter la circulation à travers des quartiers sans structure et de donner à la capitale une allure plus convenable. La largeur des boulevards avait par ailleurs l'avantage de rendre plus difficile l'érection de barricades, comme lors des émeutes de 1848. Haussmann se targua plus tard d'avoir fait abattre 20 000 maisons dont 4300 dans le cœur historique de Paris. On ne saisit que très rarement l'occasion d'utiliser l'espace dégagé par la démolition des fortifications pour créer des espaces verts. On préféra aménager autour des vieilles villes des ceintures ou d'impressionnants boulevards extérieurs, comme à Vienne.

L'ARCHITECTURE DES INGÉNIEURS

De fragiles constructions en fer et en verre

L'époque moderne avait commencé sans que son architecture ne se soit manifestée. Pourtant, on détenait déjà des solutions pour sortir l'architecture du cul-de-sac où l'historicisme l'avait enfermée. Dès 1750, le fer brut était produit à relativement bon marché. À la fin du XVIIIe siècle, la machine à vapeur avait suffisamment évolué pour permettre la fabrication de grandes quantités de fer brut, de fonte et de fer forgé. Le premier pont à arches en fonte avait été élevé entre 1775 et 1779 sur la Severn, près de Coalbrookdale. Les arches avait une portée d'une trentaine de mètres. Leur forme en demi-cercle n'avait plus rien à voir avec celle des ponts en bois. Contrastant avec les voûtes en pierre, la légèreté et la clarté de la construction et son aspect fragile étaient soulignées par les culées latérales en maçonnerie.

Légèreté, clarté, formes tendues et d'aspect fragile sont les principales caractéristiques des constructions métalliques. Mais il fallut attendre plus d'un demi-siècle pour qu'elles se généralisent. Entre 1836 et 1840, Joseph Paxton, directeur des jardins du duc de Devonshire, fit construire à Chatsworth une serre de 100 mètres de long, 38 mètres de large et 20 mètres de haut, avec des colonnes en fonte pour l'écoulement des eaux de pluie et des panneaux vitrés standardisés. Paxton perfectionna cette idée pour la première Exposition universelle de 1851 et réalisa à Hyde Park un immense palais de cristal avec un hall très large à cinq vaisseaux de 600 mètres de long, de 120 mètres de large et atteignant 34 mètres de haut, séparé du monde extérieur par une mince paroi de verre et d'acier. Le « Crystal Palace » était moins révolutionnaire par ses dimensions que par le fait qu'il fut le premier édifice constitué d'éléments standardisés préfabriqués et ouvrit ainsi l'ère de l'architecture rationnelle. La standardisation des matériaux avait permis de l'édifier - en recourant surtout à des manœuvres - en l'espace de dix-sept semaines. Quatre-vingts ouvriers mettaient en place 18 392 panneaux de verre par semaine, soit 108 panneaux par jour et par tête. Cette méthode avait permis de faire fabriquer les éléments (notamment 3 300 colonnes et 2 300 cintres) par différentes entreprises à la fois. À lui seul, le Palais de Cristal engloutit un tiers de la production annuelle de verre de l'Angleterre d'alors ! Démonté après l'exposition, l'édifice fut remonté avec de légères modifications à Sydenham (Londres), avant d'être détruit par un incendie en 1936.

Dans la seconde moitié du XIXe siècle, les expositions universelles devinrent de spectaculaires démonstrations des performances du progrès, de la technique et des sciences. Pour l'Exposition universelle de 1889, à Paris, l'ingénieur Gustave Eiffel construisit une tour d'une hauteur inconcevable pour l'époque. Au Moyen Âge, il fallut stopper la construction de la tour de la cathédrale d'Ulm, d'une hauteur prévue de 162 mètres, à 70 mètres. Avec ses 300 mètres, la tour Eiffel demeura durant 40 ans l'édifice le plus haut jamais édifié par l'homme.

Tout près, une autre construction rivalisait avec elle, au moins en surface : la Galerie

Joseph Paxton : *le Palais de Cristal,* Londres, 1851

Détruit par un incendie en 1936. L'alliage de fer et de verre est étroitement lié aux objectifs architecturaux typiques du XIXe siècle qui consistaient en des marchés couverts, des galeries marchandes, des ponts, des gares et des palais d'exposition. Le palais de cristal est considéré comme produit de l'essor industriel et commercial qui s'amorça en Angleterre avec la révolution industrielle. Paxton présente son projet à la première exposition universelle de Londres. Le palais de cristal fut construit en collaboration avec les ingénieurs Fax et Henderson, en moins de cinq mois, dans le Hyde Park, à l'aide d'une structure métallique préfabriquée (8,4 hectares de surface). L'invention de ce nouveau type d'espace, de structure et d'articulation claire et rationnelle fut rendue possible par le procédé de Puddlage, breveté dès 1748. Le palais de cristal de Paxton est le premier exemple de préfabrication.

Gustave Eiffel : *la Tour Eiffel,* Paris, inaugurée lors de l'exposition universelle de 1889

Charles Dutert (architecte) et Victor Contamin (ingénieur) : ***Galerie des machines,*** Paris, exposition universelle de 1889, 422 m de long, 47 m de haut, 117 m de portée.

des Machines, longue de 422 mètres, haute de 47 mètres et dont les montants d'acier avaient une portée de 114 mètres. À titre de comparaison, la plus grande voûte gothique qui ne s'écroula pas, celle de la cathédrale d'Amiens, mesure 145 mètres de long, 14,6 mètres de large et 42,3 mètres de haut. Alors que, pour obtenir une légèreté similaire, les bâtisseurs gothiques avaient besoin de soutenir les murs par un système complexe de contreforts extérieurs, les vingt arcs métalliques à trois articulations de la Galerie des Machines s'amincissaient vers le sol, se terminant par un seul point d'appui. Malgré la pression de 412 tonnes et la poussée de 115 tonnes exercée à chaque extrémité, les portants reposaient sur leurs pointes, posées sur des rouleaux. Construit de manière traditionnelle, avec des supports verticaux reliés transversalement, le palais de cristal londonien paraissait encore très statique. Dans la Galerie des Machines, les structures porteuses étaient en continuité avec les éléments portés, donnant l'impression d'une immense tente.

Possibilités artistiques du fer et de l'acier

La Galerie des Machines, détruite en 1910, démontra les immenses possibilités techniques de l'acier et fut l'un des plus grands monuments de l'âge industriel. Le rôle fonctionnel de l'édifice n'avait pas été négligé. On pouvait, par exemple, corriger les effets de la dilatation du matériau grâce à la mobilité des arcs. Eiffel écrivit : « Je suis persuadé que ma tour sera douée d'une beauté singulière. Les calculs de stabilité, quand ils sont justes, ne concordent-ils pas avec les rapports harmoniques ? »
Mais « l'architecture des ingénieurs », comme on l'appelle maintenant, n'était pas considérée au XIXe siècle comme un art. Usines, grands magasins, halls de gare et d'exposition, ponts de grande envergure, toutes ces nouveautés étaient considérées comme des édifices utilitaires qui n'avaient rien à voir avec l'architecture proprement dite. Le fer et l'acier n'étaient pas des matériaux « vrais ». Ils étaient indignes de la création artistique et devaient être dissimulés. La tour Eiffel fut vilipendée comme une « honte pour Paris » et l'on exigeait qu'elle soit détruite après l'Exposition universelle. L'architecture se réduisait à la façade. On alla, pour cacher le hall de la gare Saint-Pancras de Londres - détentrice avant la Galerie des Machines du record de portée, avec 75 mètres - jusqu'à construire devant elle un palais pseudo-gothique, abritant le Midland Grand Hotel. Ce procédé se généralisa pour toutes les grandes gares. Ces points de départ du moyen de transport à longue distance qui resta dominant jusqu'au milieu du XXe siècle étaient mi-usine mi-palais. Leurs immenses halls - indispensables à cause de la fumée produite par les locomotives à vapeur -, cathédrales de l'ère industrielle, se dissimulaient, du côté de la ville, derrière des façades de maçonnerie historicisantes. Il était rare de voir des halls se dévoiler aussi directement et sobrement que celui de la gare londonienne de King's Cross, à côté de Saint-Pancras.
Les nouveaux matériaux furent également utilisés pour des édifices non utilitaires. Malgré sa fragilité aux chocs, la fonte est quatre fois plus résistante à la pression que

la pierre, et le fer forgé quarante fois plus résistant à la torsion et à la traction, tout en étant seulement quatre fois plus lourd. Très malléable, il peut adopter n'importe quelle forme. Pour atténuer leur étrangeté, on appliquait des chapiteaux des ordres classiques sur les colonnes en fonte. D'un point de vue statique, les constructions métalliques n'avaient plus besoin de murs. Ce fut la plus grande révolution technique qu'ait connu l'architecture. Les constructions massives pouvaient être remplacées par des édifices à ossature d'une étendue et d'une hauteur inégalées, bâtis dans des délais records grâce à l'utilisation de matériaux préfabriqués.

Dès 1801, James Watt, qui apporta un développement décisif à la machine à vapeur, avait réalisé avec son associé Boulton la première construction à structure en fonte à sept étages pour une usine de filature près de Manchester. Pour ce bâtiment, qui fut le prototype de toutes les usines et entrepôts du XIXe siècle, ils avaient entouré l'ossature métallique d'un épais mur extérieur. Un procédé qui fit école, par exemple pour la bibliothèque de Sainte-Geneviève de Paris. Son architecte, Henri Labrouste, ne se contenta pas seulement d'appliquer pour la première fois ce mode de construction à un édifice public : il choisit aussi de laisser la structure métallique apparente. Aux piliers, laissés nus dans la salle, il ajouta une « voûte » en poutrelles d'acier recouvertes de plâtre, anticipant sur la construction en béton armé. L'architecture de Labrouste culmina dans la salle de lecture de la Bibliothèque nationale, à Paris, dont les piliers centraux, malgré leur historicisme, sont extrêmement graciles.

Un matériau neuf, le béton

L'utilisation du fer et de l'acier fut une découverte primordiale pour les techniques de construction, mais cette révolution ne s'acheva qu'une fois ces deux métaux mariés avec le béton, un matériau bon marché, fait de composants communs - calcaire, argile, marne, plâtre et eau -, facile à préparer sur place ou à l'avance sous forme d'éléments préfabriqués. D'une grande souplesse d'utilisation et résistant, son coefficient de dilatation à la chaleur est en outre le même que celui du fer et de l'acier. Le béton, dérivé du ciment de Portland de la première moitié du XIXe siècle, résiste bien à la pression mais se brise facilement lorsqu'il est distendu. Ce défaut est généralement compensé par une ossature en tiges d'acier (autrefois en fer) qui absorbe les forces de traction.

Jusqu'aux travaux de François Hennebique, le principal point faible du béton se situait au niveau de la jonction du plafond et des poutres et de celles-ci sur les murs. En remplaçant les piliers, jusqu'alors en fonte, par du béton dont l'armature, courbée, était en continuité avec celle des dalles, il créa une structure homogène, dite « monolithique », en béton armé.

Plus l'armature métallique et le béton sont denses, plus les éléments de la construction peuvent être minces. Cette diminution supplémentaire du poids de l'ossature, déjà bien plus légère que la construction massive, permit de superposer les étages sans renforcement des éléments porteurs au niveau des fondations, augmentant d'autant la surface utile correspondant à une surface de base donnée.

L'ÉCOLE DE CHICAGO 1880-1900

À l'assaut du ciel

La règle d'exploitation maximale des surfaces s'appliqua également à la construction d'immeubles d'habitation et de bâtiments administratifs, d'autant plus que le terrain devenait rare et cher, notamment dans les grandes villes des États-Unis. En 1850, Chicago comptait 30 000 habitants, dix fois plus en 1870, 500 000 en 1880 et plus d'un million en 1890. Elle était devenue la plus grande métropole du Middlewest américain, un nœud important de communication ferroviaire et fluviale pour les céréales et le bois, un centre de transformation métallurgique et comptait les plus grands abattoirs du monde.

C'est là qu'on s'aperçut, lors du grand incendie de 1871, que les constructions métalliques n'étaient pas aussi résistantes au feu qu'on l'imaginait. Lors de la catastrophe, qui ravagea la quasi-totalité de la ville, elles fondaient comme du beurre. On chercha, lors de la reconstruction, à créer des immeubles aussi hauts et résistants au feu que possible. Avec ses quinze étages, le bâtiment en brique le plus élevé, le Monad-

Henri Labrouste : ***Bibliothèque nationale,*** Paris, 1858-1868, vue de l'intérieur.

Labrouste utilise le fer dans les colonnes et la voûte, en accentuant les formes minces et élancées que ce matériau permet d'obtenir. La bibliothèque nationale est le premier édifice public monumental pour lequel le fer fut utilisé de manière aussi systématique.

George Gilbert Scott : St. Pancras Station, Londres (bâtiment de devant : Midland Grand Hotel) à partir de 1861.

nock Building des architectes Burnham et Root (1884-1892), dut être doté au rez-de-chaussée de murs de deux bons mètres d'épaisseur, imposant la perte de précieuses surfaces de vitrines et de magasins. La sobriété de la façade de brique rouge, avec des rangées verticales de fenêtres en saillie, elles-mêmes incorporées dans la maçonnerie, allait par contre faire école.

La fonction impose la forme

Tournée vers l'avenir, Chicago était plus ouverte à une architecture sobre et économique que New York, où l'on préférait encore les lourdes façades historicisantes. Les éléments stylistiques de l'architecture européenne n'intéressaient plus Chicago, qui voulait créer son propre style. Dans le First Leiter Building, réalisé en 1879 par William le Baron Jenney, seuls les étages inférieurs sont recouverts de maçonnerie. Le reste de la structure en fonte est visible, les espaces de la trame métallique sont remplis par de grandes fenêtres. L'architecte procéda de la même manière pour le Home Insurance Building (1883-1885), le premier immeuble de dix étages à structure purement en acier puis, dix ans plus tard, pour le « Second Leiter Building ». Très simple, son revêtement de pierre présentait de simple bandeaux horizontaux et verticaux. Seuls des chapiteaux à peine esquissés surmontant les larges pans de mur, placés sur la façade toutes les quatre fenêtres, rappelaient vaguement les pilastres antiques. La résistance au feu du bâtiment permit de compléter son ossature métallique - pour la première fois en acier de Bessemer, appelé à un grand avenir - avec des parpaings creux. En séparant les colonnes de fenêtres du Wainwright Building de Saint Louis (1890-1891) et du célèbre Guaranty Building à Buffalo (1894-1895) par un bandeau vertical en relief, les architectes Dankmar Adler et Louis H. Sullivan mirent l'accent sur la verticalité des bâtiments. « Il doit être fier et imposant, s'élever en exultant et former du sol au sommet une unité que pas une seule ligne ne trouble », disait Sullivan à propos de l'un de ses immeubles. Sa sempiternelle devise « form follows function » (la forme résulte de la fonction), devint le principe directeur de l'architecture moderne. La fonction attribuée à chaque étage de ses bâtiments se lit sur leurs façades organisées sur le modèle « base, fût et chapiteau ». Rez-de-chaussée et premier étage forment un socle à grandes fenêtres pour les magasins, les étages du « fût », avec leur trame régulière de fenêtres logent les bureaux, tandis que sous la toiture plate en encorbellement se dessine un étage très compact avec œils-de-bœuf, réservé aux installations techniques. Les quelques éléments décoratifs Art Nouveau ne modifient en rien l'aspect général du bâtiment.
Pour le grand magasin Carson Pirie Scott à Chicago, Sullivan se contenta d'accentuer les arrondis des angles du bâtiment par des montants verticaux. Les étages commerciaux étaient en revanche pourvus de larges « fenêtres Chicago ». Si l'on fait abstraction du décor de la zone inférieure, ce bâtiment pourrait dater des années 1920 ou 1950. Ces édifices, d'une simplicité cohérente,

Daniel Hudson Burnham : ***Flatiron,*** (Fer à repasser) (Fuller Building) New York, 1902.

Le gratte-ciel de Broadway, édifié sur un terrain à angle aigu, en forme de fer à repasser (d'où son nom), est un exemple extrême d'utilisation optimum d'une surface limitée.

D. Adler et L. H. Sullivan : ***Guaranty Building,*** Buffalo, New York, 1894-95 (à gauche) ; D. H. Burnham et J. W. Root : Reliance Building, avec des fenêtres dites de Chicago, en encoignure, Chicago, 1890-95 (au milieu) ; L. H. Sullivan : Carson Pirie Scott, Chicago 1899-1906 (à droite)

LES GRATTE-CIEL

Il fallut quelques années à Chicago pour se remettre de l'incendie qui l'anéantit en 1871. Les premiers plans pour un centre moderne d'affaires furent présentés par des ingénieurs et les découvertes techniques en fournissant le cadre, ils se ressemblaient tous. Entre-temps, les armatures en fer avaient été perfectionnées et on avait découvert de nouveaux systèmes de fondements en maçonnerie. La nouvelle ville de Chicago se dressait régulièrement, bloc après bloc (un immeuble de 8 à 9 étages était déjà considéré comme gratte-ciel). L'ininflammabilité des bâtiments était le seul critère commun à toutes les constructions. Puis, l'invention de l'ascenseur électrique, du téléphone et du pneumatique firent enfin des gratte-ciel la révolution du siècle. Une fois le problème de la hauteur résolu, les étages supérieurs furent revalorisés et furent d'un seul coup occupés par les plus luxueuses des « bonnes adresses ». Les deux architectes de Chicago, Adler et Sullivan, l'un technicien et expert comptable, l'autre visionnaire et l'un des principaux acteurs du renouvellement de l'architecture internationale des années 1890, se complétaient à merveille. Ces années-là, les volumes comptaient beaucoup. Les décors parcimonieux et les grandes surfaces vitrées de Sullivan donnèrent aux bâtiments une nouvelle apparence. Comme on peut le lire dans ses traités théoriques, il structurait les bâtiments selon le modèle de la colonne classique, avec base, fût et chapiteau. La base était réservée aux magasins, le fût aux bureaux ou aux habitations et le chapiteau à la technique assurant le fonctionnement du bâtiment. Le théoricien Emilio Cecchi décrit la façade, d'apparence froide et dépouillée des gratte-ciel en ces termes : « Le gratte-ciel n'est pas une symphonie composée avec des lignes, des volumes, des surfaces et des ouvertures, des poussées et des tractions, mais une opération arythmétique, une multiplication ». L'architecture de l'école de Chicago fut précurseur du « Nouveau Monde ».

conçus en fonction des exigences fonctionnelles et des matériaux, firent de Chicago, au tournant du XXe siècle, la ville la plus moderne du monde, sutout dans le quartier commerçant de la ville, le « Loop ». Cette architecture de buildings fut appelée « École de Chicago », bien qu'elle n'ait tout d'abord pas fait école. L'un de ses principaux représentants, Daniel H. Burnham, « trahit » sa modernité en faisant un retour à un néo-classicisme d'approche plus facile, comme le montre la façade qu'il conçut pour l'immeuble dit « Flatiron » (« Fer à repasser »), à New York.

Un homme et
un art nouveaux

LA PREMIÈRE MOITIÉ DU XXe SIÈCLE

1900-1945

LA RECHERCHE DE NOUVELLES FORMES 1890-1925

Retour à la nature

L'industrialisation entraîna des bouleversements économiques, techniques et sociaux. Dans les pays développés, une fraction importante de la population rurale avait abandonné le secteur agricole et rejoint les villes pour travailler dans l'industrie. Les conditions de vie y étaient très précaires. Les ouvriers vivaient à l'étroit dans des blocs d'immeubles souvent mal entretenus, les propriétaires ne cherchaient que le rapport. L'insuffisance des installations sanitaires (eau courante, toilettes, sans parler de salles de bains), le manque de luminosité et d'aération des appartements contribuaient à l'extension des « maladies des pauvres », rachitisme et tuberculose. Ces lotissements, construits selon les lois du profit et non en fonction de critères sociaux ou d'hygiène, traversés par de longues rues désolées et sans verdure, étaient réservés à ceux qui ne pouvaient rien s'offrir de mieux, c'est-à-dire aux ouvriers.

La première réaction à cette misère fut, au début du XXe siècle, un mouvement de « retour à la nature ». L'hostilité envers les villes industrielles modernes ne toucha pas que la classe ouvrière. Parmi les couches plus favorisées, nombreux étaient ceux qui se sentaient écrasés par le rythme du progrès technique, les changements sociaux trop rapides et le recul de la nature. Parallèlement à l'expansion urbaine, la nature s'était éloignée à une distance telle qu'elle n'était plus accessible que le dimanche. La « réforme de la qualité de vie » fut placée au centre d'un débat public, qui se traduisit, par exemple en Allemagne, par des mouvements de jeunesse comme le « Wandervogel » ou l'essor de l'anthroposophie, une doctrine fondée par Rudolf Steiner visant à remettre l'évolution de l'homme en harmonie avec l'univers, ou par l'apparition d'une nouvelle mode qui permit aux femmes de se libérer du corset.

Pour les architectes et les artistes qui voulaient échapper à un historicisme sclérosé, l'étude de la nature était séduisante. On retrouva des formes végétales et fluides à travers des motifs comme les branchages, les cours d'eau ou les longues chevelures féminines ondulées. En Allemagne, cet « art nouveau » fut baptisé Jugendstil, du nom du magazine « Jugend » (« Jeunesse »), fondé en 1896 pour propager un renouveau de la pensée auprès de la jeunesse. En

1900 Exposition universelle et jeux olympiques de Paris. Un corps expéditionnaire occidental mate la révolte des « Boxers » nationalistes et xénophobes en Chine.

1901 Theodore Roosevelt est élu président des États Unis.

1902 Léon Trotski s'évade de Sibérie où il était déporté et se rend à Londres.

1903 Premier vol des frères Wright à bord d'un aéroplane équipé de deux hélices et d'un moteur à explosion.

1905 Erich Heckel, Ernst Ludwig Kirchner et Karl Schmidt-Rottluff fondent le groupe d'artistes expressionnistes allemands « Die Brücke ».

1910 Igor Stravinski compose son ballet L'Oiseau de feu.

1912 Le Titanic coule.

1913 Le poète et philosophe hindou Rabindranath Tagore reçoit le prix Nobel de littérature.

1914 L'attentat contre François-Ferdinand de Habsbourg, précipite le conflit de 1914-1918. Henri Ford commence la production à la chaîne du modèle T.

1917 La révolution d'octobre en Russie met fin à la domination des tsars. Lénine, Trotski et Staline fondent l'Union soviétique.

1919 Proclamation de la République de Weimar en Allemagne. Début de la prohibition aux USA.

1920 Mary Wigman ouvre à Dresde son école de danse et fonde la danse d'expression.

1921 Découverte de l'insuline comme remède contre le diabète. Arturo Toscanini devient directeur de la Scala de Milan.

1926 Première du film de Fritz Lang Metropolis. Premier succès de la présentation de la télévision à Londres.

1927 Premier vol non-stop de Charles Lindbergh au-dessus de l'Atlantique.

1928 Tchang Kaï-Chek réunifie la Chine. Découverte de la pénicilline par le microbiologiste A. Fleming.

1929 Effondrement de la bourse de New York : « Vendredi noir ».

1935 Lois racistes de Nuremberg contre les Juifs d'Allemagne.

1937 Picasso réagit au bombardement de Guernica par les fascistes en peignant Guernica.

1939 1er septembre. Des troupes allemandes attaquent la Pologne. Début de la Seconde Guerre mondiale.

1940 Découverte de la grotte de Lascaux. Charlie Chaplin joue le rôle du personnage principal dans Le Dictateur.

1941 Entrée du Japon dans la guerre avec l'attaque sur Pearl Harbour.

1945 Capitulation de l'Allemagne. Les Américains lancent la bombe atomique sur Hiroshima et Nagasaki. À l'université de Pensylvanie, est construit le premier ordinateur numérique électronique.

Le modèle T de Ford, production à Detroit, photographie de 1913.

Autriche, le mouvement s'exprima à travers le style dit de la « Sécession » viennoise, en rupture avec l'art et le langage formel du passé. En Italie, ce fut le « Stile Liberty », d'après le grand magasin londonien dont les étoffes exportées symbolisaient le renouveau. En Grande-Bretagne, on l'appela « Modern Style », en Belgique et en France Art Nouveau. Il est caractérisé par l'individualisation poussée des formes, qui portaient la marque personnelle des artistes qui les créaient. Limité à des applications décoratives, l'Art Nouveau rappelait l'historicisme, mais il contenait déjà en germe le besoin moderne d'associer forme, matériau et fonction.

Dans ce mouvement, qui revêtit des formes régionales et nationales variées, l'Art Nouveau espagnol, le « Modernismo », est dominé par l'architecte catalan Antonio Gaudí. Loin de se limiter à décorer les surfaces, il considérait les bâtiments comme des œuvres complètes, en trois dimensions, qu'il sculptait littéralement. Il modelait ses façades comme des parois rocheuses, les fenêtres comme des entrées de cavernes, les toits comme des récifs coralliens couverts de mosaïques abstraites faites de morceaux de verre ou de terre cuite. On lui demanda, en 1883, d'achever l'église néo-gothique de La Sagrada Familia, à Barcelone. Il en donna une interprétation très personnelle, mêlant au gothique des éléments mauresques, mais ne parvint pas à l'achever avant sa mort, en 1926. Il croyait en une architecture « totale » et individualiste. S'écartant des conceptions traditionnelles des espaces architecturaux, il les remplaça par une distribution totalement nouvelle et progressiste des espaces. Il utilisa pourtant des techniques vieillies, comme les épais revêtements de maçonnerie dissimulant les ossatures d'acier. Le traitement artisanal de chacun de ses bâtiments, où il veillait au moindre détail, ou de ses appartements de luxe, comme la Casa Battló ou la Casa Milá, où il ne laissa plus un mur ni un angle droit, n'étaient assurément pas une solution pour résoudre la crise du logement, l'une des principales tâches de l'architecture du XXe siècle.

Propriétés et effets des matériaux

Plus importantes que les formes concrètes de l'Art Nouveau furent son esprit et son approche théorique, qui en firent dans de nombreux pays le point de départ d'une architecture moderne. Il y eut d'abord, avec le soulignement de la linéarité, un retour à une dynamique architecturale qui s'était exprimée pour la dernière fois à travers les formes élancées du Gothique. L'éclectisme historique, lui, avait été lourd, massif et statique. Ces formes fluides, mouvementées, gracieuses et légères, suggérées, étaient en harmonie avec l'accélération due aux nouveaux moyens de transport (chemin de fer, automobile, aviation), de communication (téléphone, télégraphie sans fil) ou même des images (cinéma). Plus important encore le respect des matériaux dont firent preuve les représentants de l'Art Nouveau. Au lieu de les « violenter » et de les masquer, ils devaient être traités et mis en valeur en fonction de leur nature. L'effet esthétique et décoratif devait être autant rendu par le matériau que par la construction ou sa fonction. Henry van de Velde, peintre, dessinateur et architecte, écrivait en 1902 : « Il me semble que la fonction architecturale de l'ornement est double. D'une part, soutenir la construction et en souligner les moyens, d'autre part animer par des jeux d'ombres et de lumière les espaces à l'éclairage trop uni-

Antonio Gaudí y Cornet : *Casa Batlló,* Barcelone, transformation 1905-1907

Même le plan de la Casa Batlló, transformée par Gaudí, rappelle un réseau cellulaire végétal. Le mouvement dynamique qui courbe les encoignures en douceur et fait des gibbosités dans les murs se poursuit dans les poignées de porte, dans les lampes et dans les cadres, car Gaudí en dessina aussi le mobilier. Le revêtement de céramique de couleur de la façade brille somptueusement au soleil. Le toit rappelle la carapace d'un dragon et les masques aux balcons font pencher la maison toute entière, comme si elle s'abaissait pour saluer avec dignité le Passeig de Gràcia, la grande avenue des demeures de la bourgeoisie catalane. C'est de l'architecture-sculpture.

Victor Horta : ***Musée Horta,*** escalier, Bruxelles, 1899

Victor Horta eut peu avant le tournant du siècle une influence considérable sur l'architecture belge après qu'il eût créé pour l'industriel Tassel un bâtiment pouvant être classé sans équivoque parmi les tout premiers immeubles d'habitation européens Art Nouveau. Sa propre maison d'habitation, servant aujourd'hui de musée dans la Rue Américaine à Bruxelles, fournit un autre exemple de la virtuosité de l'architecte qui fit de la nécessité une vertu et développa à partir de l'étroitesse des terrains à bâtir de la ville de Bruxelles, une transparence et une légèreté faisant montre à l'extérieur de la généreuse distribution interne. Il façonna le moindre détail de construction selon une esthétique propre au matériau. L'escalier illustre l'évolution des formes ornementales à partir de nouvelles solutions de construction.

forme. Je suis convaincu qu'on peut, avec de tels procédés, créer de nouveaux ornements architectoniques qui suivent pas à pas les objectifs ainsi que les moyens et les éléments de la construction. »

La fluidité des tracés s'obtenait parfaitement bien avec le fer que l'on pouvait ployer, rassembler en faisceaux ou en gerbes conformément à sa spécificité. Les bouches de métro conçues par Hector Guimard pour l'inauguration du métropolitain parisien en 1900 en sont un célèbre exemple. Le fer était en usage depuis longtemps, mais il était resté jusque-là caché derrière la pierre, le stuc ou le bois, tout comme le béton qui, du reste, ne s'affirma que très lentement. On l'utilisa ainsi pour la première fois dans l'aménagement des espaces intérieurs, comme dans la cage d'escalier révolutionnaire de la maison Tassel de Victor Horta, à Bruxelles (1893). La structure du bâtiment constituait désormais le point de départ du décor. Sur les bâtiments les plus modernes, l'ossature de fer ou d'acier transparaissait même en façade, avant de se fondre dans le réseau de montants et de poutres des étages, dans lequel s'inséraient de grandes surfaces vitrées.

En dehors de l'école de Chicago, demeurée sans retombées en Europe, cette « architecture d'ingénieurs », avait été réservée aux ponts, serres, bibliothèques, halls de gare, d'usine ou d'exposition, jugés indignes de la « grande » architecture. Cette attitude changeait, tout comme la séparation traditionnelle entre arts appliqués et beaux-arts avait tendance à s'effacer. « Ce qui n'est pas utile ne peut pas être beau », avait déclaré l'un des architectes de l'Art Nouveau, Otto Wagner, auteur de la Caisse d'épargne de Vienne (achevée en 1906), l'un des bâtiments les plus modernes de son époque. Les architectes touchaient désormais à tous les domaines. Rien, lampe, fauteuil ou salière, n'était assez banal pour qu'ils ne s'y intéressent pas. Là s'exprima pour la première fois une volonté qui traversa toute l'architecture moderne. Il ne s'agissait pas seulement de réformer le décor ou la conception d'une maison, mais d'une véritable « reconstruction » du monde. On était persuadé d'en détenir les moyens techniques. D'autre part, le concept de spécificité physique et expressive du matériau renouait avec le programme du mouvement « Arts and Crafts » du XIXe siècle. Contrairement à son porte-parole, William Morris, mort en 1896, architectes et designers progressistes du début du XXe siècle n'étaient plus hostiles aux machines. Ils reconnaissaient qu'il était vain de rêver du Moyen Âge, de considérer la technologie comme la mère de tous les maux et de vouloir tout produire artisanalement. Qui voulait transformer le monde devait concevoir des plans adaptés aux machines, seules capables de produire suffisamment et à prix assez bas pour la majorité de la population.

En Allemagne, des artistes et des artisans, des experts et des entrepreneurs modernes se regroupèrent, persuadés que des produits de grande qualité, soutenus par les spécialistes, se vendraient le mieux et seraient plus utiles économiquement. Ils fondèrent en 1907 le « Deutscher Werkbund », qui donna naissance à de nombreuses associations similaires, désireuses de diffuser la « bonne forme » pour des meubles, des outils et même des maisons. Du moment que les formes étaient adaptées au matériau et à la fonctionnalité de l'objet, elles étaient authentiques, et donc bonnes et belles. Pour propager ses idées et ses produits, le Werkbund organisa des expositions, dont les plus importantes - à cause des bâtiments présentés - furent celles de Cologne en 1914 et de Stuttgart en 1927, pour laquelle Ludwig Mies van der Rohe conçut un quartier expérimental d'habitations permanentes, la Weißenhof Siedlung.

L'ornementation est-elle un crime ?

Hector Guimard : *une Bouche de métro,* Paris, 1900

L'industrialisation et l'exode rural intensifia au tournant du XXe siècle, le flux de la circulation des grandes villes. Avec ses bouches de métro, l'architecte et artiste Hector Guimard avait trouvé le parfait symbole de la nouvelle mobilité. Le dynamisme de la circulation, dévié sous terre, culminait dans les grilles du métro et ses toits en verre. Les formes florales des lampes vertes émergeant des pavés, conciliaient le monde de la technique qui commençait à dominer le quotidien, et un brin de regret de la nature. Les formes voluptueuses en fonte, presque exotiques, enflaient et déferlaient contre les façades de pierre figées. L'intégration de l'écriture dans les cadres en fer annonçait en même temps la venue de la publicité dans le lieu public.

Adolf Loos : *Immeuble d'habitation et de bureaux Goldmann & Salatsch*, Vienne, 1909-1911

Le refus radical de l'ornement dans les essais polémiques d'Adolf Loos trouva une expression logique dans la sobriété de ses bâtiments. La maison en coin Goldmann & Salatsch est déterminée par des structures claires : les deux étages inférieurs destinés aux petits commerces se distinguent des autres par un recouvrement de la façade en marbre et une hauteur d'étages qui diffère des autres. De simples colonnes soutiennent le rythme des rangées de fenêtres lisses percées dans les murs blancs. Cette réduction du langage formel était engendrée par le sens de la responsabilité sociale. Loos qui avait voyagé pendant trois ans aux États-Unis était contre le gaspillage des ressources spatiales, exigües dans les villes. Son idée de la planification de l'espace s'adaptait aux mouvements et aux besoins de l'homme. Cette pensée anthropomorphe en fit un précurseur du rationalisme.

Mais, en peu de temps, le langage formel de l'Art Nouveau se figea, sa vogue disparut aussi vite qu'une mode éphémère. Dès avant la Première Guerre mondiale, il fut tourné en dérision et méprisé par les milieux artistes et le public et ne retrouva une certaine faveur que dans les années 1970, avec le début de la vague nostalgique.

L'Autrichien Adolf Loos, précurseur du modernisme, avait qualifié en 1908 dans un article incendiaire l'ornementation de « crime », dénonçant l'ornementation comme un crime. Les éléments décoratifs ouvragés sont plus coûteux à fabriquer que les éléments simples, sans qu'ils puissent pour autant être vendus plus chers, si bien que les artisans ne reçoivent que des salaires de misère. En outre, il soulignait que les goûts changeaient si vite que les produits passaient de mode à peine acquis : « L'ornementation est criminelle en ce sens qu'elle ruine la santé de l'homme, le patrimoine national et son développement culturel ». Puis : « Nous aurons bientôt dépassé l'ornementation et le temps est proche où nous pourrons nous en passer. Bientôt, les rues des villes resplendiront comme des murs blancs ! » La prophétie de Loos était juste. Ses édifices aux formes simples et aux façades lisses, comme la Maison Goldmann & Salatsch à Vienne, étaient une provocation. À une époque où façades et intérieurs étaient surchargés d'ornements, le mur nu réprésentait déjà une conquête salutaire.

Les cités-jardins

Le grand ensemble le plus ambitieux réalisé avant la Première Guerre mondiale, la cité-jardin d'Hellerau près de Dresde, de Richard Riemerschmid, était proche par sa conception du Werkbund. L'idée des cités-jardins était apparue en Grande-Bretagne, le premier pays industrialisé, qui resta longtemps la première puissance industrielle du monde et souffrit plus qu'ailleurs des conséquences sociales du progrès économique. Publié en 1898, le « Demain : une solution pacifique pour la réforme urbaine » de Ebenezer Howard présentait le programme des cités-jardins, appliqué dès 1903-1904 pour les chantiers de Letchworth, dirigés par les architectes Barry Parker et de Raymond Unwin. L'idée d'Howard était qu'une coopérative achète suffisamment de terrain pour loger trente mille personnes et reste propriétaire des sols de manière à éviter tout risque de spéculation. Groupées autour d'un parc central, les maisons, à un ou deux étages et jardin individuel, s'alignaient le long de petites rues bordées d'arbres. On devait trouver sur places commerces et lieux de travail et, à proximité, des fermes livrant des produits frais, ce qui permettait d'allier les avantages de la ville et de la campagne. Les cités-jardins ne purent préserver longtemps leur indépendance. Les premières, à l'allure romantique de petites villes ou de villages, cédèrent vite à des grands ensembles d'habitation situés en périphérie des villes. Avec le développement de l'automobile, ces banlieues, indépendantes des gares, purent s'étendre à l'infini. Le « dégagement » et la « mise au vert » des villes, mots d'ordre des planificateurs modernes, commença avec les cités-jardins.

En Allemagne, on ne voulait pas se contenter d'une simple amélioration des conditions d'habitat. À l'origine de Hellerau se trouvait un entrepreneur ouvert aux idées modernes, dont la manufacture de meubles

Peter Behrens : *AEG Turbinenhalle,* Berlin, 1908-1909

Peter Behrens bâtit pour la firme AEG, en plein quartier ouvrier de Wedding, à Berlin, connu pour ses « casernes » d'habitation obscures et étroites, cette usine, haute et claire, contrastant fort avec les fabriques précédentes du konzern électrique, d'aspect médiéval et presque angoissants avec leurs hauts murs à créneaux. La construction du Hall des Turbines par Behrens fut le départ d'une ère baignée de lumière. Les produits de AEG devaient y contribuer. L'amincissement et l'affinement des volumes de construction et la transparence des armatures faisaient d'une part ressortir les éléments de construction et ennoblissaient d'autre part tout le bâtiment. Car de loin, avec ses supports se profilant comme des piliers sur la façade vitrée et son fronton, orné du logo de la firme, le bâtiment a l'air d'un temple. Pour l'artiste et architecte Behrens, l'art et l'industrie ne s'opposaient pas. Il les rapprocha non seulement dans les plans des usines mais aussi dans la forme des produits.

« Deutsche Werkstätten » devait former le cœur économique de la cité. Ici, le souci de « réformer » les modes de vie, de promouvoir l'harmonie sociale et une existence proche de la nature était plus affirmé encore que chez Howard. Rien d'étonnant donc à ce que le remarquable centre culturel du complexe, conçu par Heinrich Tessenow, le « Théâtre des festivals » (« Festspielhaus »), ait aussi abrité une école de gymnastique rythmique.

L'expressionnisme et les débuts du rationalisme

Autant Hellerau matérialisait le versant social du projet du Werkbund, autant l'architecte Peter Behrens, l'un des fondateurs de l'association, représentait - du moins dans les premières années - l'archétype de l'artiste universel. D'abord peintre, il s'était ensuite consacré aux arts appliqués avant d'être appelé en 1900 à Darmstadt, où il travailla dans la colonie d'artistes de Mathildenhöhe, le centre de l'architecture Art Nouveau (« Jugendstil ») en Allemagne. Devenu en 1907 conseiller artistique de la firme d'équipement électrique AEG, il créa toute son image de marque, du papier à lettre au logo, des ateliers à l'ensemble de la production de lampes et d'appareils électroménagers, s'attelant avant l'heure à ce que l'on appelle aujourd'hui la « Corporate Identity ». Sa « Turbinenhalle » (Hall des Turbines), à Berlin, marque un tournant de l'architecture moderne. Renonçant à un revêtement historique archaïsant, c'est la première usine dont le volume monumental résulte de la structure même de la construction. L'ossature, qui émerge sur les côtés sous forme de piliers et donne au fronton de la façade principale son contour anguleux, dégage à l'intérieur un hall spacieux et lumineux sans piliers porteurs.

Behrens joua à d'autres égards un rôle important. Deux des plus éminents architectes du XXe siècle, Ludwig Mies van der Rohe et Charles-Édouard Jeanneret, dit Le Corbusier, tous deux autodidactes, commencèrent à travailler dans son agence dans les années 1910.

Dès 1911, Walter Gropius, autre éminent élève de Behrens à cette époque, poussa encore plus loin l'expérience de Turbinenfabrik de AEG. La tendance de Behrens à une certaine monumentalité et au néo-classicisme avait fait de son Hall des Turbines un temple industriel. L'usine Fagus, première œuvre importante de Gropius en collaboration avec Adolf Meyer, ne porte plus aucun des éléments solennels issus de la symbolique classique : frontons, piliers et angles massifs - d'ailleurs isolés de toute fonctionnalité chez Behrens. Elle se distingue par son aspect concret et sobre. C'est un cube transparent et léger qui paraît fait de verre. Dans le Hall des Turbines, les grandes baies

FUTURISME ET CONSTRUCTIVISME

A l'aube du XXe siècle, non seulement les intellectuels mirent leurs espoirs dans le nouveau monde, mais on croyait en général que le progrès technique, l'esprit nouveau et les modifications des sociétés amèneraient un âge nouveau et des hommes renouvelés. Cet enthousiasme produisit dans le domaine de l'architecture des résultats remarquables dans deux pays dont le développement politique et industriel était plutôt resté en retrait des autres : l'Italie et la Russie. En Italie naquirent un style, une pensée et tout un programme qui se nommaient futurisme (mot italien dérivé du latin. Le

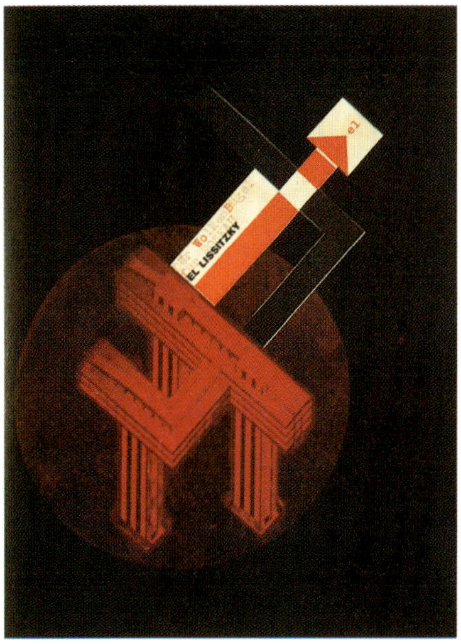

El Lissitzky : ***Projet de gratte-ciel constructiviste Wolkenbügel pour la porte Nikitskije,*** Moscou, 1923-26

« Manifeste du futurisme », publié en 1909 par Filippo Tommaso Marinetti, thématise le problème des rythmes, du danger et de la violence de l'âge industriel, se plaint de l'omniprésence de l'héritage artistique de l'Antiquité ressenti comme fardeau et appelle à la destruction du monde surrané. On glorifie donc la guerre, « seule mesure saine pour le monde » et « les hauts idéaux, pour lesquels il vaut la peine de mourir ». Une phrase célèbre du manifeste dit : « Une voiture de course à la carrosserie ornée de gros tubes semblables à des serpents crachant le feu (...) ; un bolide vrombissant est d'une plus grande beauté que la Victoire de Samothrace«. En architecture, les futuristes, en tête de file Antonio Sant'Elia, tombé en 1916, à l'âge de 28 ans, mais aussi Virgilio Marchi, se préoccupèrent avant tout de constructions servant à la technique ou à la circulation, donc bien de nouvelles tâches nées de la révolution industrielle, et qui servirent à la célébrer : des centrales électriques, des gares, des aéroports et bien sûr aussi des villes entières privilégiant la démultiplication de l'espace, avec accumulations d'immeubles colossaux, des successions et superpositions de voies de circulation automobile. Dans leur planification urbaine, les futuristes se montrèrent cependant plus ouverts que l'avant-garde d'autres pays et respectèrent le chaos des métropoles. Ces projets d'édifices titanesques, aux rythmes dynamiques qui fendaient l'air ne furent toutefois réalisés que ça et là. Ils étaient trop en avance sur leur temps, tant par leur coût qu'esthétiquement. Mais autant ne réalisait-on pas ou peu les projets des futuristes, autant leurs manifestes proliféraient. Leurs discours enflammés et leurs utopies pénétrèrent jusqu'en Russie, débouchant là-bas dans le constructivisme qui ne tarda pas à s'affirmer, semblable au futurisme en ce qu'il s'enthousiasma, lui aussi, pour les infinies possibilités offertes en apparence aux architectes grâce aux nouvelles techniques. Le cubisme et le suprématisme, fondé par Kasimir Malevitsch, influencèrent les futuristes. Le suprématisme privilégiait les formes abstraites et géométriques en peinture, pour en arriver à l'art des formes constructives et absolues. Le constructivisme dans le domaine architectural fut diffusé en Allemagne, par El Lissitzky, un artiste aux multiples talents qui lui apporta une contribution de premier ordre. Il fut en 1922 parmi les organisateurs de la première exposition d'art russe à Berlin et contribua notamment à ce que le constructivisme influença De Stijl et le Bauhaus. Appliqués à l'architecture, les principes constructivistes signifiaient l'élévation droite ou oblique dans l'espace littéralement fendu par une rythmique dynamique de croissance, des articulations posées sans transition les unes sur les autres ou juxtaposées, une réorganisation spatiale réduite à un langage formel minimum et aux couleurs primaires, dérobée au matériau et le dévoilant, l'exhibant par de grandes surfaces vitrées. Les projets les plus célèbres furent le monument de Tatlin en 1919 pour la IIIe Internationale, une sculpture architecturale mobile qui devait servir à l'organisation mondiale communiste d'immeuble de bureaux et de palais des congrès ; la tribune d'orateur conçue par El Lissitzky en 1920-24 pour Lénine, un support à colombages d'acier s'élevant en oblique au-dessus des masses à convaincre ; et ses gratte-ciel « Wolkenbügel » esquissés autour de 1925. Avec ses dessins de nouveaux univers d'objets, dits les « Proun », des combinaisons libres et amusantes de corps géométriques et de surfaces de différentes structures et couleurs, El Lissitzky donna de nouvelles impulsions à l'architecture moderne. Parmi les

Vladimir Tatline : ***Projet pour la IIIe Internationale,*** Moscou, 1919

quelques rares édifices réalisés, se trouvent le bureau moscovite de la Leningradskaïa Pravda à Moscou (projet des frères Vesnine, 1923) et le Mausolée de Lénine, dont le projet date de 1924 mais réalisé seulement en 1930 sur la Place rouge à Moscou. (A. Sstuschussew). Que les utopistes avec leur esthétique et leur plastique radicale se soient sentis fortement attirés par les idéologies politiques radicales se conçoit aisément. Les répercussions furent beaucoup plus néfastes pour les constructivistes aux tendances communistes que pour les futuristes italiens liés au fascisme de leur pays. Adhérant aux premiers dogmes des Bolchevistes nouvellement au pouvoir, ils se virent très vite exposés aux attaques permanentes, puis complètement bannis, à la montée de Staline au milieu des années vingt, qui avait déjà amené un raidissement de la situation politique. Les idées du constructivisme laissèrent tout de même leur empreinte : le club des ouvriers municipaux de Golosov (Moscou, 1927-29), avec son alternance de maçonnerie et de verre, de formes rondes et de formes rectangulaires d'une extrême clarté pourrait avoir été construit dans les années 1990.

Alexander, Leonid et Viktor Vesnine : ***Projet de participation au concours du Palais des Soviets,*** Moscou, 1933 (non réalisé)

Fritz Höger : *Chilehaus,* Hambourg, 1922-1923

Le coin de rue formé par la pointe élancée de la Chilehaus paraît colossal. Avec les ogives des façades au rez-de-chaussée, le réseau de nervures de voûte au-dessus de l'entrée et les ornements de la brique, Höger cite, ici, l'architecture gothique en brique du nord de l'Allemagne. Le gigantesque complexe, bâti autour de trois cours intérieures, abritait des cellules de travail juxtaposées, comme à la chaîne. Son expression pathétique engloutissait l'individu pour l'incorporer au chœur des employés assidus.

vitrées semblaient tendues entre les supports. Dans l'usine Fagus, le verre et les éléments de structure se fondent. Cette « dématérialisation » de la structure, sa réduction à l'extrême en volumes stéréométriques et l'équilibre entre lignes verticales et horizontales annoncent déjà le fonctionnalisme.

Mais alors, c'est encore l'expressionnisme qui mobilise l'intérêt des architectes. Construction, matériau et fonction du bâtiment sont relégués au second plan, derrière la volonté expressive personnelle de l'artiste. C'étaient sa pensée, ses intentions, ses sentiments, son regard sur le monde qui donnaient forme et volume aux bâtiments. L'architecture expressionniste se manifesta notamment dans le Nord de l'Allemagne, aux Pays-bas et en Scandinavie, où les façades traditionnelles étaient en brique rouge non crépie. Avec ses ornements en lignes brisées, ses corniches saillantes, ses lésènes et ses pilastres, l'expressionnisme y trouva un terrain d'élection. Les larges baies vitrées, souvent à croisillons multiples peints en blanc, contrastaient vivement sur la brique.

L'un des exemples les plus monumentaux en est sûrement la Chilehaus (Hambourg) de Fritz Höger. Ce grand immeuble de bureaux doté de 2 800 fenêtres identiques possède des détails qui se répètent au moins aussi souvent. Pour les façades, Höger utilisa des briques de rebut industriel, obtenant pour un prix dérisoire une décoration de qualité artisanale aux surfaces rugueuses et vibrantes, composées de multiples détails. Pour Höger, sa Chilehaus représentait « un tournant de l'architecture allemande, le contraire de l'éclectisme historique, mais avant tout une victoire sur la Nouvelle Objectivité. Elle est gothique et dynamique, libérée de la pesanteur terrestre. Oui, elle est gothique bien qu'elle n'ait pas la moindre ogive. Sa principale dimension est l'horizontale : elle pointe vers le lointain, mais elle est aussi dressée, victorieuse d'une époque lamentable. »

Cette emphase est caractéristique de l'époque. L'activité architecturale s'était interrompue depuis la Première Guerre mondiale. La Chilehaus ne put être réalisée, en pleine période d'inflation galopante, que parce que son promoteur finançait la construction avec les dollars - monnaie stable - d'une fortune faite au Chili - d'où le nom du bâtiment.

Les architectes de l'avant-garde, désœuvrés, déployaient leur imagination sur le papier, esquissant des visions hardies pour la société future. Ils s'associaient en groupes variés : « Comité de travail pour l'art », « Chaîne de verre » ou « l'Anneau ». Même Behrens, Gropius et Mies van der

Walter Gropius et Adolf Meyer : *Usine Fagus,* Alfeld/Leine, 1910-14

Pour les jeunes architectes Gropius et Meyer, cette commande d'usine représentait une chance inouïe de pouvoir réaliser, pour ce bâtiment de la maison-mère de Fagus, une architecture ouverte, douée d'un corps à la fois compact et transparent, grâce aux matériaux modernes du verre et de l'acier, ressentis par leurs contemporains comme « inanimés » (Gropius) et incorporels. La substitution presque totale des murs par le verre n'avait été jusque-là expérimentée que pour les grands halls. Le duo innova également en privilégiant la transparence, obtenue par des murs-rideaux en verre reliés par une mince structure de briques claires, donnant un rythme vertical à la façade.Il y avait là des innovations sensationnelles telles que la suppression des poteaux d'angle et la disposition de la structure en saillie, qui s'opposaient aux idées reçues sur la stabilité. L'impression de fragilité et de légèreté de l'escalier est accentuée par le mur de l'entrée, articulé de fines rainures. L'usine Fagus annonce l'usine modèle créée par Gropius et Meyer pour l'exposition du Werkbund en 1914 à Cologne.

Erich Mendelsohn : *Grand magasin Schocken à Stuttgart,* esquisses, 1926-28; *la Tour-Observatoire d'Einstein,* Potsdam, 1920-21

ERICH MENDELSOHN

La tour-observatoire d'Einstein émerge de la terre comme les superstructures d'un sous-marin au sortir des eaux. Comme un périscope, les miroirs captent la lumière solaire et la guident dans les laboratoires souterrains. L'entrée ressemble à une caverne happant le visiteur avec ses larges bras. Les fenêtres sont profondément ancrées dans des renflements incurvés. La tour de Potsdam était déjà considérée par ses contemporains comme un chef-d'œuvre de l'architecture expressionniste. Bien que ses contours en souplesse eussent reposé sur un soubassement en maçonnerie enveloppé d'un manteau de ciment, il se présentait comme un point d'exclamation dans l'espace, symbolisant le « matériau de nos intentions formelles » comme Mendelsohn appelait le béton armé. Il avait eu ses premières visions d'avenir dans les tranchées au front russe. Il en fit des esquisses dans l'espoir de les voir se réaliser aussitôt la guerre finie. Ses projets dynamiques et hardis semblaient sortis du néant. Les missions architecturales de l'industrie, avec ses silos, ses fours, ses hangars pour avions, représentèrent pour lui un défi. Il était très réaliste quant au rapport fonction-esthétique : « L'économie, l'industrie, le trafic placent les architectes devant des tâches dont la réalité représente quatre-vingt-dix-neuf pour cent de la réalisation. Le reste est intuition, et c'est ce un pour cent qui fait du matériau une œuvre. «
Les conférences tenues par Mendelsohn étaient empreintes de la même euphorie constructrice que ses esquisses : « Saisissez l'occasion, osez, construisez, prenez les mesures du globe ! - Mais formez le monde qui vous attend. - Formez-en la réalité et les fonctions avec le dynamisme de votre sang, illuminez-les d'une supersensualité dynamique - aussi simplement et avec la même assurance qu'une machine, avec autant de clarté et d'audace que la construction. « L'architecte se considérait comme le créateur d'un nouvel ordre.

Rohe ne purent échapper à ces influences expressionnistes.

Compte tenu de la préférence qu'il accordait aux volumes stéréométriques, le ralentissement du style expressionniste montra après quelques années à quel point sa frontière avec le rationalisme était ténue. Une évolution visible dans la tour-observatoire d'Einstein à Potsdam, conçue par Erich Mendelsohn comme une sculpture en béton mais réalisée en brique crépie pour des raisons techniques. Mendelsohn trouva peu après de nouveaux moyens d'exprimer sa dynamique architecturale en l'appuyant directement sur la fonctionnalité d'une maison. La ligne mouvementée de ses constructions n'était pas aussi lourde et archaïque que chez Gaudí, elle n'était pas issue d'un décor apposé, comme dans l'Art Nouveau, mais de la juxtaposition audacieuse des volumes, unis par des bandes fluides de baies vitrées, par des escaliers ronds en saillie et des courbes dérivées de la forme du terrain.

STYLE INTERNATIONAL OU RATIONALISME 1920-1945

Une rupture radicale avec le passé

« Abolir le volume naturel, éliminer tout ce qui gêne la pure expression artistique, l'ultime conséquence de la notion d'art », expliquait le groupe néerlandais « de Stijl » (« le Style »), fondé en 1917, dans son premier manifeste. Ce désir de « réalité pure », hostile à la nature et irréductible, fit naître des

Gerrit Th. Rietveld : ***Maison Schröder,*** Utrecht, 1924

La célébrité de Gerrit Rietveld, menuisier et architecte, repose sur sa « rood-blauwe stoel » (la chaise rouge-bleu). Grâce à la distribution de surfaces colorées de bois équarris et de lattes s'entrecroisant dans tous les sens, on avait l'impression d'être face à la transposition sculpturale d'études abstraites de Piet Mondrian. Dans ses écrits théoriques, Mondrian espérait que le façonnement de la « réalité palpable de notre environnement puisse remplacer l'objet d'art ». Le garant de ce processus semblait être la décomposition du visible dans un langage abstrait et géométrique qui rende possible la recherche d'un équilibre entre les éléments. Avec la maison Schröder, qu'il construisit avec l'architecte-décoratrice Truus Schröder, Rietvelt touchait déjà du doigt le rêve de Mondrian de « vivre dans une réalité devenue art ». Les surfaces de maçonnerie font penser à un mobile suspendu, composé de balcons, d'avant-toits et de balustrades, exécutant une danse. La maison Schröder demeura une exception car les conditions économiques et techniques de production n'étaient pas en mesure de fournir l'impression visuelle d'un système modulaire flexible.

compositions comme celle de Piet Mondrian faites de rectangles de rouge, jaune, bleu et blanc, séparés par de grosses lignes noires. La maison Schröder, à Utrecht, de Gerrit Thomas Rietveld, est l'une des œuvres les plus importantes de ce style. Menuisier et ébéniste, Rietveld avait réalisé en 1917 une chaise célèbre, composée d'éléments géométriques simples. Sa maison Schröder était déjà proche du rationalisme, qui se répandit très rapidement. En rupture totale avec le passé, la modernité exigeait des formes esthétiques renouvelées, dépourvues d'éléments pittoresques, associatifs ou historicisants. On parlait de « nouvelle construction », de « fonctionnalisme » et de « nouvelle objectivité ». Dans les années 1930, la notion de « style international » s'ajouta au rationalisme, qui s'était largement répandu dans le monde. L'architecture s'uniformisait au même rythme que la culture, suivant l'évolution des moyens de communication modernes.

Le Bauhaus

Le Bauhaus, une école d'art révolutionnaire, fut fondé en 1919 à Weimar selon les conceptions de son directeur, Walter Gropius. Il devint l'école d'architecture, de design et de pédagogie artistique la plus influente du XXe siècle. Le Bauhaus, où nombre d'artistes contemporains parmi les plus importants enseignèrent, évoquait, par son nom, les ateliers des corporations du Moyen Âge (« Bauhütten »). Le Bauhaus se proposait de réunir autour d'une création commune l'art et l'artisanat, la théorie et la pratique pour aboutir à des édifices conçus comme œuvres d'art totales (« Gesamtkunstwerk »). Il lui fallut d'abord transposer les anciennes valeurs artisanales aux techniques de la production industrielle. Suivant les thèses du Deutscher Werkbund, les produits devaient obéir à des critères liés au matériau et à la fonctionnalité, mais aussi et surtout être aptes à être produits industriels et aussi pratiques à utiliser, « fonctionnels », que possible.

J.J. Oud, cofondateur de la revue « de Stijl » et architecte de la ville de Rotterdam, fournit avec l'ensemble de Kiefhoek et les logements ouvriers de Hoek van Holland d'exceptionnels exemples de construction rationaliste. Il exigeait en 1921 pour l'architecture « une tension esthétique qui s'exprime dans le rythme, dans l'équilibre du complexe fait d'éléments liés s'influençant réciproquement, chacun soutenant l'objectif esthétique de l'autre sans que rien ne puisse être ajouté ou enlevé. Chaque partie doit si bien répondre aux autres par sa position et ses dimensions que la moindre modification détruirait l'équilibre d'ensemble. Pour compenser l'absence de cet équilibre, l'architecture actuelle utilise l'ornement. Une architecture sans ornements exige une pureté aussi grande que possible de la composition architectonique ». Sans tomber dans un « rationalisme décharné », elle doit être « objective » et pourtant « élevée », « déployer le charme du matériau cultivé, de la transparence du verre, des couleurs vives et lumineuses, de la brillance de l'acier, etc. », si bien qu'elle « dépassera, en éliminant tout ce qui est superflu, la pureté classique ».

Pour l'architecture allemande, néerlandaise et tchèque, la Nouvelle Objectivité signifiait clarté des formes, pureté des surfaces et, donc, linéarité, angles droits, formes épurées, lisses et élémentaires, telles que produites par les machines. La forme des toits, qui devaient être plats, déclencha une querelle d'une virulence inouïe.

Les constructions étaient généralement des parallélépipèdes crépis en blanc. Des architectes comme Bruno Taut et Le Corbusier appréciaient les constrastes colorés, pour

J. J. P. Oud : ***Maisons alignées jumelées,*** Hoek van Holland, 1924

À la recherche d'un « habitat populaire décent, valable pour tous et de distribution généreuse », J. J. P. Oud fait une interprétation positive de la dilatation de l'espace réalisée par « De Stijl ». Des socles jaunes, des marches rouges brique aux entrées, des stores rayés et des portes bleues égaient il est vrai les bandes de maçonnerie des maisons alignées à deux étages dans la banlieue de Hoek van Holland. Mais Oud souligne moins la dilatation des bâtiments dans l'espace que leur cohérence. Les appartements, reliés par les balustrades des balcons donnent l'impression de défiler devant les yeux comme derrière une vitre de train en marche, sans s'épuiser dans la monotonie. Les bouts arrondis parfont la forme.

faire ressortir certains éléments, comme les balcons ou les escaliers, sur les façades. Cette technique soulignait la répartition des volumes, dans une « asymétrie équilibrée » remplaçant la symétrie qui avait régné durant des siècles. Caractéristiques également, les larges bandes de baies vitrées s'étendant sur toute la largeur des façades qui, avec leurs murs-rideaux et leurs supports, semblaient flotter au-dessus du sol. La structure en acier ou en béton armé, permettant une réduction extrême des éléments porteurs, était utilisée systématiquement et visible de l'extérieur. Là aussi, fonction et contruction devaient former une unité.

Le bâtiment du Bauhaus à Dessau, conçu par Gropius, en est un excellent exemple. Le complexe est composé de trois corps de bâtiment principaux correspondant à ses principales fonctions. La façade de l'aile des ateliers, où la lumière est nécessaire, est constituée d'un mur-rideau vitré. Le bâtiment des cours est pourvu de bandes vitrées, tandis que dans les logements des étudiants, l'accent est mis sur l'individualité : chambres, fenêtres et balcons forment de petits modules. L'administration, installée dans une passerelle enjambant une rue, relie les différents bâtiments.

Il serait erroné de penser que la forme d'un bâtiment fonctionnel va de soi. La main de l'artiste est et sera toujours indispensable à l'organisation de l'espace, sa créativité nécessaire pour trouver la forme évidente, claire, simple et adaptée à l'usage prévu. Comme l'écrivait l'historien d'art Fritz Baumgart : « Il n'est pas sorcier de répéter

Walter Gropius : ***Bauhaus,*** Dessau, 1925-1926

Dessau fut le premier lieu où l'école du Bauhaus put, à côté de l'apprentissage théorique, réaliser son programme pratique de constructions. La « Preller-Haus », dans laquelle étaient aménagés des studios pour les étudiants, faisait également partie de l'école et du bâtiment des ateliers au célèbre mur-rideau en verre. Les petits balcons, avec leurs parapets en fer, se détachent sur le bloc, et transmettent à l'extérieur la division en petites unités de logements. Après le complexe scolaire, Gropius fit le plan des maisons d'habitations des maîtres du Bauhaus, composées de cubes à angles vifs. Dans les maisons alignées de deux étages du lotissement Törten, il expérimenta avec des éléments préfabriqués et montés à la chaîne sur le chantier. Des pergolas de Hannes Meyer, successeur de Gropius à la direction du Bauhaus, délimitent l'ensemble. Seul l'examen exact de l'évolution technique et sociale permettait aux artistes du Bauhaus de répondre à ces exigences de construction, de fabrication et d'utilisation d'aussi multiples façons.

Bruno Taut et Martin Wagner : *le Fer à Cheval,* Berlin-Britz, 1925-1931 (prise de vue de 1931 : l'extérieur n'était pas encore aménagé)

La première impulsion pour la forme du fer à cheval fut, pour l'architecte Bruno Taut, le souci de conserver dans son cadre naturel l'étang au centre du lotissement de Britz, à la périphérie de Berlin. « L'agencement de l'espace et de sa dimension par rapport au soleil, au vent exerce une grande influence sur les sentiments de bien-être, de contemplation, de calme, d'harmonie et d'intimité. » écrivait Taut. Les alignements de maisons monofamiliales et de petits jardins qui rayonnent du centre sont fermés par une ligne d'immeubles. Taut, qui cherchait à allier le fonctionnel, le flux organique et la forme symbolique, ouvrit la voie, avec cette structure fermée, à la communauté du lotissement coopératif.

Bruno Taut et Martin Wagner : *le Fer à Cheval,* Vue de l'extérieur d'une maison avec façade en couleur, caractéristique du lotissement.

à l'infini un schéma d'immeuble de bureaux une fois qu'il a été construit ».

Construction mécanisée et grands ensembles

Dès son origine, le rationalisme s'exposait au danger d'une répétition excessive de son répertoire formel, d'ailleurs en partie souhaitable pour les architectes rationalistes des années 1920, au moment où la rationalisation focalise l'intérêt. On était convaincu qu'un mode de production efficient, aussi mécanisé que possible, mettrait bonheur et richesse à la portée de tous. Durant cette décennie, seule une construction fortement rationalisée pouvait remédier à la crise du logement consécutive à la paralysie de la construction après la guerre, à la crise économique et à l'afflux des réfugiés chassés de chez eux par le nouveau découpage de l'Europe.

L'utilisation de pièces préfabriquées et de produits de série, d'éléments de construction standardisés était devenue prioritaire. Des bâtiments et des quartiers entiers furent construits en série. Le Corbusier, l'architecte et urbaniste moderne le plus influent, élabora dès 1914 son système « Dom-Ino » permettant de compléter une structure standardisée avec des éléments de construction (murs, fenêtres, portes) choisis sur catalogue. Jusqu'en 1922, il développa sa maison « Citrohan », allusion à la production automobile industrielle rationalisée de Citroën.

Mais c'est Ernst May, conseiller à l'urbanisme de Francfort-sur-le-Main de 1924 à 1930, qui alla le plus loin dans la « construction mécanisée » de logements avant la Seconde Guerre mondiale. Dès 1926, une usine fabriqua des éléments de construction pour des cités entières, comme celle de Römerstadt (1928-1930). Francfort s'était donné dix ans pour résoudre la crise du logement. Berlin avait entrepris de timides tentatives de couler sur le chantier même des dalles de la taille d'un mur, mais la « dalle normalisée » de Francfort mesurait déjà 3 m de long, 1,10 m de haut et 20 cm d'épaisseur. Une nouveauté révolutionnaire, la « cuisine de Francfort », créée par Grete Schütte-Lihotzky, permit de doter les logements d'une cuisine intégrée. Une évolution nécessaire, les cuisines ayant pour des raisons de coût tellement rapetissé que les vieux meubles massifs n'y rentraient plus. Le nouveau mobilier n'avait pas seulement été conçu rationnellement et pour économiser de la place, mais aussi pour faciliter les travail des femmes - majoritairement en charge des travaux ménagers - afin qu'il leur reste plus de temps libre ou pour l'exercice d'une profession.

Malgré les économies réalisées, les nouveaux logements demeuraient inabordables pour les ouvriers et insuffisants en nombre pour compenser l'afflux permanent de population dans les villes. On réussit quand même à construire à Berlin, deuxième centre du bâtiment après Francfort sous la République de Weimar, 100 000 logements subventionnés par l'État entre 1924, début d'une stabilisation économique relative et 1931, où presque tous les programmes de construction de logements furent stoppés par la Grande Dépression. Comme à Francfort-sur-le-Main, on construisit, tout en tenant compte de l'exposition, des rangées parallèles de maisons perpendiculaires aux rues plutôt que des blocs les longeant. L'espace compris entre les rangées était suffisant pour des plantations. Ce principe des rangées n'empêcha pas l'élaboration de projets formels ambitieux, comme l'immeuble en fer à cheval de Bruno Taut et Martin Wagner, responsable de l'urbanisme à Berlin.

En Autriche, notamment à Vienne, on opta pour d'énormes immeubles à cour intérieure plantée, comme le Karl-Marx-Hof, long de

Karl Ehn : ***Karl-Marx-Hof,*** Vienne, 1927-1929

Entre 1919 et 1934, la municipalité social-démocrate de Vienne s'investit dans un vaste programme de construction. Grâce à des impôts prélevés sur les produits de luxe, comme le champagne, sur les servantes, les automobiles et à un impôt progressif sur la construction de logements, 64 000 appartements purent être financés. Le loyer pour ces surfaces de 40 m² en moyenne devait seulement couvrir les frais d'administration et d'entretien. Le Karl-Marx-Hof, qui comprend 1 300 appartements et des terrains de jeu, des jardins d'enfants, des buanderies, un dispensaire, une bibliothèque, un bureau de poste et des magasins, devint le symbole des constructions municipales de la « Vienne rouge ». Composée de 25 millions de briques, on lui dédia un chant ouvrier : « Petite brique toute rouge bâtit le nouveau monde. « Le vaste complexe fut rénové au début des années 1990.

plus d'un kilomètre. Cette architecture avait aussi pour but de renforcer le sens de la collectivité dans ces « superblocs ». Un objectif rempli, puisqu'ils furent appelés plus tard les « citadelles rouges ».

Un bonheur planifié

La construction de logements de cette ampleur était un nouveau défi pour les architectes et les promoteurs. En Allemagne et en Autriche, les commanditaires étaient les communes, directement ou par l'intermédiaire de sociétés municipales ou d'associations syndicales subventionnées.

Ces lotissements n'étaient qu'un avant-goût de l'urbanisme tel qu'il allait se développer. Les architectes ne se limitaient plus, comme autrefois, à créer des projets de complexes urbains significatifs. Tel un objet utilitaire, la ville était considérée sous une optique rationnelle et scientifique. La plupart des architectes, très solidaires et de sensibilité de gauche, se considéraient comme des artistes à responsabilité sociale. On croyait à la planification du bonheur, à l'intervention de l'État qui, avec les fondements scientifiques indispensables, donnerait naissance à un monde meilleur. Là comme ailleurs, on voyait le salut dans un changement radical, là comme ailleurs ce fut un échec.

Le Corbusier devint le chef de file des Modernes, en particulier à travers la revue d'avant-garde « L'Esprit nouveau », son livre « Vers une architecture » et plusieurs projets urbains. Il se référait à la conception de la « cité industrielle », dont l'architecte français Tony Garnier avait donné en 1917 le plan détaillé. On y trouve une description minutieuse d'une cité industrielle de 35 000 habitants, précisant l'utilisation des espaces, la gestion économique, autonome, la forme de tous les bâtiments, qui devaient pour l'essentiel être fabriqués industriellement.

Le Corbusier exerça une grande influence sur les Congrès internationaux de l'architecture moderne, les CIAM, dont il avait été cofondateur en 1928 et qui se réunirent onze fois jusqu'en 1959. Le deuxième congrès, en 1933, publia la Charte d'Athènes, à laquelle la plupart des architectes européens se référèrent jusque dans les années 1970. Elle prônait une dissociation de la ville, qui n'était plus depuis longtemps cet organisme clair centré autour de la place du marché, de l'église et de la mairie. Au fur et à mesure de leur expansion, les métropoles s'étaient étendues et dissoutes en agglomérations reliées par de grands axes de circulation. Désormais la ville devait être structurée selon ses fonctions : logement, administration, production, commerce et loisirs. La mise en pratique de cette conception, après la Seconde Guerre mondiale, montra cependant qu'en bouleversant l'ordonnance « chaotique » et « naturelle » des villes, des quartiers entiers se dépeuplaient et disparaissaient, détruits physiquement.

Des plans ouverts pour des sociétés ouvertes

Le plan ouvert est caractéristique de l'habi-

Grete Schütte-Lihotzky : ***Cuisine de Francfort,*** v. 1925

Cette cuisine de 6,5 m² devint le prototype de toutes les cuisines modernes.

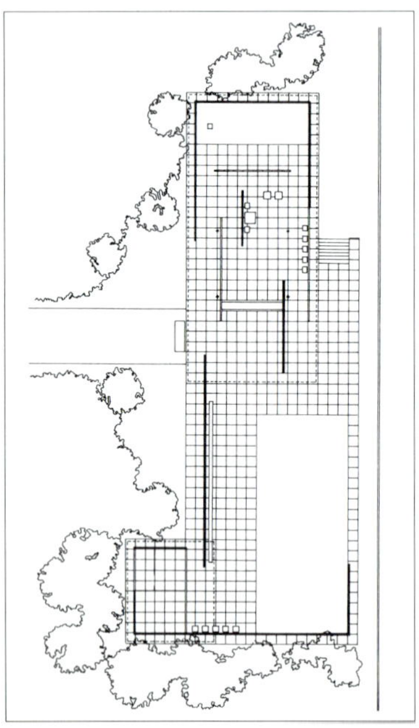

Ludwig Mies van der Rohe : ***Pavillon allemand de l'Exposition universelle de Barcelone,*** 1929

Le pavillon de Barcelone est un poème dédié à l'architecture. Il fait transparaître à quel point Mies van der Rohe maîtrisait le langage architectural. Des tranches de maçonnerie en marbre rouge et en onyx reluisant se glissent sous les plaques de recouvrement en plan libre soutenues par des piliers en acier chromé, dans un langage formel abstrait et une interpénétration harmonieuse des espaces. Le jeu de réflexion de la lumière entre les pierres polies et les métaux bascule à l'horizontale sur deux bassins. Le pavillon, provisoirement installé pour l'exposition universelle, ne tarda pas à devenir légendaire, symbolisant la clarté des formes du rationalisme. Depuis sa reconstruction, il incite, par la disposition spacieuse et rythmée de l'espace interne, à la méditation, l'espace n'étant qu'architecture à l'état pur, dépourvu de toute utilité.

tat du rationalisme. Au lieu des « boîtes » fermées, il préconise les pièces ouvertes aux limites variables, que l'ossature métallique, qui n'a pas besoin de murs porteurs, rendait possibles. L'espace, « fluidifié », se prolongeait dans une ville dégagée des alignements en rues-corridors, où la répartition des masses bâties était libre. Selon la Charte d'Athènes « l'alignement des habitations le long des voies de communication doit être interdit ».

Une proclamation conforme au célèbre mot d'ordre qui réclamait : « de la lumière, de l'air et du soleil ». Le Corbusier s'était ainsi fait l'apôtre, dès 1926, des « maisons sur pilotis » : « Les pièces sont ainsi à l'abri de l'humidité, elle ont de l'air et de la lumière. Le terrain resté entièrement voué au jardin, qui se poursuit sous la maison ». L'utilisation des toits plats comme jardins permettait « aux villes de récupérer l'espace bâti ». Le rationalisme tablait sur ce qui était radicalement neuf et nu, sur une élégance froide, illustrés par le pavillon allemand réalisé par Mies van der Rohe pour l'exposition universelle de Barcelone en 1929. Peu après, l'architecte, devenu directeur du Bauhaus en 1930, appliqua cette configuration à un immeuble d'habitation, la maison Tugendhat de Brünn.

Le plan ouvert des espaces intérieur et extérieur correspond à la position de l'homme dans le monde moderne : les visions rigides du monde, les modèles de société où chaque individu a une place fixe sont révolus. Les bâtiments ne présentent plus d'angle d'observation privilégié. Le bâtiment du Bauhaus, de Gropius, ne possède aucune « façade » particulière. L'édifice offre de toutes parts des points de vue différents. Tout ceci n'est rien d'autre qu'une expression du pluralisme.

Contre-mouvements

L'historicisme avait engendré des intérieurs clos, suffocants et surchargés, à dominance sombre, avec une ornementation débordante sur les meubles comme sur les façades. L'Art Nouveau était encore teinté d'une touche ludique et romantique. À l'époque politiquement et socialement précaire des années 1920-1930, les gens voulaient se retrouver, au moins chez eux, dans une atmosphère intime et confortable et non dans une « machine à habiter ». On continua donc à construire sur le mode traditionnel, en revêtant les bâtiments modernes d'éléments anciens. Le « style du pays », inspiré des spécificités de l'art populaire local, connut une certaine faveur, surtout dans les cités-jardins ou les campagnes, dont l'aspect architectural devait être conservé ou, dans le meilleur des cas, prudemment développé.

En Allemagne, les questions d'esthétique devinrent l'enjeu d'un violent débat national. En 1925, la droite força le Bauhaus à quitter Weimar pour Dessau, avant de le contraindre à fermer, en 1932. Reprises à Berlin, ses activités cessèrent complètement avec l'arrivée au pouvoir du national-socialisme, qui ne voyait dans l'école qu'une incarnation du « bolchevisme culturel ». Hostiles à l'architecture, à l'art et au monde modernes, les nazis promettaient pourtant à leurs partisans l'avènement d'un « Empire millénaire ».

L'architecture nazie se référait à l'Antiquité, simplifiant à l'extrême une tendance néoclassique latente depuis le tournant du siècle. Elle produisit d'énormes bâtiments allongés, recouverts de plaques de calcaire, strictement symétriques, avec des rez-de-chaussée « rustiques », d'énormes avant-corps et des alignements sans fin de hauts piliers et fenêtres, destinés à intimider en matérialisant une froide volonté de puissance.

On ne recherchait plus, comme l'architecture moderne, le dynamisme et l'éphémère, mais la stabilité et la durée, allant jusqu'à

Gruppo Toscano : ***Pavillon royal avec groupe en marbre L'Arno et la Valle (l'Arno et la vallée) à la gare,*** Florence, 1933

C'est le groupe d'architectes Baroni, Berardi, Gamberini, Guarnieri, Lusanna et Michelucci qui gagna le concours pour la gare de Florence qui avait suscité beaucoup d'agitation. Elle devait en effet être construite à côté de l'église Santa Maria Novella, un voisinage assez astreignant. Les architectes soumirent un projet d'un langage formel plus moderne et rationnel que classique et monumental, permettant la retenue qui s'imposait. La décision du jury en faveur de ce projet (contre des solutions de style traditionnel) marque le début d'une nouvelle architecture italienne moderne.

privilégier l'aspect « en ruines ». Hitler fit établir par son architecte, Albert Speer, des plans où le Parlement de Nuremberg est à moitié en ruines et envahi par la végétation. Les nazis appliquèrent les mêmes objectifs aux villes. Ce projet culmina dans les plans d'une reconstruction complète de Berlin, destinée à devenir la capitale du Reich sous le nom de « Germania ». L'« axe nord-sud », une gigantesque avenue d'apparat ornée d'un arc de triomphe dessiné par Hitler, devait relier la plus grande gare du monde au « Grand Hall », un édifice surmonté d'une coupole de 290 mètres de haut au faîte de laquelle devait trôner l'aigle nazi tenant le globe entre ses serres.

Les points de vue sociaux ne jouaient plus aucun rôle dans cette approche de la planification urbaine. Le seul objectif était de réaliser une grandiose mise en scène architectonique. La construction de logements publics, très peu active, tenait compte de l'éventualité d'une guerre. Certains plans montrent des séries de maisons où les cages d'escalier et une pièce attenante dans chaque logement servait d'abri antiaérien. Les dispositions légales pour les plans et la construction tenaient également compte des projets de guerre. L'utilisation de l'acier et du béton armé, réservés aux armes et aux bunkers, fut interdite dès le milieu des années trente.

Les nationaux-socialistes n'étaient pas les seuls partisans d'une lourdeur néo-classique. En Union soviétique, l'avant-garde artistique était déjà révolue en 1932, lorsque le pouvoir retint un projet monumental, proche de l'historicisme, pour le Palais des Soviets à Moscou. Les décennies suivantes furent dominées par de pompeux ensembles, appelés « palais ouvriers », dont l'architecture et la mise en scène res-

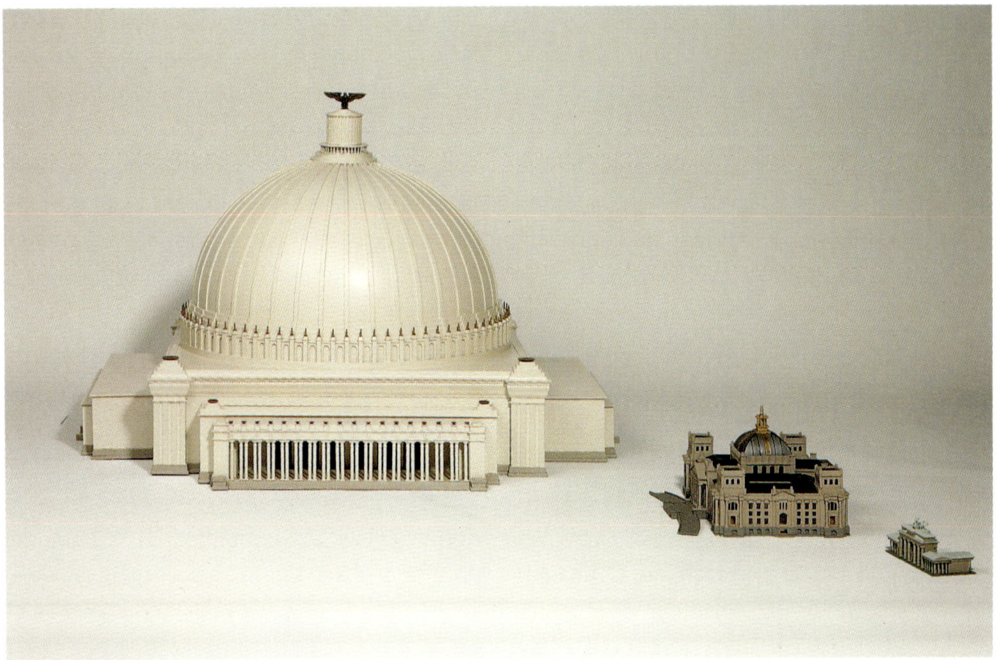

Albert Speer : ***Esquisse du « Grand Hall »,*** Berlin, v. 1940, modèle avec le Reichstag et la Porte de Brandebourg

Les projets de reconstruction de la ville de Berlin d'Albert Speer sont devenus synonymes de la mégalomanie politique des nationaux-socialistes. Les plans de reconstruction gigantesques dépassaient de beaucoup les ressources économiques. Speer, nommé en 1937 inspecteur général de la construction, et architecte officiel du régime, restructura le plan urbain, en planifiant sans scrupules la démolition de trames entières de rues. Le périphérique extérieur enveloppait une croix formée par un axe nord-sud et un axe est-ouest que devait couronner le « Grand Hall », à leur croisée. Sous sa coupole de 250 mètres de diamètre, elle aurait contenu de 150 à 180 000 personnes. Ces dimensions gigantesques réduisait l'homme à une masse anonyme éclipsant l'architecture existante de la ville - y compris le Reichstag et la Porte de Brandebourg.

Erik Gunnar Asplund : ***Bibliothèque municipale,*** Stockholm, 1920-1928

Le cylindre central de la bibliothèque municipale est entouré en fer à cheval de trois ailes cubiques à la toiture plate. Dans son néo-classicisme imaginatif, le Suédois Asplund montre à quel point l'architecture scandinave se trouva dès les années vingt sur la voie de la modernité.

semblaient à celle des nazis, avec toutefois des ornements plus pathétiques et archaïsants dits de style « pâtissier » .
L'Italie, dictature fasciste depuis 1922, adhéra par contre pleinement au purisme rationaliste, y compris même pour les bâtiments du parti. Le plus célèbre est la « Casa del fascio » de Côme, de Giuseppe Terragni (1936). Comme les usines Olivetti de Figini et Pollini à Ivrea, près de Turin, il s'agit d'un cube à large façade quadrillée, aux murs blancs et lisses et à toit plat qui rappelle extérieurement l'Unité d'Habitation (1947-1952) de Le Corbusier à Marseille. L'Italie avait connu une industrialisation tardive et les fascistes se considéraient comme un mouvement « moderne », proche du futurisme, un mouvement né en 1909 qui glorifiait l'ère industrielle, la mécanisation et l'accélération des rythmes. Leur chef de file, Marinetti, fut ministre des Chemins de fer sous Mussolini. Les fascistes italiens n'abandonnèrent le rationalisme qu'au milieu des années trente, lorsqu'ils se rapprochèrent idéologiquement des nazis.
Dans la Scandinavie libérale, les architectes cherchaient une synthèse entre l'architecture moderne et leurs traditions régionales. Le plus éminent d'entre eux, le Finlandais Alvar Aalto, reprochait à l'architecture rationaliste d'être trop marquée par un « fonctionnalisme technique » et pas assez par les besoins individuels de ceux qui utilisaient les constructions. En fonction de chaque projet, il fallait soigneusement étudier ces exigences particulières, l'incidence de la lumière dans une bibliothèque, par exemple, comme le fit l'architecte suédois Erik Gunnar Asplund à Stockolm. Pour Aalto, « le fonctionnalisme ne se justifie que s'il tient compte du domaine psychophysique, seul moyen d'humaniser l'architecture », une option longtemps négligée.

Le Mouvement moderne aux États-Unis

Puisant dans les styles européens du tournant du siècle, les architectes des États-Unis ne développèrent tout d'abord pas de nouvelles visions. On voit ainsi apparaître des constructions étonnamment proches de celles de Speer, comme le « Pentagone » (ministère de la Défense, 1941-1942). À Washington, le bâtiment de la Cour suprême, érigé en 1935 par Cass Gilbert et celui du ministère du Commerce, achevé en 1932, sont de style purement néo-classique. Dans les villes, l'Art Déco prédominait sur les gratte-ciel et les immeubles commerciaux. Né à la suite de l'Exposition des Arts Décoratifs Modernes de 1925 à Paris, d'où son nom, l'Art Déco, extrêmement populaire également en Europe, surtout dans l'architecture d'intérieur, mêlait l'élégance du rationalisme aux matériaux purs et nobles de Mies van der Rohe, dans un jeu de surfaces rectangulaires rappelant les œuvres du mouvement « de Stijl ». On y retrouvait aussi bien un penchant pour les formes aérodynamiques que des emprunts éclectiques à l'ornementation babylonienne ou de l'Égypte ancienne. Les formes froides, dépouillées et à angles droits de Mies van der Rohe, tout comme ses murs-rideaux, n'étaient pas assez monumentaux ou impressionnants pour séduire une architecture travaillant surtout pour le commerce. Les visions de l'École de Chicago, demeurée sans successeur notable aux USA, avaient été depuis longtemps oubliées. Même Frank Lloyd Wright, un élève de Sullivan qui avait connu un vif succès avant la Première Guerre mondiale avec ses « maisons de prairie » aux volumes ouverts, ne créa rien de significatif dans les années 1920.
Cette situation ne changea que lorsque de nombreux grands architectes européens durent s'expatrier pour des raisons politiques ou parce que l'Allemagne et l'Union soviétique, deux des principaux pays

d'avant-garde, étaient ouvertement hostiles à l'architecture moderne. L'un des premiers fut le Viennois Richard Neutra, dont la Lowell Beach House (1926) resta longtemps isolée sur le plan stylistique. Neutra travaillait dans l'agence de Frank Lloyd Wright, dont la maison sur la cascade, dite « Falling Water », doit beaucoup, avec son assemblage de blocs de béton asymétriques séparés par des bandeaux de fenêtres, à l'architecture européenne.
Ce fut également le bâtiment d'un Américain qui, d'un seul coup, poussa l'architecture moderne jusqu'à ses limites extrêmes - et pratiquement à son terme -, juste au moment où la nouvelle architecture l'emportait nettement dans la plupart des pays. Philip Johnson réduisit couleur, volume et matériau à leur plus simple expression et érigea en 1949 à New Canaan sa « Glass House ». Il s'était indicutablement inspiré du « Crown Hall » de Ludwig Mies van der Rohe, dont les plans existaient déjà et qui ne fut réalisé que plus tard à Chicago. Impossible d'être plus minimaliste que Johnson, dont la maison est faite d'un cadre d'acier noir d'une extrême finesse, de grandes baies vitrées remplaçant les murs, avec un simple cylindre en briques pour les installations. La négation des usages architecturaux en vigueur depuis des millénaires ne pouvait être poussée plus loin. Le défi posé à l'utilisateur d'un tel bâtiment était également extrême : pour la plupart, l'idée de devoir vivre dans une cage de verre reste insupportable.

Frank Lloyd Wright : ***Maison Edgar Kaufmann Jr., dite « Falling Water »,*** Pensylvanie (USA), 1935-39

Dans la maison Edgar Kaufmann Jr., dite « Falling Water », l'intégration de l'architecture dans la nature est, avec la pénétration de la nature dans l'architecture, l'une des préoccupations de Wright. Les dalles, formant cantilever, s'accrochent à un bloc de maçonnerie et au rocher audessus d'un torrent. Wright procède par différenciation en séparant successivement chacune des articulations une à une, en brisant le cube afin d'établir des plans horizontaux et d'accentuer la troisième dimension.

Philip Johnson : ***Glass House,*** New Canaan, Connecticut (USA), 1949

Dans sa « Glass House » Philip Johnson poussa l'immatérialité de l'architecture à l'extrême. Les parois de verre dont les contours cubiques ne se profilent qu'à travers une structure presque décharnée en acier, confèrent à l'espace verdoyant une grande transparence. Johnson avait d'abord travaillé comme directeur du département architecture du Museum of Modern Art à New York et propagé le style international dans ses livres et par des expositions, avant de commencer à étudier l'architecture en 1940 auprès de Walter Gropius et de Marcel Breuer, connu pour ses meubles en tube d'acier. Avec la Glass House, il marqua un point final dans la quête de perméabilité et de flexibilité du Mouvement moderne. Les structures avaient atteint un tel degré de perfection que la recherche dans ce sens pouvait se clore. Il réalisa ses projets suivants avec Mies van der Rohe. Dans les années soixante, il prit ses distances vis-à-vis du Mouvement moderne, polémisant contre ses principes.

Échec et révision du Mouvement moderne

LA SECONDE MOITIÉ DU XXE SIÈCLE

Depuis 1945

LE TRIOMPHE DE L'ARCHITECTURE MODERNE

L'architecture moderne synonyme de liberté

L'architecture moderne commença sa marche triomphale avec la fin de la Seconde Guerre mondiale. Un grand nombre de ses principaux représentants, poursuivis ou mis à l'écart en Europe, s'étaient réfugiés en Amérique. Épargnés par les destructions massives de la guerre, pays de l'espoir et de la liberté, les États-Unis étaient devenus la première puissance mondiale, avec un niveau de vie et un rayonnement culturel bien supérieur à ceux de l'Union soviétique, l'autre « superpuissance ».

L'Union soviétique de l'après-guerre, en plein stalinisme, développa un néo-classicisme proche de l'idéal prôné par l'Allemagne nazie. Sous prétexte qu'il était « formaliste », « cosmopolite » ou « anti-social », le style architectural de l'entre-deux-guerres, pourtant imprégné de principes socialistes, fut condamné en Union soviétique et dans ses États satellites.

En Occident, cette architecture monumentale et massive, historicisante, en bref « non-moderne », était déjà considérée comme surannée et liée aux idéologies totalitaires. Malgré quelques résistances régionales, pouvoirs publics et grandes entreprises favorisèrent par réaction presque exclusivement l'architecture moderne. Avec son vocabulaire formel et chromatique réduit à l'essentiel, sa transparence et sa légèreté, son dynamisme et son asymétrie, le rationalisme était devenu symbole de progrès, de liberté et de démocratie.

Le dernier directeur du Bauhaus, Ludwig Mies van der Rohe, émigré d'Allemagne aux États-Unis en 1938, avait conçu à Berlin au milieu des années 1920 un audacieux « Monument aux socialistes » fait de blocs superposés asymétriquement portant l'étoile, le marteau et la faucille. Aux États-Unis, il était devenu le principal architecte en matière d'immeubles d'affaires. De 1948 à 1951, il put matérialiser pour la première fois son projet d'un bâtiment entièrement enveloppé de verre, esquissé trente ans plus tôt lors d'un concours pour un immeuble près de la gare de Friedrichstraße à Berlin. Ses « Lake Shore Drive Apartments » sont formés de deux tours quadrangulaires perpendiculaires à armatures d'acier. Les facades sont recouvertes d'un mur-rideau (« curtain wall ») de verre composé de fenêtres identiques d'une hauteur égale à celle des étages. Tandis que la partie supérieure de l'édifice est verticalisée par les poutrelles en T standardisées qui séparent les fenêtres comme des « croisillons » et par les piliers d'acier apparents de la facade, les étages inférieurs ont une structure horizontale. Au rez-de-chaussée, les piliers sont à découvert, tandis que le hall d'entrée, entièrement en verre, est légère-

1946 Fondation de l'Organisation des Nations Unies (O.N.U.).

1949 Constitution de la République fédérale d'Allemagne et de la République démocratique d'Allemagne de part et d'autre de la ligne de démarcation des deux grands blocs.

1950-1953 Guerre opposant la Corée du Nord communiste et la Corée du Sud capitaliste, tranchée par les Grandes puissances.

1953 Insurrection ouvrière le 17 juin en RDA.

1956 Soulèvement anti-stalinien en Hongrie, violemment réprimé par les troupes soviétiques.

1957 Le premier satellite artificiel (Spoutnik) est mis en orbite autour de la Terre.

1959 Günter Grass écrit Le Tambour.

1962 Crise de Cuba : Kroutchev déclare à Kennedy qu'il renonce aux rampes de lancement de Cuba. Création du War Requiem de Benjamin Britten.

1963 Assassinat de J.F. Kennedy à Dallas.

1964 Première du film Mary Poppins de Robert Stevenson.

1965 Début de la révolution culturelle en Chine.

1966 Manifestation des étudiants dans les pays occidentaux contre la guerre du Viêt-nam.

1967 Guerre de Six Jours entre Israël, la Syrie, la Jordanie et l'Égypte.

1968 En Tchécoslovaquie, le Printemps de Prague est écrasé par les troupes du Pacte de Varsovie.

1969 Neil Armstrong et Edwin Aldrin sont les premiers hommes à poser le pied sur la lune.

1975 Fin de la guerre du Viêt-nam (commencée en 1963).

1979 Le Prix Nobel pour la paix est décerné à la religieuse catholique Mère Thérésa.

1985 Mikhail Gorbatchev, Secrétaire général du parti communiste, introduit la perestroïka en Union soviétique.

1989 Chute du mur de Berlin.

1990 Premières élections en Allemagne réunifiée.

1991 Dans la guerre du Golfe, victoire des troupes de l'O.N.U.

1994 Victoire de la majorité noire aux premières élections libres en Afrique du Sud.

1995 Christo et Jeanne-Claude emballent le Reichstag de Berlin.

Conférence de Potsdam (17 juillet - 2 août 1945) : Churchill, Truman et Staline au cours d'une pause.

« Un petit pas pour un homme mais un grand pas pour l'humanité » : Neil Armstrong sur la lune.

ment en retrait, soulignant la capacité des armatures de fer à soutenir des masses considérables grâce à quelques poutrelles.
Ce bâtiment est d'une modernité radicale. Son apparence est réduite à deux cubes posés sur la tranche. La façade, totalement privée de fonction portante, est réduite à un simple élément de verre, la composition, privée de tout décor, libère toute sa pureté formelle. « Less is more » (« moins est plus »), était l'une des formules préférées de Mies van der Rohe, qui répétait également : « Aussi simple que possible, coûte que coûte ». Il renonce à toute ornementation et même aux couleurs, à l'exception de celles, naturelles, du matériau. Ses formes sont réduites au strict minimum - lignes et angles droits. La structure des façades est rationnelle, uniquement déterminée par des éléments fonctionnels et constructifs. La trame visible est celle de l'armature et du montage des fenêtres. Seuls les stores et es rideaux placés derrière les fenêtres rompent l'uniformité du mur-rideau.
Avec le Seagram Building de New York, conçu avec Philip Johnson, Mies van der Rohe appliqua pour la première fois ses conceptions à un immeuble de bureaux. Avec un bâtiment plus haut et une surface au sol plus importante, il put remplacer la tour par un parallélépipède. L'armature apparente de la façade fut recouverte de bronze, le verre lui-même teinté bronze. Alors que l'aspect de la façade de l'immeuble du Lake Shore Drive était encore dépendant des rideaux et des stores, elle est ici unifiée et opaque.
Ce prisme, semblable à un gigantesque monolithe venu d'un autre monde, se dresse avec une élégance distante, altier, inabordable et souverain sur Park Avenue, à New York. Un effet que Mies van der Rohe a accentué en obtenant des autorités new-yorkaise que le bâtiment soit légèrement en retrait sur l'avenue. Sa façade rectiligne, non échelonnée, est ainsi mise en valeur par une petite place en granit ornée de deux bassins, bien entendus rectangulaires, placés de part et d'autre.

Ludwig Mies van der Rohe et Philip Johnson : ***Seagram Building,*** New York, 1954-1958

Toute la ville de New York se reflète dans le Seagram Building de Park Avenue, et pourtant ce gratte-ciel a l'air rébarbatif et ne communique pas avec le reste de la ville. La façade monochrome de bronze fabriquée sur mesure, avec ses fenêtres isothermiques teintées, est comme une mer d'huile réduisant optiquement la hauteur de l'édifice. Ce premier immeuble de bureaux de Mies van der Rohe, avec sa technique exemplaire et ses matériaux de luxe, fonda la renommée de l'architecte et procura du prestige à son propriétaire. L'esplanade, à l'entrée, donne à l'élégant gratte-ciel un contrepoids visuel allégeant son volume.

Une chance pour un nouveau départ

Inspirée par des éléments idéologiques, l'architecture des années 1920 avait aussi répondu en Occident à des contraintes économiques, notamment en matière de construction de logements. La Seconde Guerre mondiale, la plus dévastatrice que l'humanité ait connue, avait rasé quantité de villes d'Europe et d'Extrême-Orient. Tandis qu'auparavant l'enjeu architectural avait été l'amélioration sociale et sanitaire des conditions de vie dans les villes, il fallait désormais reloger d'urgence des millions de personnes. Pour les architectes et les urbanistes qui avaient rêvé de faire table rase du passé pour construire des villes nouvelles, c'était une chance. L'artillerie et les bombardiers s'en étaient chargés. Hans Scharoun parla même d'une « aération mécanique ». Les projets affluaient partout, proposant une reconstruction radicale des villes, incluant même la destruction des structures - rues et bâtiments - subsistantes. On était persuadé qu'après la guerre, tout serait différent et meilleur, et que le bonheur pouvait être planifié.

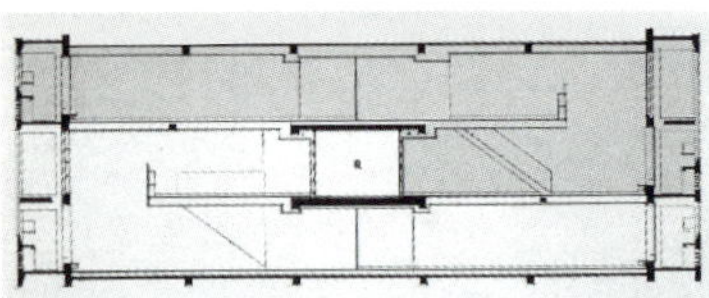

Le Corbusier : *Unité d'habitation,* Marseille, 1945-1952

Coupe transversale de trois étages d'une unité d'habitation.
Avec ses plans pour un système d'habitat collectif, Le Corbusier entendait se défendre d'une « folle » conception urbaine consistant à ne bâtir que des maisons mono-familiales et des villes sans visage. Il plaidait pour des gratte-ciel intégrés dans l'unité urbanistique, avec des fonctions et un site prédéterminés. Les services communs pouvant se calculer avec précision, le rêve de la cité-jardin pouvait être parallèlement réalisé : au pied de chaque gratte-ciel, il restait assez de place pour l'aménagement de vastes espaces verts. Sur le toit-terrasse de l'Unité se trouvent plusieurs locaux sportifs et une crèche. À l'intérieur de l'édifice, il y a des magasins, un médecin, une laverie etc. La coupe transversale montre deux appartements duplex emboîtés l'un dans l'autre et séparés par un couloir.

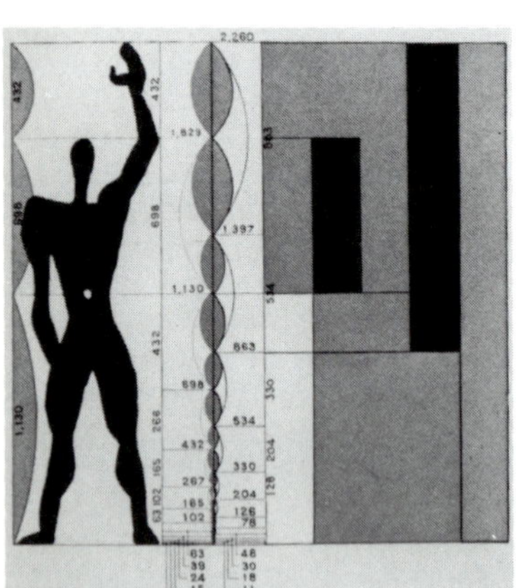

Le Corbusier : ***Modulor,*** étude de coordination modulaire fondée sur les mesures de l'homme et servant à établir les proportions de figures géométriques.

Le Corbusier, qui avait passé les années de guerre en France sous l'Occupation, eut l'occasion de réaliser enfin son rêve d' « unité d'habitation ». L'idée sous-jacente était que, face aux bouleversements modernes, l'habitat devait lui aussi subir une révolution. La construction des logements sur des surfaces plus réduites devait accroître l'espace disponible et conduire à une « collectivisation » plus poussée de l'habitat et des modes de vie. L'idée de la « machine à habiter » partait de la conviction qu'un monde artificiel planifié, structuré et organisé dans les moindres détails, était meilleur que l'univers naturel avec sa croissance arbitraire. Le Corbusier planifia donc jusqu'au moindre détail : avec son système de proportions « Modulor », fondé sur une taille moyenne d'un homme de 1,75 m et sur l'idéal classique du nombre d'or, il calcula que la hauteur optimale des pièces devait être de 2,26 m.

Dans l'énorme armature de béton armé de l'Unité de Marseille, les 337 appartements, parfois en duplex, sont emboîtés comme des bouteilles placées de chaque côté d'un casier à vin. À mi-hauteur, on trouve une rue commerçante sur deux étages qui traverse les 135 m du bâtiment, un jardin d'enfants, des salles polyvalentes, un restaurant, une laverie, un toit-jardin avec terrain de jeux et gymnase, ainsi que d'autres espaces de services collectifs. D'autres unités furent bâties à Nantes, Berlin et Brie-La-Forêt. L'unité d'habitation ne répondit toutefois qu'extérieurement au prototype des futurs logements de la reconstruction que le gouvernement français souhaitait trouver en passant commande à Le Corbusier. Ces énormes tranches de béton armé se répandirent rapidement hors de France, reprenant même les lourds pare-soleils de la façade marseillaise, destinés à protéger les appartements exposés au sud. L'utilisation de couleurs à l'intérieur des balcons et leur disposition asymétrique - pratiquée ultérieurement par Le Corbusier luimême - servaient à égayer la façade.

Comme Kenzo Tange au Japon, des architectes exportèrent le style de Le Corbusier dans le monde entier, sans que son vœu de voir l'Unité d'habitation servir de modèle aux autres ensembles de ce type soit exaucé. Malgré le nombre considérable de concours et de projets lancés alors, aucune ville d'Europe n'était prête à accepter un changement aussi radical. Il avait été trop tôt au moment où la crise du logement était aiguë, il fut trop tard quand la reconstruction, calquée sur les anciennes structures urbaines, fut déjà lancée. De plus, une distribution plus « généreuse » et plus aérée de l'espace au centre des villes aurait été financièrement insoutenable.

À part quelques villes le plus souvent moyennes lançant la construction de lotissements d'habitation, seuls les pays « en voie de développement » s'intéressèrent sérieusement aux immenses projets urbains de Le Corbusier. C'est ainsi qu'apparut après 1950 Chandigahr, la nouvelle capitale du Pendjab, prévue pour 500 000 habitants. Le Brésil, en plein essor économique, décida en 1957 de se doter d'une nouvelle capitale, Brasilia. Elle fut créée de toutes pièces dans une région très peu peuplée de l'intérieur du pays, sur un haut-plateau montagneux au climat tropical. Le site, inhospitalier mais situé géographiquement au centre du pays, avait été choisi selon des critères strictement rationnels. La ville, totalement conçue « sur une planche à dessin », répondait largement aux conceptions de Le Corbusier. Elle fut subdivisée fonctionnellement, séparant les zones réservées aux piétons de celles destinées aux transports : un univers neuf, totalement artificiel, dans le style austère et élégant de Mies van der Rohe, où les bâtiments sont séparés les uns des autres par de vastes espaces dégagés.

L'architecte brésilien Oscar Niemeyer, responsable de la planification et des grands édifices publics de Brasilia, ajouta à son strict rationalisme une composante symbolique. C'est ainsi que le plan de la ville reprit la forme d'un avion, exprimant la dynamique du progrès et l'avenir heureux où le Brésil se préparait à entrer. Sur la toiture plate du bâtiment du Congrès, la Chambre des députés est surmontée d'une coupe, le sénat d'une coupole - une coupe retournée. Entre les deux, une tour abritant les bureaux des députés s'élève à la verticale. La monumentalité du bâtiment est encore renforcée par sa position au centre d'un axe nord-sud long de six kilomètres, bordé d'édifices gouvernementaux et culturels. La Cour Suprême et le palais du Président sont implantés symboliquement à côté du Congrès, formant la place des « Trois-Pouvoirs ». Superbe, mais stérile et froide, Brasilia n'a jamais réussi à supplanter Rio de Janeiro, l'ancienne capitale où règnent un désordre et une animation sans pareils.

La fin de la foi dans le progrès

Après la construction du Seagram Building, d'innombrables entreprises voulurent, elles aussi, s'élever d'impressionnants buildings. Le monde des affaires avait besoin de son image de marque. Autour de 1960, le style architectural dépouillé à l'extrême et sévère de Mies van der Rohe était devenu dominant. Ce qu'il avait concrétisé pour la première fois trente ans plus tôt avec le pavillon allemand de l'exposition universelle de Barcelone était dorénavant copié par d'innombrables architectes. Dans le monde entier, on vit surgir de hautes boîtes de verre uniquement faites de lignes et d'angles droits, parées vers l'extérieur des seuls effets des matériaux naturels : métal chromé brillant ou anodisé et sombre, murs de briques brutes, bois et béton nus, pierre de taille polie ou avec son relief naturel. Ces édifices inspirés de Mies van der Rohe pouvaient être déclinés, grâce à la simplicité de leur construction en armature, sous forme de gratte-ciel du type Seagram Building ou de bâtiments plats du type « Crown Hall » de l'« Illinois Institute of Technology » de Chicago, construit en 1956, avec sa grande salle sans supports. Des agences entières d'architectes se spécialisèrent dans ce style. L'une des plus connues était celle de Skidmore, Owings et Merill, qui avait déjà édifié un bâtiment de ce type en 1952, la Lever House, à New York, et qui conçut dans les années 1970 la Sears Tower, à Chicago, le plus haut building du monde.

Cette époque était caractérisée par une exigence d'« immatérialité » et de mise en évidence des qualités propres des matériaux. Comme Le Corbusier l'avait déjà fait dans les années 1920, on plaçait par exemple les bâtiments sur des pilotis, faisant apparaître au-dessous, voire au milieu d'eux, des « étages aériens ». Les escaliers aux supports d'acier ou de béton armé semblaient porter des marches en équilibre instable, les châssis de fenêtres étaient très minces, les fenêtres elle-mêmes étaient souvent « basculantes », pivotant sur un axe vertical ou horizontal. Les portes étaient faites de grandes vitres sans châssis sur lesquelles on appliquait directement charnières, serrure et poignée : tout devait paraître léger, transparent et simple.

Mais, bien souvent, on se contenta de construire vite et à bon marché des « boîtes » qui avaient superficiellement une allure moderne. Là où Mies van der Rohe avait utilisé des matériaux précieux comme l'onyx et le marbre, on trouvait des imitations en feuilles plastifiées, collées sur des panneaux d'aggloméré. Derrière les façades, on ne trouvait pas de grands espaces ouverts mais des pièces minuscules. Ces constructions à bon marché se retrouvaient surtout dans les commandes publiques de logements, aux budgets très réduits. Les pionniers de l'architecture moderne avaient rêvé de maisons qui devaient non seulement fonctionner comme des machines, mais aussi être produites par

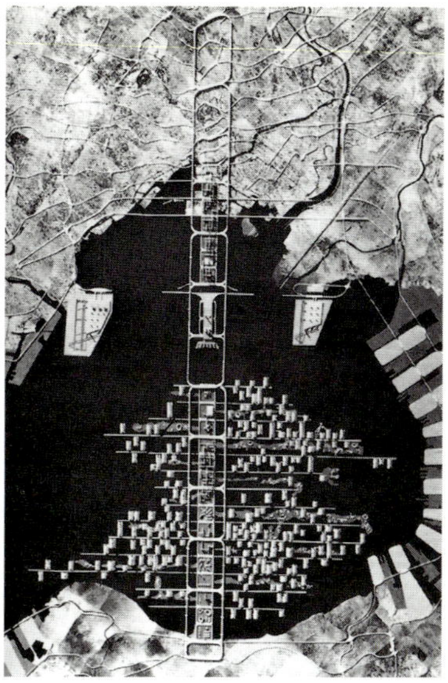

Kenzo Tange : *Plan urbain pour la baie de Tokyo,* 1960

La croissance rapide de Tokyo est à l'origine du plan de Tange, qui prévoit l'expansion de la ville le long d'un axe rectiligne qui, partant de la terre ferme, s'étend sur toute la largeur de la baie. La circulation d'enfer lui donna l'idée de prévoir également des voies express, avec un réseau intégré d'unités d'habitation. La baie de Tokyo fait partie d'une série de projets de jeunes architectes : Dans sa « Sea City », K. Kituake prévoyait des unités d'habitation cylindriques pour 3000 habitants. Dans la « Helix City » de K. Kurokawa, des axes de circulation se cabrent comme des nervures de béton, reliés par des cellules d'habitation tendues entre eux comme dans une toile d'araignée. Ces constructions utopiques proviennent d'une quête des architectes d'un système souple armant le pays pour toutes éventualités.

Oscar Niemeyer : *Chambre des députés, Sénat et bâtiment administratif sur la « Place-des-Trois-Pouvoirs »,* Brasilia, 1957-1964

La « Place-des-Trois-Pouvoirs » est un collage surréaliste, le jeu de cubes de l'architecture révolutionnaire. Vue sur un plan, Brasilia demeure toutefois autant imprégnée de symbolisme que de rationalisme. Pour la fondation de la nouvelle capitale dans un paysage de montagne vierge, les urbanistes n'eurent pas d'histoire ou d'historique de la ville à respecter. Le langage formel universel de l'architecte brésilien Oskar Niemeyer accentue cette impression qu'ici, l'histoire commence et ne pose aucune condition. La coquille de La Chambre des députés rappelle un entonnoir ouvert, recueillant les voix du peuple, tandis que la forme fermée de la coupole du Sénat symbolise la concentration. Les deux formes s'assemblent virtuellement en une sphère, symbole de perfection.

Eero Saarinen : ***Point d'appui de l'aéroport Trans World Airlines,*** New York, 1956-1962

Des supports en Y soutiennent les coques aériennes des toitures de l'aéroport TWA de Eero Saarinen, qui s'étendent comme les ailes d'un oiseau prenant son envol. Face aux édifices décharnés du rationalisme, l'architecture de Saarinen regagnait un profil individuel et de la matérialité. Les formes dynamiques se répétaient dans les tableaux d'affichage et les guichets, transportant les passagers dans une époque futuriste.

elles. Les façades blanches des bâtiments modernes des années 1920 et 1930 devaient donner l'impression qu'elles avaient été produites par un processus industriel. En réalité, ce résultat n'était obtenu que par un pénible travail manuel. Lorsqu'on put enfin bâtir en série avec des éléments préfabriqués, on s'aperçut non seulement que les bâtiments étaient d'une monotonie infinie, mais encore que l'esthétique et la qualité des finitions étaient d'une qualité extrêmement médiocre. L'échec de cette euphorie face à l'avenir et au progrès, la croyance en la toute-puissance de l'homme et en ses effets salutaires commença à paraître évident, surtout en Occident, dans les années 1970. On s'aperçut que l'urbanisme moderne avait fait pousser des villes comme des champignons, indépendamment de leur degré de destruction après la Seconde Guerre mondiale. Habiter dans du neuf était à l'époque considéré comme une chance. Architectes et urbanistes modernes étaient persuadés que la ville nouvelle, planifiée de A à Z, propice à l'auto avec suffisamment de parkings et d'axes de circulation, égayée d'espaces verts et divisée en sections fonctionnelles, était bien meilleure que la vieille ville désordonnée, repliée sur elle-même, édifiée au hasard des besoins.

La division de la ville en trois zones distinctes : l'habitat, le travail, le commerce et les loisirs, provoqua la dissolution de ce que l'on considérait jusqu'alors comme une ville. Des quartiers entiers dépérirent, avec une architecture perçue comme monotone et étouffante dans ses infinies imitations schématiques totalement dénuées d'imagination. Au moment où ces banales imitations de Mies van der Rohe battaient leur plein, Jacques Tati présenta en 1965 dans son film « Playtime » un Paris de cauchemar, composé uniquement de bâtiments de ce type et entièrement voué à la circulation automobile. Une ville bruyante, pleine du fracas de la circulation et du vrombissement des climatiseurs, illuminée par des néons, comme si le « Plan voisin » de Le Corbusier, élaboré dans les années 1920, était devenu réalité.

La construction bâclée des nouveaux lotissements provoqua rapidement des dégâts. On n'avait pas tenu compte du fait que la dégradation des parties communes - escaliers, ascenseurs, entrées - est plus rapide dans les grands immeubles que dans les petits. Dans la recherche de solutions à la crise du logement des années 1960, on rêvait encore d'élever des « mégastructures », d'immenses bâtiments jointifs destinés à remplacer partiellement voire totalement une ville. Un exemple concret de ce type de projets est le complexe de Moshe Safdie « Habitat », conçu pour l'exposition universelle de Montreal en 1967, un empilement sur onze étages d'unités d'habitation standardisées. On arrivait ainsi au faîte de l'habitat impersonnel et de la technicité froide. La réaction à cette foi rationaliste et radicale en la tech-

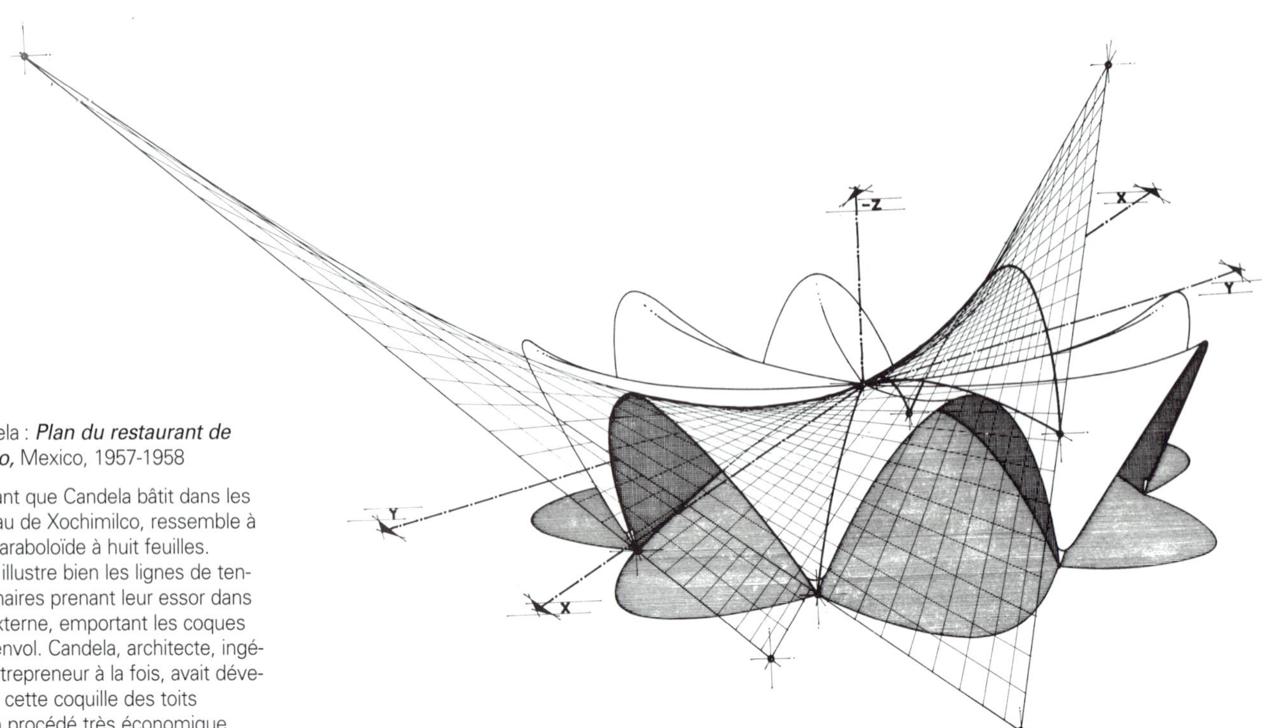

Félix Candela : ***Plan du restaurant de Xochimilco,*** Mexico, 1957-1958

Le restaurant que Candela bâtit dans les jardins d'eau de Xochimilco, ressemble à une fleur paraboloïde à huit feuilles.
Le croquis illustre bien les lignes de tension imaginaires prenant leur essor dans l'espace externe, emportant les coques dans leur envol. Candela, architecte, ingénieur et entrepreneur à la fois, avait développé pour cette coquille des toits aériens, un procédé très économique.

Hans Bernhard Scharoun : ***Philharmonie de Berlin,*** 1960-1963

Le contour des toitures se caractérise par un galbe aérien reflétant à l'extérieur la structure interne des plafonds de la salle de concerts. Grâce à un toit vitré sur la face occidentale, la lumière du jour pénètre à l'intérieur du foyer. Les ondes acoustiques de la musique semblent s'inscrire ligne par ligne dans la structure échelonnée des rangs d'auditeurs et du plafond à degrés de la salle de concert. Scharoun réalisa ici une conception de l'espace qui l'avait déjà préoccupé dans des esquisses expressives faites dès les années vingt. Il cherchait une silhouette dynamique, susceptible de contenir la force expansive de l'espace. Il appréhendait l'expérience collective de l'écoute de la musique comme un fagot d'énergies qu'il modelait avec son architecture.

nique, qui célébrait l'abolition de la bouteille de lait comme une victoire et mesurait le degré de civilisation d'une société au nombre de ses voitures et à l'importance de sa consommation d'énergie, ne se fit pas attendre. On commença à parler de l'« inhospitalité des villes », à s'opposer aux projets de démolition dans les villes pour permettre l'extension des voies de circulation.

En 1972, le Club de Rome publia, dans un rapport qui fit sensation, un article sur les « Limites de la croissance ». Surtout critiquée par les jeunes, la frénésie de consommation connut un an plus tard un brusque coup d'arrêt avec la crise du pétrole. Deux siècles après les Lumières, c'était la fin de la croyance que le progrès technique et l'action de l'homme permettraient de résoudre tous les maux.

Une certaine crainte face à l'avenir et une fuite hors de la réalité en furent les conséquences. Dès la fin des années 1960, l'ésotérisme et les idéologies politiques tout aussi irrationnelles connurent un véritable essor. Esthétiquement, cela se traduisit par un retour aux couleurs vives et aux motifs extravagants, une vague de nostalgie « rétro » et la redécouverte de l'Art Nouveau.

La ville du XIXe siècle connut un regain d'intérêt. En 1975, à l'occasion de l'Année européenne des monuments historiques, on s'aperçut en Allemagne de l'Ouest qu'on avait détruit plus de monuments depuis 1945 que pendant la Seconde Guerre mondiale et ce, alors même que jusqu'au milieu des années 1970, les constructions du XIXe et du XXe siècle n'étaient pas considérées comme des monuments. Il ne s'agissait donc pas d'usines, de cinémas, de quartiers ouvriers, de gares, mais presque uniquement de châteaux, d'églises, d'hôtels de ville et de grandes maisons particulières.

Le dynamitage en 1972 de l'ensemble construit par Minosu Yamasaki vingt ans plus tôt à St. Louis - les appartements ne pouvant plus être ni loués ni rénovés - marqua pour beaucoup la fin de l'architecture moderne.

LA CONSTRUCTION SCULPTURALE

Des formes animées, aériennes et organiques

Ces expériences associées aux enseignements tirés de villes nouvelles comme Brasilia ou Chandigarh auraient dû amener à se demander si l'architecture rationaliste pouvait vraiment être un support d'expression de la liberté et de la démocratie. Les formes « organiques », rondes, galbées et asymétriques, symboles d'épanouissement, étaient en revanche restées vivantes dans l'architecture d'après-guerre. Ce style, appelé « architecture organique », était basé sur le système platonicien des proportions, qui avait déjà joué un rôle déterminant dans l'architecture de la Renaissance. Les capacités de perception de l'observateur face à un édifice devaient redevenir le principal critère architectural. Les bâtiments ne furent d'ailleurs plus traités isolément. On s'efforça de créer un rapport harmonieux entre l'architecture et l'environnement.

Le souci d'une architecture « dématérialisée » revêtit parfois, dans les années 1950, des formes insolites. L'exemple le plus célèbre de cet effort pour obtenir une décrispation des formes est la table haricot, archétype du goût de l'époque.

Frank Lloyd Wright : ***Musée Salomon R. Guggenheim,*** New York, 1956-1959

Le projet du Musée Guggenheim, qui se dévisse en spirale à partir d'un plan circulaire, vit le jour en 1943. L'espace interne vide, s'entortillant autour d'une rampe, impressionne par son aspect fortement sculptural attirant toute l'attention du visiteur, et faisant concurrence aux objets exposés à l'intérieur. Quant au musée à proprement parler, la courbure des murs ne lui offre que des surfaces d'exposition limitées. Wright avait déjà utilisé le motif de la bande hélicoïdale évoquant des cylindres emboîtés les uns dans les autres, à Racine, Wisconsin, en 1936. Une rampe mettait l'entrée en valeur à l'intérieur. Depuis les années trente, les rampes et les spirales fournissaient à la civilisation américaine du « Drive-In » son image de marque : la mobilité. On les retrouvait partout, devant les stations-service, les snacks et les cinémas. Cette architecture déroulait l'espace devant les yeux du visiteur comme la bobine d'un film déroule ses images une à une devant les yeux du spectateur. Dans le Guggenheim-Museum, Wright stylisa cette rubrique de culture populaire en art moderne.

Le désir de donner aux formes une expressivité propre ne se limita pas à l'architecture intérieure. Des édifices comme le terminal TWA de l'aéroport J.F. Kennedy à New York, d'Eero Saarinen, en témoignent également. L'opéra de Sydney, de Jörn Utzon, découvre une symbolique analogue tout aussi dynamique. Alors que les formes enlevées de New York devaient évoquer des ailes, les coques gonflées en forme de voiles symbolisent à Sydney une envolée vers la fête.

La Philharmonie de Berlin, chef-d'œuvre de Hans Scharoun, l'un des principaux représentants de l'architecture organique, rappelle par contre une grande tente. Les auditeurs sont placés autour d'un plateau musical - on ne peut plus vraiment parler de scène -, sur des gradins rappelant un coteau de vignes, aux formes et aux étagements variés, issus de trois pentagones accolés dos à dos à des niveaux différents. Pour des raisons d'acoustique, le plafond s'élève en dégradé vers le centre de la salle. L'insonorisation est obtenue par une construction à trois coques et des façades sans fenêtres. Autant le volume extérieur résulte de l'ordonnance intérieure, elle-même issue organiquement des exigences fonctionnelles et de la position centrale de la musique, autant il fait écho par lui-même, en tant que « tente musicale » tournée vers l'intérieur, au caractère et à la fonction de l'édifice. Dans ce contexte, une volonté accrue de traiter les édifices comme des sculptures joua également un rôle. Une idée que, deux siècles auparavant, les protagonistes de la révolution architecturale française, Ledoux et Boullée, n'avaient pu réaliser. Pour sa tour Einstein, Erich Mendelsohn avait dû au début des années 1920 recourir à une maçonnerie conventionnelle qui, recouverte de ciment, donnait l'impression d'une sculpture en béton. Les architectes des années 1950 n'avaient plus besoin de recourir à de tels expédients, puisqu'ils pouvaient travailler avec du béton précontraint. Ce matériau, breveté dès 1886, avait été mis au point pour éviter les microfissures qui apparaissent dans le béton en raison des tensions subies par l'armature d'acier. On s'était aperçu qu'il suffisait, pour y remédier, de soumettre le béton lors de la construction à une forte pression, de le précontraindre. Cette technique, qui permettait d'accroître la résistance du béton armé et la portée des poutrelles, autorisait aussi des structures porteuses plus fines et plus élégantes, correspondant au goût des années 1950.

On appréciait également beaucoup les coques en béton armé à courbure simple ou double, autoporteuses, fines et rigides à la fois, capables de supporter des charges supérieures aux voûtes, d'apparence très proche. Elles étaient particulièrement adaptées à la couverture de grands halls, comme le faisait l'architecte italien Pier Luigi Nervi depuis les années 1940.

Le Corbusier : *Notre-Dame-du-Haut,* Ronchamp, 1950-1954

Les contours de la chapelle de pèlerinage de Notre-Dame-du-Haut sont tendres comme des dunes. La toiture se voûte sur les murs incurvés comme le chapeau d'un champignon sur son pied. Les fenêtres, clairsemées sur la façade à intervalles irréguliers, s'ouvrent par d'étroites ouvertures sur l'extérieur. En revanche, à l'intérieur, elles s'élargissent en des cavernes enfouies dans les parois épaisses. Une intime atmosphère mystérieuse se dégage de l'édifice, qui semble à première vue fort éloigné du rationalisme de Le Corbusier. L'église oppose une image de bien-être familial à la ville et à son organisation sociale. Les tableaux et les sculptures de Le Corbusier, témoignant de la création, durant des années, d'un langage formel organique, associant l'homme et la mécanique, est un lien étroit qui se noue entre le schéma reproduisible à volonté de ses machines à habiter et la solitude de cette chapelle. Dans une quête jamais satisfaite, de la réconciliation de la nature et de la technique, il expérimenta dans la nature avec des volumes encore inconcevables à l'époque comme structure de l'espace.

Dans les années 1950, on attendait surtout du béton précontraint qu'il permette la réalisation, par sa capacité de volume et de cintrage, de formes dynamiques, mais aussi curieuses et même apparemment absurdes, comme celles créées par Felix Candela dans son restaurant de Xochimilco, à Mexico. L'édifice est surmonté d'une toiture d'une finesse extrême qui forme des vagues de grande ampleur, malgré la minceur des supports.

Une impression de légèreté aérienne tout à fait opposée à la symbolique plus monumentale de la chapelle Notre-Dame-du-Haut à Ronchamp, de Le Corbusier, qui rappelle la forme d'une arche. L'architecte a utilisé ici des coques doubles, notamment pour renforcer la rondeur et la pesanteur du bâtiment, avec son toit d'apparence lourde.

La concrétisation de l'architecture-sculpture atteint la perfection dans la rampe en spirale révolutionnaire réalisée par Frank Lloyd Wright pour le musée Guggenheim à New York, où elle constitue la surface d'exposition.

Mais les formes étonnantes que pouvait revêtir l'architecture-sculpture organique, avec sa symbolique dynamique, devinrent souvent une fin en soi. Une construction comme le Terminal de la TWA de Saarinen offrait à la marque une forte valeur de reconnaissance, puisque la forme mouvementée du bâtiment avait été reprise dans le logo de la compagnie.

Les logements de masse, produits avec des moyens financiers très limités, cessèrent, contrairement à ce qui s'était passé dans l'entre-deux-guerres, de jouer un rôle majeur dans l'activité des architectes. Les immeubles de bureaux et les institutions culturelles - musées ou salles de concert - leurs offraient des perspectives plus lucratives et prestigieuses.

L'ARCHITECTURE HIGH-TECH

L'architecture de la société de communication

A côté de la construction organique se développa dans les années 1960 l'idée de l'habitation comme œuvre d'art technique. L'origine de cette « architecture high-tech » remonte au Palais de cristal londonien (1851) de Joseph Paxton et à d'autres bâtiments des ingénieurs du XIXe siècle. Mais, après la Seconde Guerre mondiale, très peu d'architectes approfondirent cette approche fonctionnaliste, où la forme et le caractère des édifices dérivent des impératifs de construction. Comme Paxton, qui avait utilisé des éléments d'acier préfabriqués pour le Palais de cristal, l'architecte Nervi réalisa des halls avec des éléments de béton préfabriqués.

Depuis le Palais de cristal, la volonté de réduire le plus possible les murs extérieurs à de simples parois de verre est demeuré

Foster Associates, Ove Arup et partenaires : ***Hongkong and Shanghai Bank,*** Hong Kong, 1979-1986

L'intérieur est refoulé à l'extérieur : 139 modules de technique et d'installations sont incorporés à l'extérieur du bâtiment soutenu par huit mâts. Les passerelles recueillant les bureaux se chargent de la distribution de l'espace. Le design high tech, représentant la puissance économique de Hong Kong qui fonda sa richesse précisément sur la production de pièces détachées électroniques, est en même temps l'image de marque de la banque.

un thème dominant de l'architecture high-tech. Les édifices de ce type, tels ceux conçus par l'ingénieur Frei Otto, comme le pavillon allemand de l'exposition universelle de Montreal en 1967, en collaboration avec Rolf Gutbrod ou, plus spectaculairement encore, en 1972, pour le stade olympique de Munich avec Günter Behnisch, sont tous revêtus d'une membrane extrêmement fine. La ressemblance de la toiture en tente du stade de Munich avec une toile d'araignée ne doit rien au hasard. Otto la conçut de manière empirique en humectant des toiles d'araignée qu'il passait ensuite au fixateur, afin de les durcir et d'en observer les propriétés. Il procéda de la même manière avec des bulles de savon pour étudier les propriétés optimales des matériaux face aux tensions de membranes.

La technologie dans l'œuvre architecturale est très expressive chez l'architecte anglais Norman Foster, l'un des principaux représentants du high-tech. Sur l'immeuble de bureaux de Willis Faber & Dumas à Ipswich, il fixa aux encoignures en encorbellement, de longs panneaux de verre étroits à la verticale, joints par de la silicone. Les minces panneaux formant clôture porteuse (« structural glazing »), les façades, cintrées à cause des déclivités du terrain, pouvaient être entièrement vitrées sans cadre métallique.

Un autre célèbre édifice de l'ère technologique, alliant l'espace à l'utilitaire, est le Centre Pompidou, construit de 1971 à 1977, à Paris. Richard Rogers et Renzo Piano, ses bâtisseurs, refoulèrent la technique du bâtiment à l'extérieur et mirent à nu, sous verre ou empaquetés dans des tubes de couleur, comme la tuyauterie, les cellules sanitaires, les escaliers roulants, les ascenseurs. Rogers utilisa le même type de construction, en 1986, pour la nouvelle maison mère du groupe d'assurances Lloyd's à Londres, créant avec son associé une architecture technologique dont l'esthétique naît de la dialectique entre construction et style.

Dans les années 80, Norman Foster aborda un autre thème cher aux partisans de la technologie, celui du rejet de la construction en façade, dans le bâtiment administratif de la Hongkong and Shanghai Bank, une manière de procéder choquante mais tout à fait justifiée dans le cas de cet édifice, pour obtenir une exploitation maximum du terrain, excessivement cher à Hongkong, ne pas gêner la circulation pendant les travaux, et dégager l'espace au sol. Foster élabora un enchevêtrement de passerelles sur lesquelles il suspendit des « paquets » de bureaux.

Mais à côté de constructions dont le raffinement naît précisément des exigences fonctionnelles, on rencontre souvent la technicité gratuite, proche de l'exhibitionnisme, l'expérience pour le plaisir de l'expérimentation, sans nécessité apparente. Ainsi Foster choisit-il pour le centre Renault à Swindon (1983), une toiture beaucoup trop coûteuse, mais spectaculaire, comme l'exigent souvent les grosses entreprises pour leur image de marque et à des fins publici-

Günter Behnisch, Frei Otto et Wolfgang Leonhardt : *Le stade olympique,* Munich, 1968-1972

Les angles n'apparaissaient même pas dans les premières esquisses. Ce fut d'emblée un espace aux formes douces et arrondies. En collaboration avec un architecte-paysagiste, l'agence Behnisch esquissa sur un terrain d'aviation désaffecté, une architecture qui se fond naturellement dans le paysage. Les bâtiments fonctionnels et les installations sportives disparaissent dans des dépressions de terrain ou sous terre. Des armatures transparentes estompent les limites entre intérieur et extérieur. Des milliers d'arbres furent plantés et on aménagea même un lac. La toiture est suspendue sur les supports massifs comme un nuage au-dessus du stade. Tout en permettant au sport de se dérouler en pleine nature, la couverture translucide offre une protection sûre contre la pluie et les intempéries. La luminosité fournit, en outre, les conditions idéales de reportage.

Renzo Piano et Richard Rogers : *Centre Pompidou,* Paris, 1971-1977

Au commencement il y eut le choc. Le Centre Pompidou paraît au premier abord comme un corps étranger venu d'une autre planète et entré en infraction dans la structure naturelle de la ville. La clôture de verre de la construction en acier de 40 mètres de haut se dissimule derrière un enchevêtrement d'armatures, de bouches d'aération, de couloirs et d'escaliers roulants. Mais on finit par se rendre compte que la gigantesque machine culturelle sait faire jouer ses muscles techniques. Malgré son habit high-tech, l'architecture est plus que jamais une imitation de structures organiques. On se meut dans les tubes vitrés des escalateurs comme dans l'appareil digestif du bâtiment. Tant que continuent à fonctionner les expositions, les lectures, les concerts, le cinéma et l'appareil médiatique, l'architecture de Rogers et de Piano fonctionne elle aussi comme station d'alimentation culturelle.

taires. Le coût de ces constructions ne permet encore de réaliser l'architecture high-tech que sur des immeubles de bureaux, des halls de gare ou d'exposition.

Tout en formant le point culminant de l'architecture moderne, le Centre Pompidou y mit un point final. Les tendances high-tech de la fin des années soixante et du début des années soixante-dix relèvent du « brutalisme », c'est du moins ce qui est ressenti, comme, au demeurant, le style de Le Corbusier des années cinquante, désigné, à l'époque, de brut, pour ses formes proposées par le béton brut. Outre cette exhibition technique interne et externe, par le biais de tubes sur les façades ou au plafond, on usa d'un béton avec des galets en surface ou prit du béton brut de décoffrage, sur lequel les traces de coffrage avaient été consciemment laissées pour suggérer l'effet « naturel » des traces climatiques. Associé aux volumes imposants des années soixante-dix, déjà introduits par Le Corbusier, et aussi populaires que les couleurs criardes, ce processus entraîna des excès de laideur et de grossièreté très éloignés de la fine élégance du moderne classique.

L'ÉPOQUE POSTMODERNE

Le retour à l'éclectisme

L'architecture organique romantisante, avec ses surfaces courbes, ses toitures moulées en douceur, ses murs et ses points d'appui obliques, ses volumes empruntés à la nature, inspirés de l'Art Nouveau et notamment de l'œuvre d'Antonio Gaudí exerça une certaine influence sur l'évolution générale, mais plus déterminant encore fut le postmodernisme dont on fait remonter les racines aux années soixante. L'Américain Robert Venturi avait en quelque sorte fondé le style postmoderne avec la maison de retraite « Guild House » à Philadelphie, qu'il fit construire en 1960 et réunissant de nombreux éléments typiques de cette architecture, la façade symétrique, la maçonnerie dominante, la colonne dans l'axe central de l'entrée, la grande fenêtre à arc segmentaire et l'antenne de télévision sans fonction précise, symbolisant la position de ses occupants dans la société.

Procédant aussi schématiquement que le Mouvement moderne en condamnant en bloc ses prédécesseurs, les porte-paroles du postmodernisme s'opposaient à présent à l'architecture moderne, refusant l'asymétrie associée à un souci d'équilibre, la disparition des murs et l'architecture sans ornementation ou réduite au minimum naturel, et prônant, au lieu de cela, le retour à la symétrie classique, à la façade « percée » de fenêtres, de plus en plus petites à mesure que s'affirmait le mouvement et la surcharge ornementale.

« Less is more », comme l'avait proclamé Mies van der Rohe, était révolu. La nouvelle devise de Robert Venturi était « less is a bore » (« moins est monotone »). Dans son livre « Complexity and Contradiction in Architecture » (complexité et contradiction en architecture), il soumit en 1966 la construction moderne à une critique de fond. Son ouvrage « Learning from Las Vegas » (« Les

SOM (Skidmore, Owings & Merill),: *Sears Tower,* Chicago, 1969-1973

SOM fait partie des plus grosses entreprises de construction aux États-Unis, avec des filiales et des architectes dans de nombreuses villes. SOM marqua de son empreinte l'architecture des USA dès les années cinquante avec l'esquisse d'un type de construction pour les bâtiments administratifs des grandes firmes. Grâce au perfectionnement de la construction à structure et l'invention d'une construction à tubes permettant des bâtiments d'une hauteur extrême, SOM joua un rôle décisif sur le marché des villes gratte-ciel New York et Chicago. Sears Tower tint longtemps le record mondial de hauteur.

Richard Meier & Partenaires : ***Bridgeport Center,*** Bridgeport, Connecticut, 1984-1988

La silhouette familière des coulisses de gratte-ciel se trouve concentrée dans les masses de construction de Bridgeport Center de Richard Meier. La tour centrale semble être engloutie par les deux bâtiments d'angle. Le revêtement de granit rouge et de panneaux d'acier gris souligne non seulement l'articulation du corps de bâtiment mais aussi le retour à la façade pleine dans des matériaux précieux. Avec les bandes de fenêtres des axes strictement tracés et la forme du prisme surélevée en toiture de manière sculpturale, il est l'héritage du structuralisme. L'ouverture de l'architecture postmoderne sur un atrium de cinq étages essaye de compenser la perte de l'espace public par un lieu de communication replié sur l'intérieur.

enseignements de Las Vegas »), écrit entre 1972 et 1978, qui glorifiait l'architecture banale, pour le peuple, eut encore plus de retentissement. Il réclamait, au lieu de l'orientation contemporaine aux techniques de construction modernes, le retour à la « grange » agrémentée de décorations, à l'édifice conventionnel, aboutissant ainsi à un langage proche des expériences figuratives du pop art, à un nouvel éclectisme architectural, riche d'ambiguïté et de banalité, n'ayant plus rien à voir ni avec la démarche fonctionnaliste ni avec le langage constructiviste.

Mais les cathédrales gothiques et les palais de la Renaissance primitive avaient-ils procédé autrement ? Venturi et les autres représentants de ce courant oubliaient seulement qu'un appartement n'est pas Las Vegas et qu'on n'était plus au Moyen Âge ni même au début du Mouvement moderne, que beaucoup de choses avaient changé, évolué ou même révolutionné le siècle, notamment le béton armé. Les architectes postmodernes proposaient un programme à l'antipode du Mouvement moderne, évoquant la glorieuse époque d'avant la modernité. Ils oubliaient seulement que leurs héros, Boullée, Ledoux, Gaudí ou Palladio, loin d'avoir fait marche arrière, avaient fait faire un bond en avant à l'architecture de leur époque.

Michael Graves, l'un des protagonistes du langage formel postmoderne, fit avec son Portland Building à Portland (1979-82) une exécution conventionnelle, un cube à la façade percée de fenêtres et surchargé d'un alliage de gigantesques ornementations, guirlandes, pilastres etc. de divers styles. Le bon mot du maître maçon demandant à l'architecte, une fois son travail fini, quel style il voulait y mettre, pourrait fort bien se répéter ici. Le Bridgeport-Center de Richard Meier est une juxtaposition de plusieurs bâtiments ronds ou parallélépipédiques, bruns, blancs ou bleu métallisé, sans relation aucune l'un avec l'autre, comme si l'architecte avait été indécis sur le choix de la forme ou de la couleur.

Cette architecture culmina dans l'imitation d'édifices historiques disparus de nos jours, la copie conforme de l'historicisme du XIXe siècle. Mais le goût des masses pris comme canon d'architecture impliquait inévitablement une baisse de niveau. Car le regard superficiel de l'observateur non averti n'appréhendera ni les granges agrémentées de décorations de Venturi, ni les autres styles postmodernes, ni un tableau de Rembrandt. L'amateur reconnaît quelque chose, c'est tout. L'art avant-gardiste, soumis à l'approbation du peuple par référendum, est condamné d'avance au piétinement, à n'être que l'image, sans intérêt, de ce qui est reconnu et accepté. La première exposition impressionniste à Paris subit d'horribles attaques de tous côtés, aussi de la part des visiteurs qui voyaient là une peinture « folle ». De nos jours, la peinture impressionniste est approuvée et les expositions impressionnistes sont toujours un grand succès.

Le souci de se faire accepter par le profane compromit les architectes postmodernes, et leurs volumes au goût de tout le monde les rendirent vaniteux. Le refus de leur rôle de serviteur, et cette vanité plus forte que le sens de la mission donna une architecture postmoderne jolie à voir, mais inutilisable. Les gadgets vains, absurdes et gratuits s'accumulèrent : créneaux sur le toit de maisons d'habitation, escaliers ne conduisant nulle part, porches figurés, logements aux murs obliques ou avec des plans si mal coupés qu'ils paraissaient « castrés », moulés dans des constructions abstruses. À cela s'ajouta une certaine tendance à la monumentalité et à l'intimidation, chez Ricardo Bofillo, par exemple, dans ses résidences « Les Arcades du lac », près de Paris (1975-81) ou « Arena » à Marne-la-Vallée (1980-84), où son intention était la création d'une version populaire de Versailles, avec des articulations préfabriquées, des ordres de colonnes monstrueuses s'élevant, d'une venue, sur dix étages et des appartements aux fenêtres littéralement coincées entre de gigantesques corniches. La ressemblance de cette architecture postmoderne avec le luxe provocant et ostentatoire de l'ère stalinienne est, ici, manifeste.

Une architecture comme celle d'Aldo Rossi suggère, en revanche, davantage le rationalisme italien des années trente, une sorte de néo-classicisme avec symétrie, strictes formes géométriques et alignement des mêmes éléments à l'infini. Rossi adhère toutefois à l'esprit du postmodernisme. Il créa pour la Biennale de Venise de 1979 le Teatro del Mondo, puisant, pour les costumes de sa mise en scène faite de tours et de remparts, de châteaux forts, de palais princiers et de fêtes foraines, dans les styles historiques, comme dans un vaste coffre trouvé au grenier.

Comme architecture de fête sans autre prétention que de servir de coulisses provisoires, le théâtre a conservé une certaine légèreté poétique. À la fin de la Biennale, il fut soudé à un radeau et transporté à Dubrovnik.

Avec ses maisons de Pregassona (1979-80) et de Stabio (1980-82, également nommée « Casa Rotonda ») l'architecte suisse Mario

Aldo Rossi : ***Immeuble d'habitation de la Kochstraße,*** Berlin, 1989

James Stirling, Michael Wilford & Associates : ***Agrandissement de la Staatsgalerie,*** Stuttgart, 1977-1984 (Terrasse devant la façade de verre du hall d'entrée)

L'architecte anglais Stirling esquissa pour l'élargissement de la Staatsgalerie de Stuttgart, inspiré par Le Corbusier et Schinkel ainsi que par Weinbrenner et Semper, un bâtiment monumental d'un langage formel technologique et moderne et tout à la fois romantique et classique. Bien que l'architecture actuelle de l'Allemagne lui paraît monotone, il est ravi de pouvoir travailler à Stuttgart avec des ouvriers et artisans de la vieille école, ayant le sens des responsabilités. Les surfaces en grès finement polies contrastent expressivement avec les rampes bleues et roses vif. Ce collage architectural plein de sous-entendus utilise des éléments pris à travers tous les siècles de l'histoire de l'architecture. Ainsi l'immense rotonde dans la cour intérieure semble-t-elle faite sur mesure pour la représentation de drames anciens. La critique loue Stirling pour sa capacité d'éveiller la curiosité, pour son originalité, son humour et la virtuosité avec laquelle il créa pour les collections de Stuttgart une richesse d'espace supplémentaire.

Behnisch & Partenaires : ***Institut de recherche Hysolar de l'université de Stuttgart,*** Stuttgart, 1987

L'institut Hysolar d'énergie solaire à Stuttgart était prévu dans un premier temps comme installation provisoire constituée de conteneurs. De l'idée initiale d'une architecture sur appel est restée l'apparence de quelque chose de bâti provisoirement. C'est la mise en scène d'une expérience-témoin de la puissance constructive : jusqu'où l'élément isolé peut-il pousser l'extravagance de se distinguer sans briser l'ensemble fonctionnel ? Les grilles obliques dans le vitrage, les coins s'évadant du cadre formel et les segments de toiture se dépliant comme des ailes de moulin, tout cela produit une certaine turbulence, une silhouette agitée et rompue. L'espace communicatif est fractionné en de nombreux éléments isolés. L'équilibre ne pourra être rétabli que par les utilisateurs.

Bernhard Tschumi : ***Folie P7,*** La Villette, Paris, 1982-1990

Les Folies, des pavillons rouges qui forment la trame du parc de la Villette comme une composition brisée d'éléments cubiques, abritent des cafés et des restaurants. Tschumi conjure ici la civilisation mécanisée des constructivistes au moyen d'un langage architectonique devenu indéchiffrable.

Botta créa des ouvrages de style nettement postmoderne. La maison de Stabio se présente comme une façade de maçonnerie rayée, incisée d'une profonde baie vitrée de haut en bas.

L'architecture postmoderne, à cheval, elle aussi, sur deux époques, celle de la résignation face au progrès et celle de l'avènement de l'informatique, use d'un langage formel moderne, tout en cherchant refuge dans la douceur du bon vieux romantisme douillet, comme l'avait fait, au demeurant, l'architecture des débuts de l'époque industrielle. Ce langage formel moderne se traduit par des toits en plate-forme ou presque verticaux, des murs de verre ondulé, comme dans la nouvelle Staatsgalerie de Stuttgart, où Botta mélange si bien les matériaux que des clôtures en pierre de taille côtoient des ascenseurs high-tech en verre. Une note de romantisme et une pointe d'ironie est mise dans les bouches d'aération des parkings, qui sont des percées de mur devant lesquels les pierres enlevées pour les creuser se trouvent encore sur la pelouse, ou de curieuses idées comme l'entrée d'un tombeau égyptien donnant accès à une salle d'expositions itinérantes. On peut dire, pour résumer, que la grande variété de couleurs, de formes et de matériaux utilisés est postmoderne. Mais dans l'ensemble, le postmodernisme, assez vide de substance, fut toutefois un style éphémère. À la fin des années quatre-vingt, à peine âgé de dix ans, il se révèle ennuyeux, monotone et parfois même ridicule. Comme on ne change hélas pas d'architecture comme on change de chemise, nous en tirons la conclusion que dans l'art de construire, il convient d'éviter le gadget et toute expression d'une mode passagère.

LE DÉCONSTRUCTIVISME

Une nouvelle modernité ?

Vers 1990, le postmodernisme fut supplanté par le déconstructivisme, courant que Philip Johnson intitula ainsi à la suite d'une exposition (« Deconstructivist Architecture ») organisée en 1988 à New York, qui tenta de l'affirmer. Les médias avaient le regard rivé sur le nouveau style. Il est fondé sur un langage formel élitaire ayant sa source spirituelle dans la philosophie de Jacques Derrida. Opérant avec le degré d'abstraction déjà contenu dans le Mouvement moderne, et des motifs connus situés par ses interprètes dans le climat intellectuel et le contexte historique du Mouvement moderne, il s'intitula, logiquement, Nouveau Mouvement moderne. Comme les interprètes du postmodernisme, les déconstructivistes recherchent un langage spectaculaire sans égards pour les exigences fonctionnelles, s'y opposant même par un refus des normes constructives et ornementales. La devise « form follows fantasy » (la forme naît dans l'imagination), inventée par Bernhard Tschumi pour qualifier le déconstructivisme et dérivée de « form follows function », fut peut-être bien la déclaration de guerre au postmodernisme. Les déconstructivistes, comme les constructivistes et les suprématistes, s'inspirèrent de l'avant-garde russe du début du XXe siècle. La conception de la « perfection dérangée » qui en découle, est comparable à un jeu de cubes minutieusement élaboré que l'on aurait fait s'écrouler ou à un jeu de mikado que l'on aurait fait bouger, donnant naissance à des éléments d'une grande finesse en côtoyant d'autres surdimensionnés et monstrueux dans une construction qui suggère, au bout du compte, la fragilité. Le déconstructivisme met en œuvre tous les moyens pour déranger toute autre perception du quotidien que sa remise en question, et faire revivre, à travers la distanciation obtenue, l'art de l'architecture, plus immédiatement, cette fois en tant qu'art. L'architecte britannique Zaha Hadid, née en Irak, créa pour la firme

Vitra à Weil sur le Rhin, une caserne de pompiers paraissant affaissée dans le sol. Un auvent sans fonction précise mais très expressif renoue avec l'ambition démesurée d'accéder au ciel. Il y a trois points d'appui. Celui du centre, oblique, paraît tombé à la renverse. Ces motifs déconstructifs sont très appréciés. Dans l'institut Hysolar d'énergie solaire à Stuttgart, un projet de Günter Behnisch (1987), les pièces semblent superposées en désordre, entassées n'importe comment. La surface du premier étage, en porte-à-faux par rapport au rez-de-chaussée, transparaît à l'extérieur. Un tube rouge criard, ne servant à rien, transperce le bâtiment du haut de son toit de verre jusqu'au sol. La nouvelle toiture du cabinet d'avocat Maître Schuppich à Vienne, couvrant une maison de style ancien, procède du même jeu de construction. C'est une œuvre de Wolf Prix et d'Helmut Swiczinsky, intitulée COOP bleu ciel. Une arête de la toiture, dépassant dans le vide, semble foudroyer la vieille façade et la déchirer sans raison apparente, provenant même d'un chaos indescriptible. Les architectes ont voulu suggérer l'idée d'éclair renversé ou d'arc tendu. C'est réussi.

C'est une architecture qui aime éveiller l'impression de provisoire et de bricolage et use des matériaux convenant aux intentions recherchées. L'architecte américain Frank O. Gehry utilisa pour la transformation de sa maison de Santa Monica (1978) des matériaux bon marché, planches de bois, tôle ondulée et fil de fer. La construction suggère une baraque où se bousculent des tas de souvenirs, bien qu'ils proviennent d'un tout autre contexte d'aménagement. Comme Gehry et Hadid, Bernhard Tschumi fait partie d'une équipe d'architectes qui firent connaissance dans les années soixante-dix lors de l'Architectural Association de Londres. Ses Folies du Parc de la Villette, des pavillons recouvrant tout le parc d'une trame austère, paraissent inachevées ou déformées et les constructions d'acier ont l'aspect d'un chantier de ruines. L'envie de détruire, par saturation et dégoût, est présente, ici aussi. Chose pareille aurait été inconcevable après la guerre, où le dégoût pour la ruine n'avait nullement besoin d'être ravivé par les architectes. Cette manière de voiler les structures et de presser les fonctions dans des moules n'a rien en commun avec la rigueur et la clarté du Mouvement moderne classique. Ce sont des ouvrages spectaculaires déterminant individuellement le paysage architectural, sans s'inscrire dans une conception d'ensemble. On peut être impatient de voir l'utilisation faite d'un projet de Daniel Libeskind (1989), comme hall d'expositions du Musée juif de Berlin, avec son espace anguleux et ses murs obliques. Mais l'objectif fonctionnel n'est pas la préoccupation première de cette nouvelle architecture. Elle se veut autonome, sans contraintes fonctionnelles, sans égards pour l'usage des objets, l'urbanisme ou l'environnement naturel. Pour son projet de club, « The Peak », primé lors d'un concours, mais non réalisé, Zaha Hadid voulait faire aplanir un sommet de montagne. Est-il étonnant que le Musée de Libeskind ait, en sous-sol, des salles cohérentes et conventionnelles ?

TENDANCES

Apprendre de ses erreurs ?

Tandis que postmodernisme et constructivisme font la une des médias, des courants

COOP Himmelblau : *Aménagement d'un toit pour un cabinet d'avocats,* Vienne, 1983-84

Le toit de COOP Himmelblau (bleu ciel) scintille bleu argenté comme un nuage atterri sur la ville. L'arête d'acier de la couverture forme un arc qui recompose la structure éclatée en de nombreuses articulations pour en refaire une unité indiquant la rue, d'où monte l'énergie donnant son envergure au groupe COOP Himmelblau que l'on pourrait nommer les punks du milieu architectural. Ils développent ce potentiel formel dynamique et chaotique à partir d'une critique formulée à l'égard de l'architecture contemporaine. Leur intervention radicale dans la vieille maison et son environnement ne cherche pas la réconciliation mais dévoile l'historique de contemporanéités très différentes.

James Stirling, Michael Wilford & Ass. avec Walter Nägeli : ***Installations industrielles de l'usine Braun AG,*** Melsungen, 1985-1992

C'est avec une conception convaincante de distribution des corps de bâtiment que l'équipe d'architectes s'assura, grâce à son apport au concours, la commande pour la réalisation des installations industrielles d'un fabricant de produits pharmaceutiques. Ils créèrent à partir du déroulement de la production et des procédés de l'usine un ensemble qui épouse de manière inoubliable les formes du paysage. La forme cintrée du bâtiment administratif (vu ici de derrière) reprend la topographie des collines environnantes. Il est aménagé de deux monolithes noirs contenant les ascenseurs et les escaliers. Le socle vert aux reflets irisés, couvert d'écailles en cuivre éveillant l'impression d'une peau de reptile préhistorique, héberge le département informatique de l'entreprise. D'originales percées de maçonnerie pour les fenêtres soulignent cette impression. Afin d'obtenir une couleur unie, les plaques de cuivre furent soumises à un procédé de patinage.

rationalistes dans l'esprit du Mouvement moderne classique continuent de persévérer, essayant d'éliminer les abus et de renouer avec les débuts glorieux des années vingt : pureté des couleurs, des volumes et des matériaux. Une construction comme celle de Tadao Ando « Église au bord de l'eau » à Tomamu au Japon (1985-88) est le plus bel exemple de l'esthétique recherchée. Il utilise le béton brut de décoffrage, comme pour sa chapelle sur la montagne Rokko à Kobe (1985-86). L'église, d'une grande simplicité, a une façade entièrement vitrée et le regard, au lieu de tomber sur un autel, s'accroche à une croix dans l'eau. La rigueur formelle et l'austérité des volumes ne se trouvent toutefois pas seulement dans ses édifices religieux. Ando cherche à exhorter à l'ascèse dans le quotidien, isole ses édifices contre le bruit de la ville en les enveloppant dans des murs de béton pleins, et construit des maisons sans isolation thermique et sans chauffage. Une fuite anti-moderne devant la réalité se greffe sur l'esthétisme du Mouvement moderne classique et ses exigences pédagogiques. On ne saurait mieux caractériser l'ambivalence et le manque de contours de l'architecture depuis la fin des années quatre-vingt. Les temps modernes ont-ils expiré au moment où l'on commença à ne plus avoir la foi dans le progrès, au moment où l'industrie « traditionnelle » fut en perte de vitesse ? Le modernisme prit-il une autre voie à l'avènement de l'informatique, de la communication et des prestations de service ? Mies van der Rohe peut-il être moderne sans être fonctionnel ? Ou est-ce que ses bâtiments sont précisément modernes parce qu'ils offrent de multiples usages ? Un atout certes considérable à une époque où la fonction d'un bâtiment est amenée à changer plus vite que ne s'usent ses matériaux. Le désir de renouer avec le Mouvement moderne classique est-il rétro ? Le déconstructivisme marque-t-il le vrai commencement de la construction moderne, comme l'affirma Zaha Hadid ? Ou bien

Zaha Hadid : *La caserne de pompiers Vitra,* Weil sur le Rhin, 1992-1993

engendre-t-il, à l'image de l'architecture postmoderne, sous une forme modifiée, la vanité des objets et de l'ornementation, et du même coup, celle de ses constructeurs ? La grande variété de styles est d'autant plus troublante que certains architectes n'ont de cesse de changer de principe directeur et de structure. Philip Johnson et Oswald Mathias Ungers passèrent du modernisme strict au postmodernisme, puis retournèrent au rationalisme. Certains critiques désignent l'évolution actuelle de « pluralisme moderne », terme indiquant que la construction a rejoint la musique populaire ou les styles de coiffures modernes et se manifeste dans quelques tendances qu'il est impossible d'ignorer mais qu'on ne suit pas ou peu. Chacun fait, en fin de compte, ce qu'il veut. Le postmodernisme a au moins légué une sensibilisation pour l'environnement et l'architecture passée, l'estime de la ville traditionnelle, et l'utilisation de matériaux ou de formes qui, en fait, au premier abord, ne se marient pas. La technologie est mise au service d'une construction en accord avec l'environnement, l'isolement thermique ou les capteurs solaires. Bien que le déconstructivisme ne semble pas s'affirmer, certains de ses éléments formels sont repris ça et là. L'architecture tend actuellement à un retour au rationalisme mais en incorpore parfois quelques-uns. Une forme revue et corrigée du Mouvement moderne. Les multiples tâches que doit assumer l'architecture, ces dernières années, non seulement tolèrent ce pluralisme de styles, mais encore le réclament à proprement parler, étant donné la croissance effrénée de la population et de ses exigences. Il faut construire, vite et rationnellement. Or, on ne peut pas inventer chaque semaine un nouveau style. En outre, les propriétaires exigent l'exclusivité. L'exclusivité pour tous n'est-elle pas une contradiction en soi ? L'essentiel est que les constructions correspondent à ce qui est exigé d'elles. Elles se ressembleront de toutes façons, que l'on abuse d'ornements baroques ou que l'on soit partisan de la nudité. On a parfois l'impression qu'un principe directeur manque à cette diversité, ou éclectisme, à ces innovations aussi. Mais telle est notre époque. L'architecture n'est plus depuis longtemps soumise à l'appréciation de quelques architectes ou planificateurs. Même la dissociation des fonctions dans les villes exigée par la charte d'Athènes et pratiquée à grands frais en de nombreux endroits après la guerre, n'a plus besoin entre-temps d'intervention étatique. Elle s'accomplit d'elle-même, mue par des mécanismes de marché, elle est entre les mains de quelques investisseurs ou de groupes de pression pour qui il est devenu impossible d'intégrer l'urbanisme dans leurs plans. À Berlin, où la guerre, puis la division de la ville et les plans de reconstruction de deux systèmes politiques et de deux idéologies urbanistiques n'ont pas seulement laissé d'immenses friches en plein centre-ville, mais conduit au dépeuplement de quartiers qui étaient autrefois d'une animation intense, on essaye à présent, coûte que coûte, depuis la chute du mur, de reconstruire la ville réunifiée telle qu'on l'a connue jusqu'en 1945. Habiter, consommer, se récréer, travailler dans des bureaux, cohabiter en parfaite harmonie avec une industrie propre, non bruyante, sans gaz d'échappement. Cela semble toutefois impossible. L'ancienne urbanité, avec sa vivacité, ne saurait être reconstruite. Là où elle existe encore, elle est en voie de disparition, comme partout. Ce que les pionniers de l'architecture moderne réclamaient avec enthousiasme est réalisé depuis longtemps, sans qu'il soit besoin d'un programme ou d'une intention politique. L'architecture et l'urbanisme modernes, ont engendré un espace destructuré, colonisé, en accord avec notre vie moderne.

Gerkan, Marg & Partenaires avec H. Nienhoff : ***Palais des expositions,*** Leipzig, en construction depuis 1993

GLOSSAIRE

abbaye Monastère dirigé par un abbé ou une abbesse. Le bâtiment abritant la demeure de l'abbé ou de l'abbesse comprend souvent sa propre chapelle et parfois même un cloître.

abside Extrémité de la nef d'une église, arrondie ou polygonale, qui entoure le chœur et abrite le maître-autel.

absidiole Excroissance de l'abside, abritant des autels secondaires. Parfois appelée chapelle rayonnante, puisqu'elle constitue un rayon autour de la croix figurée par le plan de l'église.

agora Place principale de la cité grecque, sur laquelle s'élevaient les édifices publics les plus importants ; entourée d'un portique, c'était un lieu de marché et de rassemblement.

ante Temple à antes ou temple in antis - type archaïque de temple grec dont la façade comporte deux colonnes centrales et deux piliers angulaires placés aux deux extrémités du mur.

aqueduc L'aqueduc romain, formé de plusieurs rangs d'arcades superposées, portait les conduites qui alimentaient les villes en eau. Il supportait au faîte, une canalisation revêtue d'un enduit imperméable, amenant l'eau des montagnes par des tunnels jusqu'aux points d'eau qui approvisionnaient les villes.

arc Structure architecturale curviligne intégrée dans un mur ou soutenue de manière autonome par des colonnes ou des piliers. Il existe une nomenclature typologique de l'arc. Un arc-boutant est un arc moins développé qu'un arc ordinaire, épaulé par une culée et s'appliquant à l'extérieur d'un mur pour le maintenir ; l'arc est dit brisé quand il est formé de deux portions de cercle ; de décharge quand il est encastré dans une maçonnerie et destiné à supporter le poids du mur pour protéger une partie faible ; l'arc-doubleau est un arc transversal saillant qui double intérieurement le berceau d'une voûte ; il est dit en plein cintre quand sa courbe décrit un demi cercle ; l'arc outrepassé est un arc en fer à cheval ; enfin l'arc rampant est typique du style gothique et repose sur des impostes placées à des niveaux différents.

arcade Ensemble d'un arc et de ses supports appelés jambages ou pieds-droits. Les arcades peuvent se superposer en plusieurs étages.

arcature Série d'arcades, spécialement de petites arcades aveugles purement décoratives.

arche Ouverture d'une construction en forme d'arc (arc de triomphe, aqueduc, pont etc.).

architectonie Organisation architecturale d'un espace ou d'un bâtiment dont tous les éléments, d'ordre technique et formel, forment une unité artistique.

architrave Élément architectural horizontal qui relie, dans leur partie supérieure, deux montants (colonnes ou piliers) et constitue, dans les ordres classiques, la partie inférieure de l'entablement.

archivolte Ensemble de moulures et d'ornements concentriques qui décorent l'extrados d'un portail.

arête Voir voûte

atlante Statue qui a une fonction de soutien. C'est le correspondant masculin de la cariatide. On l'appelle également télamon.

atrium Dans la maison étrusque ou romaine, espace intérieur couvert, parfois orné de colonnes, qui desservaient les pièces d'habitation. Dans la basilique paléochrétienne, c'était une avant-cour à portiques, généralement rectangulaire, accessible aux non-croyants.

avant-corps Partie fonctionnelle d'un édifice qui se détache de la façade.

aveugle Se dit d'une baie ou d'une arcade non ajourée.

balustrade Clôture composée d'une rangée de balustres que surmonte une tablette d'appui.

baptistère Lieu destiné à la célébration du rite du baptême. C'est souvent un petit édifice de plan centré, séparé du corps principal de l'église.

bas-côtés (ou collatéraux) Nefs latérales d'une église, dont les voûtes sont moins hautes que celle du vaisseau central.

base Soubassement lisse ou mouluré d'un mur, d'un pilier ou d'une colonne.

basilique Tribunal et lieu de réunion couvert, dans l'Antiquité. Église bâtie sur le plan antique, privilégiée lors de sa consécration, ce qui lui donne une prééminence sur les autres édifices religieux, sauf la cathédrale. La basilique chrétienne s'inspira du modèle romain : elle était composée d'une nef centrale qui recevait la lumière par des fenêtres hautes formant claire-voie, et de deux ou quatre nefs latérales, séparées par des colonnes.

Bauhütte Ateliers formés d'équipes d'artisans de diverses branches pour la construction des cathédrales. Les ateliers tenaient un carnet confidentiel transmis uniquement aux membres de l'atelier.

berceau Voir voûte

bossage Ouvrage de maçonnerie constitué de moellons, c'est-à-dire de pierres qui se détachent uniformément de la surface du mur. Selon la forme des moellons, on distingue le bossage brut ou vermiculé, à relief léger (palais Ruscellai, Florence), le bossage rustique, à moellons taillés sans précision et très saillants (Palais Strozzi, Florence), et le bossage en pointe de diamant, dans lequel la saillie du moellon a la forme d'une pyramide (Palais des Diamants, Ferrare). Connu dès la fin de l'Antiquité, le bossage fut repris sous toutes ses formes, notamment durant la Renaissance, et c'est un motif que l'on retrouve souvent dans l'architecture néo-classique et dans celle, éclectique, du XIXe s.

caissons Compartiments creux, généralement carrés, qui ornent des plafonds ou des voûtes en bois ou en pierre.

campanile Clocher isolé du corps de l'église, répandu en Italie.

camposanto Désignation du cimetière en italien

cannelure Sillon, habituellement vertical, creusé à la surface d'un élément d'architecture, notamment d'une colonne ou d'un pilastre.

cariatide Colonne de soutien en forme de statue féminine. Son correspondant masculin est l'atlante.

cathédrale Siège de l'évêque. Église épiscopale urbaine.

cella Partie réservée à la statue et à l'autel d'un dieu, dans les temples antiques.

chapelle rayonnante Voir absidiole.

chapiteau Partie supérieure élargie qui couronne le fût d'une colonne ou d'un pilastre, généralement ornée de volutes (plantes ou autres objets ou figures).

chevalet Tréteau de charpente en bois.

chevet Terme désignant la tête de l'église, l'extérieur du sommet du chœur.

chœur Espace situé autour de l'autel et réservé au clergé officiant. À l'origine, partie de l'église destiné aux chantres, devant le maître-autel ; plus tard synonyme de presbytérium. Depuis le XIVe siècle, ce terme indique la zone du maître-autel.

claveau (ou voussoir) Pierre taillée en coin, qui sert à former des voûtes et des arcs.

clef de voûte Dans l'arc, pierre en forme de pyramide tronquée qui en constitue le centre et sur laquelle s'appuient les deux demi-arcs. Dans la voûte d'arêtes, c'est la pierre située à l'intersection de deux nervures, au centre de la voûte.

clef claveau placée au sommet d'un arc ou d'une voûte et qu'on place en dernier lieu.

cloître Jardin entouré d'une galerie à colonnes, au centre d'un monastère ; généralement adossé à un côté de l'église, il permet d'accéder aux différents bâtiments conventuels.

collatéraux Voir bas-côtés

colonnade Élément architectural constitué par une série de colonnes, placées à intervalles réguliers, parfois en alternance avec des piliers.

colonne Élément portant de section circulaire, généralement composé d'une base, d'un fût et d'un chapiteau. Dans les ordres d'architecture, elle est amincie vers le haut et présente un renflement vers le bas (entasis). Une colonne engagée est partiellement intégrée dans le mur. Une colonne adossée se dresse devant une paroi, avec un chapiteau et une base généralement engagés.

colonnette Petite colonne

colossal, ordre (ou ordre géant) Ordre d'arcitecture à partir de la Renaissance, quand les colonnes d'un ordre quelconque dépassent la hauteur d'un étage.

composite, ordre. Ordre d'architecture en usage chez les Romains, qui combine l'ordre ionique et l'ordre corinthien.

console Élément architectural de forme variée, en légère saillie d'un mur, qui sert à soutenir les poutres et les corniches.

contrefort Massif de maçonnerie appliqué sur la face extérieure d'un mur pour diminuer les effets d'une charge ou d'une poussée.

coquille Construction portante massive et cintrée de peu de force mais de grande portée.

corinthien, ordre. Un des trois ordres d'architecture classique. La colonne, cannelée, repose sur une base ; le chapiteau représente des feuilles d'acanthe entourant une corbeille.

corniche Dans les ordres classiques, la partie supérieure de l'entablement. Par extension, ensemble de moulures en saillie.

croisée du transept Espace correspondant à l'intersection entre la nef et le transept d'une église.

crypte Lieu de sépulture d'un martyr ou d'un saint. À l'époque romane, il prit des proportions architecturales grandioses.

cul-de-four Voûte formée d'une demi-coupole qui s'élève audessus d'une aire circulaire ou elliptique

déambulatoire Galerie qui relie les bas-côtés d'une église en passant derrière le chœur.

dôme En Italie, l'église la plus importante d'une ville, qui coïncide en général avec la cathédrale lorsqu'il est situé dans une localité qui est le siège épiscopal. En France, synonyme de coupole.

donjon Haute tour fortifiée dans la cour d'un château fort, qui constituait l'ultime défense dans le cas où les assaillants réussissaient à passer les murs.

dorique, ordre. Le plus ancien des trois ordres grecs d'architecture. Il est caractérisé par une colonne cannelée amincie vers le haut, au fût légèrement renflé au tiers inférieur (entasis), dépourvue de base et reposant directement sur le stylobate.

doubleau Voir arc

église-halle Église formée de nefs de même hauteur. Ce type de basilique est très répandu en Allemagne.

entablement Ensemble des éléments horizontaux qui reposent sur les colonnes. Dans l'architecture classique, il se compose d'une architrave, d'une frise et d'une corniche.

extrados Surface convexe extérieure d'un arc ou d'une voûte.

faîte Sommet d'un édifice et donc d'un fronton.

fenêtres hautes Partie supérieure de la nef centrale d'une église formant claire-voie, qui s'élève au-dessus des toits des nefs latérales.

flèche Élément architectural en forme de pyramide ou de cône, très développé en hauteur, qui possède une fonction décorative ; typique de l'architecture gothique, il est également dit pinacle.

forum Dans l'Antiquité romaine, place à portiques constituant le centre de la vie civique et un lieu de marché. Il était entouré d'édifices publics civils et religieux.

fresque Peinture murale à base de pigments minéraux ou de terre, exécutée sur une couche de plâtre encore frais.

frise Bordure ornementale en forme de bandeau continu d'un mur. On distingue la frise ornementée et la frise décorée avec des figures, le plus souvent d'animaux.

fronton Élément architectural triangulaire formé par les corniches d'entablement et le bord des pentes du toit ; dans le temple classique, il forme le couronnement des deux petits côtés et renferme en son centre le tympan sculpté.

fût Voir colonne

gable Pignon décoratif aigu, souvent ajouré et orné.

galerie Espace oblong, généralement ouvert sur un côté. Dans les palais et châteaux des XVIe et XVIIe siècles, pièce servant de lieu de représentation.

haram Salle de prières à colonnades dans les mosquées arabes. Elle est bâtie à l'origine avec des troncs de palmier.

imposte Les deux éléments sur lesquels l'arc repose.

intrados Surface concave intérieure d'un arc ou d'une voûte.

ionique, ordre. Un des trois ordres grecs d'architecture. La colonne, cannelée, repose sur une base moulurée, et le chapiteau présente deux volutes latérales symétriques.

keep Donjon dans l'architecture normande anglaise.

krépis Socle à plusieurs gradins sur lequel reposait l'ensemble du temple classique.

Lady Chapel Chapelle de Sainte-Marie dans les cathédrales anglaises ; elles sont généralement situées sur le chœur oriental.

lésènes (ou bandes lombardes) Bandes verticales de renfort plaquées sur un mur et reliées en haut par des arcatures en plein cintre.

loggia Pièce ou galerie parfois vitrée, ouverte sur l'extérieur par une colonnade ou des arcades, généralement située en étage.

maçonnerie Ouvrage composé d'éléments assemblés (moellons ou pierre de taille, briques etc.) joints par un liant (mortier, ciment etc.).

mastaba Superstructure des tombeaux de l'Égypte antique. Construit sur base rectangulaire, il s'élevait comme une colline de pierre ou de brique. Depuis l'Ancien Empire (2850-2052 av. J. -C.), le mastaba revêt la forme d'une pyramide tronquée.

mausolée Tombe monumentale.

mégaron Primitivement, salle rectangulaire avec des colonnes et un foyer central, précédée par deux vestibules. Puis, salle principale, où se prenaient les repas, de la maison grecque archaïque. Il donna naissance au temple grec.

mihrab Niche de prière de la mosquée arabe dans laquelle l'imam dirige la prière et indique la direction de prière.

minaret Tour élancée d'une mosquée, du haut de laquelle le muezzin invite les fidèles musulmans à la prière.

module Unité de mesure conventionnelle qui règle le rapport entre les différentes parties d'un édifice. Dans l'architecture antique, le module est représenté par le rayon à la base du fût de la colonne.

moellon Gros bloc de pierre cubique employé dans les constructions.

mosaïque Technique artistique utilisée pour la décoration de pavements, de murs et de plafonds en juxtaposant des petits fragments plus ou moins réguliers de matériaux hétérogènes, tels que galets, pierres dures, terre cuite, verre, émaux, marbres.

mosquée Édifice sacré des Musulmans qui peut revêtir des formes variées. Ses éléments constants sont une large salle à colonnade, une cour avec une fontaine pour les purifications, une cella orientée dans la direction sacrée de l'orient, dite mihrab, une tour haute et élancée, ou minaret, d'où le muezzin appelle les fidèles à la prière, et une chaire surélevée, dite minbar.

mosquée-madrasa Sanctuaire couvert d'une mosquée, qui pouvait abriter, outre la prière, diverses activités d'une importance capitale pour l'organisation sociale - de l'administration de la justice à l'enseignement coranique.

mur-rideau Ensemble d'éléments préfabriqués, qui forment la cloison extérieure d'une construction (mur) mais ne font pas partie de la structure porteuse et sont accrochés en avant.

nef Chacune des subdivisions longitudinales (ou vaisseau) d'une église de plan allongé, entre le portail et le chœur. Celle du milieu est la nef centrale, appelée aussi vaisseau central. Les nefs latérales sont aussi appelées bas-côtés ou collatéraux.

nervure Élément structurel saillant, en arc, des voûtes et des coupoles, dont il transmet les poussées aux piliers de soutien.

obélisque Monolithe quadrangulaire en forme d'aiguille surmontée d'un pyramidion.

ogive À l'origine, arc diagonal en nervure, tendu au croisement d'une voûte et en marquant l'arête ; puis, abusivement, le terme a désigné tout l'arc brisé (dont les deux branches concaves se rejoignent pointe au faîte.

ordres d'architecture Système de règles, concernant essentiellement la forme et les proportions des colonnes et des entablements, pour classer les différents types d'architecture classique. Les ordres grecs comprennent le dorique, l'ionique et le corinthien, auxquels les Romains ont ajouté le toscan et le composite. À partir de la Renaissance, on parle aussi d'ordre colossal ou géant quand les colonnes d'un ordre quelconque dépassent la hauteur d'un étage.

pendentif Partie de la voûte en forme de triangle sphérique qui relie la structure de base (carrée ou polygonale) et la calotte d'une coupole. Le terme désigne aussi la partie en forme de triangle à côtés courbes comprise entre les extrados de deux arcs adjacents et la corniche supérieure, ou, enfin, la ligne droite idéale qui relie les points les plus élevés de ces mêmes arcs.

périptère Temple grec classique dont la cella est entourée d'une rangée continue de colonnes.

péristyle Cour intérieure d'une maison antique ou d'un temple, entourée de colonnes.

perpendicular style Forme particulière du gothique tardif anglais avec une articulation des poteaux de fonds (fenêtrages ??), des murs et des fenêtres principalement perpendiculaire.

pilastre Pilier vertical, avec base et chapiteau, engagé dans un mur ou un support et formant une légère saillie.

pilier Élément architectural vertical, normalement à base rectangulaire, mais également polygonal, cruciforme etc., destiné à recevoir la retombée d'une arcade, d'une voûte, d'une nervure. Il peut être composé comme la colonne. Les deux types principaux de piliers sont le pilier cruciforme, caractéristique du style roman, avec une colonne engagée dans chacun des quatre côtés, et le pilier à faisceaux, fasciculé ou polystyle, caractéristique du style gothique et formé de plusieurs colonnes réunies en un seul bloc.

porche Espace couvert, ouvert ou fermé, situé devant l'entrée d'un bâtiment.

portail Porte extérieure d'une église ou d'une maison, surtout lorsqu'elle est particulièrement large et monumentale.

portique Galerie ouverte avec colonnade, le plus souvent située de plain-pied et à l'extérieur d'un édifice ; il peut avoir une fonction de protection ou bien seulement décorative.

poussée Pression latérale exercée, dans une construction, par un élément sur un autre.

préfabrication Méthode de construction qui emploie des éléments standardisés fabriqués d'avance en série, puis assemblés dans le lieu choisi.

pronaos Dans le temple grec, espace situé entre la colonnade et le mur de façade du naos.

pseudo-basilique Église-halle avec un vaisseau central surélevé mais qui ne possède ni fenêtres ni baies.

pylône 1. Portail colossal d'un temple égyptien, flanqué de deux piliers massifs en forme de pyramides tronquées.

2. Pilier ou mât supportant un pont ou un bâtiment (p. ex. le Parc olympique de Munich)

pyramide Monument funéraire des pharaons égyptiens à base rectangulaire et avec quatre faces triangulaires inclinées, se rejoignant au sommet pour former la pointe.

quibla, mur de Mur le long duquel les fidèles islamiques s'alignent pour prier. Il est désigné par une niche, le mihrab, qui indique la direction de La Mecque. (Avant 624, il indiquait la direction de Jérusalem).

ronde-bosse Sculpture, ouvrage en relief, qui n'est pas rattaché à un fond. Une sculpture est dite en demi-bosse quand elle ne fait saillie sur le fond que de la moitié de son épaisseur ; en ronde-bosse, quand elle est complètement isolée et qu'on peut en faire le tour.

rosace Dans les églises romanes et gothiques, la grande baie circulaire rayonnante, dite aussi rose, située au centre de la façade, au-dessus du portail principal.

rustique Se dit de structures ou d'architectures typiques de l'art romain, puis reprises à la Renaissance, dont les murs extérieurs étaient construits ou revêtus de pierres non taillées, saillantes et sans décoration.

stalactites Dans l'architecture arabe, notamment dans ses exemples espagnols, on dit d'un plafond qu'il est à stalactites lorsqu'il est formé d'une juxtaposition de niches dont les extrémités se terminent en pendentifs.

stuc Matériau malléable (mélange de plâtre ou de chaux éteinte, de sable et de poussière de marbre) qui se solidifie rapidement en séchant. On l'emploie pour orner des murs et des structures architecturales avec des décors en relief.

stylobate Gradin supérieur du krépis où se développe la colonnade.

tambour Soubassement cylindrique d'une coupole.

terre cuite Argile travaillée à la main ou sur des formes profilées. Désigne aussi l'objet obtenu (bas-relief, statue etc. . .).

thermes édifices antiques destinés aux bains publics et à chauffage central par l'intermédiaire de murs creux ou de briques creuses dans le sol.

toscan, ordre. Ordre architectural romain, d'origine étrusque. La colonne, au fût cylindrique et lisse, repose sur une plinthe ; le chapiteau est semblable au dorique.

tour-lanterne Construction à base polygonale ou cylindrique, percée de fenêtres, qui surmonte généralement la croisée du transept et sert à éclairer l'intérieur de l'église.

transept Nef qui coupe perpendiculairement les autres face à l'autel, créant un plan en croix latine. Le transept peut comporter plusieurs vaisseaux et ne pas être de la même hauteur que la nef principale, sans que cela apparaisse sur le plan.

travée Portion de voûte, de comble, de pont. . . comprise entre deux points d'appui (colonnes, piles, piliers).

tribune Emplacement réservé dans la basilique romaine aux magistrats, dans l'église paléochrétienne à l'évêque et au clergé et dans la basilique chrétienne, galerie ménagée au-dessus des bas-côtés, destinée aux femmes. Dans la cathédrale gothique, elle se transforme en triforium.

triforium Dans l'architecture gothique, étroite galerie percée d'arcades qui permet d'accéder aux combles et se substitue à la tribune.

triglyphe Partie de la frise de l'ordre dorique. Alternant avec les métopes, elle constitue en un rectangle creusé de rainures verticales.

trompe-l'œil Genre pictural où le soin du détail et les artifices de la perspective cherchent à donner l'illusion de la réalité.

tympan Mur triangulaire, lisse ou, plus souvent, décoré en relief, situé dans le fronton d'un temple.

vaisseau Voir nef

volute Élément décoratif courbe ou en spirale très répandu en architecture. Les volutes du chapiteau ionique sont typiques.

voussoir Voir claveau

voûtain Quartier de voûte délimité par deux arcs ou deux nervures.

voûte Ouvrage de couverture basé sur le principe structural de l'arc et caractérisé par la poussée latérale qui s'exerce sur les éléments d'appui périmétraux. La voûte en berceau est la projection longitudinale, respectivement, d'un arc en plein cintre et d'un arc brisé. La voûte d'arêtes est le croisement de deux voûtes en berceau. La voûte en croisée d'ogives est un type particulier de voûte d'arêtes propre à l'architecture gothique ; elle est soutenue par deux arcs en ogive se croisant diagonalement. On appelle coupole une voûte hémisphérique.

INDEX DES ARCHITECTES CITÉS

Foster, Sir Norman Robert (1935) Architecte britannique, directeur de l'agence londonienne Foster Associates. Adepte acharné du transfert des technologies, son type de construction dominant est la grande enveloppe spatiale neutre. ***104***

Garnier, Charles (1825-1898) Architecte français. Au retour d'une série de voyages d'étude à Rome et à Athènes, il remporta, en 1861, le concours pour l'Opéra de Paris, une œuvre qui fournit le cadre d'un événement scénique et de société. Le casino de Monte Carlo, dont il est également l'auteur, possède les mêmes particularités. ***72***

Gaudí, Antonio y Cornet (1852-1926) Architecte espagnol qui créa, par la fusion de formes gothiques, Renaissance ou islamiques, un langage très personnel d'une grande sensibilité imaginative. Son œuvre principale est l'église de La Sagrada Familia à Barcelone, commencée en 1884 et encore inachevée. ***81,*** *87, 106*

Gerkan, Meinhard von (1935), **Marg, Volkwin** (1936) **et Partenaires**, société d'architectes fondée en 1965, qui remporta de nombreux concours en Allemagne fédérale. Ses activités ne se limitent pas à l'architecture. Elles comprennent aussi la planification de tous les calculs d'ingénieurs et des voies de circulation. ***111***

Gibbs, James (1682-1754) Bâtisseur de cathédrales le plus influent du début du XVIIIe siècle à Londres. Il amassa, au cours de ses études d'architecture et de peinture à Rome, une infinie richesse formelle. L'église de St. Martin-in-the-Fields, considérée comme son œuvre majeure, fut imitée de nombreuses fois. ***61***

Gilly, Friedrich (1772-1800) Grand architecte du classicisme allemand, enseignant de l'Académie d'architecture de Berlin. Ses plus beaux édifices, restés à l'état de projet, se caractérisent par des volumes spatieux d'une grande pureté. ***68,*** *69*

Golosov, Ilya (1883-1945) Architecte russe constructiviste, enseignant de l'académie d'architecture. Son but était de concilier, dans ses œuvres, les traditions historiques et la nouvelle pensée socialiste. *85*

Gropius, Walter (1883-1969) Architecte et fondateur du Bauhaus. Son style se caractérise par un langage formel pur, dépouillé et fonctionnel. En tant que pédagogue, il exigea pour tous les artistes une formation de base dans les formes, les couleurs et la spécificité du matériau. *84,* ***86,*** *88,* ***89,*** *92, 95*

Guarini, Guarino (1624-1683) Architecte italien du Baroque tardif. Ses édifices religieux, ouverts aux expérimentations, sont d'une grande précision mathématique. Il fut le maître de la l'interpénétration et de la succession d'espaces centrés. *53, 59, 60*

Guimard, Hector (1867-1942) Enseignant de l'École des Arts Décoratifs de Paris et architecte de l'Art Nouveau. Il combina de manière très originale des matériaux comme le métal, la faïence et la brique de verre. ***82***

Hadis, Zaha (1950) Architecte britannique née en Irak qui s'inspira du constructivisme russe. Sa technique de construction déploie des méthodes très complexes et des perspectives parfois extravagantes. C'est une artiste contemporaine avant-gardiste. Ses projets indiquent déjà l'architecture de l'an 2000 et du XXIe siècle. *109,* ***110***

Hardouin-Mansart, Jules (1646-1708) Architecte français à la cour de Louis XIV, chargé de l'élargissement de Versailles à partir de 1678. Son œuvre la plus impressionnante est cependant le dôme des Invalides à Paris, constituant l'exemple le plus convaincant du classicisme français, dans un assemblage dynamique de baroque et de classique. *56, 57, 60*

Haussmann, Georges-Eugène (1809-1891) Fonctionnaire alsacien impitoyable, chargé par Napoléon III de la reconstruction de la ville de Paris. Son leitmotiv étaient les longs boulevards rectilignes finissant en étoile sur un rond-point. *74, 75*

Holl, Elias (1573-1646) Architecte de la ville d'Augsbourg. Il créa un style Renaissance classique par ses volumes équilibrés, à partir du langage formel de Palladio et de modifications personnelles du style façades à pignon. *50,* ***51***

Horta, Victor (1861-1947) Architecte belge. Son Hôtel Tassel est la plus hardie des créations de l'Art Nouveau et fut considéré, à l'époque, comme faisant partie de l'architecture avant-gardiste européenne. ***82***

Ictinos (Ve s. av. J.-C.) Architecte grec ayant pris part aux travaux de réorganisation de l'Acropole d'Athènes et en particulier à la construction du Parthénon. ***11***

Isidore de Milet (Ve s. ap. J.-C.) Collaborateur d'Anthémios de Tralles lors de la construction de la basilique Sainte-Sophie de Constantinople. ***15***

Jefferson, Thomas (1743-1826) Architecte américain, érudit, et homme d'État (troisième président des États-Unis). Il étudia en Europe les villas de l'Antiquité romaine et les édifices de Palladio et en appliqua la syntaxe formelle à des édifices publics comme le Capitole de Richmond, Virginie (achevé en 1796), qui devint un exemple d'architecture américaine. ***66***

Johnson, Philip Cortelyou (1906) Architecte américain, premier directeur de la section architecture du Museum of Modern Art à New York. Il propagea dans les années trente l'architecture avant-gardiste européenne aux États-Unis. Ses édifices devinrent de plus en plus spectaculaires et d'une remarquable transparence, qui leur confère beaucoup d'élégance. ***95, 97,*** *102, 108, 109*

Jones, Inigo (1573-1652) Après un long séjour en Italie, très en avance sur son temps, il contribua à l'essor soudain de la Renaissance anglaise en architecture. Créés sur le modèle palladien, ses édifices séduisent par leur grande distinction, et un fidèle classicisme. ***51***

Juan Bautista de Toledo (mort en 1567) Architecte espagnol, actif à la cour de Naples. Il fut chargé en 1563 par le roi Philippe II de construire le gigantesque complexe El Escorial, château et monastère augustin. À sa mort, il fut remplacé par son élève Juan de Herrera. ***48***

Juan de Herrera (v. 1530-1597) Élève et assistant de Juan Bautista de Toledo. ***48***

Klenze, Leo von (1784-1864) Sous Louis Ier de Bavière, l'architecte royal munichois donna à la ville son caractère, grâce à des édifices classiques du Quattrocento italien. En dehors de Munich, son édifice le plus connu est la Walhalla près de Ratisbonne. *64, 67, 69*

Labrouste, Henri (1801-1875) Architecte français qui, après avoir séjourné six ans à Rome, ouvrit un atelier de formation d'architectes qui devint centre du courant rationaliste. Il fut l'un des premiers à saisir l'importance du fer en architecture. ***77***

Langhans, Carl Gotthard (1732-1808) Architecte de formation encore baroque, il devint l'un des premiers représentants du classicisme allemand. Son œuvre majeure, la Porte de Brandebourg de Berlin est construite sur le modèle de l'Antiquité grecque. *67*

Latrobe, Benjamin H. (1764-1820) Architecte américain, ayant stimulé, grâce à sa Banque de Pensylvanie, une renaissance du classicisme grec en Amérique. Il acheva le Capitole de Washington en 1803. ***66***

Le Corbusier, Charles-Édouard Jeanneret, dit (1887-1965) Architecte, urbaniste, peintre et théoricien français d'origine suisse très influent et d'une grande force imaginative. Sa préoccupation majeure fut l'urbanisme et la recherche d'un style nouveau pour la construction de logements fonctionnels. Après la Seconde guerre mondiale, il créa grâce à un système complexe, appelé Modulor, un style anti-rationnel qu'illustre la chapelle de Ronchamp, œuvre majeure de cette période de L. C. *11, 33, 63, 84, 88, 90, 92, 94,* ***98,*** *99, 100,* ***103,*** *105, 107*

Ledoux, Claude-Nicolas (1736-1806) L'un des principaux protagonistes de la « révolution » architecturale française. Ses projets sont fondés sur la combinaison de formes géométriques élémentaires et isolées visant à la création d'une architecture parlante. ***63,*** *64, 66, 102, 106*

Lenné, Peter Josef (1789-1866) Architecte paysagiste allemand. Après ses années d'apprentissage en France, il fut nommé directeur général des Châteaux, Parcs et Jardins de Potsdam et de Berlin, où il aménagea de fameux parcs, dont Sanssouci. *68, 74*

Lenôtre, André (1613-1700) L'un des plus grands architectes paysagistes, fondateur des parcs et jardins aux formes géométriques. Il créa pour Louis XIV le célèbre parc du château de Versailles. *57*

Leonardo da Vinci (1452-1519) Artiste universel du Quattrocento italien qui concevait la recherche scientifique comme une activité artistique et ne voyait pas de contradiction à son exercice. Il légua, outre les projets qui furent réalisés, de nombreuses esquisses, parmi lesquelles le dôme de Milan. L'intérêt qu'il portait aux édifices de plan centré influença les travaux de Bramante. *41, 44, 47, 50*

Levau, Louis (1612-1670) Architecte du baroque français qui créa avec d'autres artistes le style « Louis-quatorze » et mit en scène de manière impressionnante les variétés de style baroque. Son plus grand ouvrage demeure le château de Vaux-le-Vicomte, commandé en 1657. *57*

Lissitzky, El (1890-1941) Architecte et peintre du constructivisme russe. Ses compositions abstraites consistent en des formes élémentaires géométriques à partir desquelles l'espace et sa distribution se réduisent à un langage formel minimum. ***85***

Lodoli, Carlo (1690-1761) Ecclésiastique et théoricien vénitien. Ses idées classiques et fonctionnelles trouvèrent approbation parmi ses contemporains. *63*

Loos, Adolf (1870-1933) L'architecte autrichien se consacra notamment au design industriel et aux logements fonctionnels. Il combattit dans ses écrits la Sécession viennoise, formulant des pensées novatrices pour les générations futures d'architectes. ***83***

Maderno, Carlo (1556-1629) Sa première œuvre architecturale importante est la façade de Santa Susanna qui annonce déjà l'art baroque et porte l'empreinte du langage individuel de l'artiste, de son style mouvementé, dynamique, épuré. Cet important interprète du baroque primitif romain acheva la basilique de Saint-Pierre de Rome en tansformant le plan central initial en plan longitudinal. *52, 55*

Malevitsch, Kasimir (1878-1935) Peintre russe et l'un des fondateurs de la peinture abstraite qui aspirait à la pureté des formes géométriques. Il formula ses thèses dans un ouvrage intitulé « Monde sans objet », publié par le Bauhaus. *85*

Marinetti, Filippo Tommaso (1876-1944) Écrivain italien, fondateur du mouvement futuriste en 1908 avec d'autres artistes et intellectuels, proclamant la rupture complète avec les traditions et exaltant le dynamisme et la beauté de la machine en mouvement. *85*

Maurice de Sully (mort en 1196) Architecte ecclésiastique très influent. Archevêque de la ville de Paris depuis 1160, il posa la première pierre pour la reconstruction de Notre-Dame de Paris. *34*

May, Ernst (1886-1970) Conseiller à l'urbanisme de Francfort-sur-le-Main, il dirigea de 1925 à 1930 des projets d'habitations à loyers modérés. Dans ses plans d'aménagement urbain et de construction de logements, il associa le principe de la ville-satellite anglaise au langage formel du Style international et du rationalisme. *90*

Meier, Richard (1934) Architecte américain contemporain des plus populaires, c'est un important représentant du purisme moderne. Il assume, avec ses édifices, la succession la plus fidèle du Mouvement moderne. ***106***

Mendelsohn, Erich (1887-1953) Sa conception hardie d'une architecture-sculpture fut influencée dans les années vingt par l'expressionnisme, dont l'idée directrice était la forme aérodynamique. Plus tard, il accentua le volume constructif de ses édifices et en simplifia les formes. ***87,*** *102*

Meyer, Adolf (1881-1929) Architecte allemand, collaborateur de W. Gropius, enseignant du Bauhaus, puis conseiller à l'urbanisme de Francfort-sur-le-Main. Son architecture se caractérise par un style rationnel aux formes géométriques. *84,* ***86***

Michel-Ange, Michelangelo Buonarroti, dit (1475-1564) Sculpteur, peintre, architecte et poète italien, génie universel. Les vingt dernières années de sa vie, il se préoccupa beaucoup de projets d'architecture (composition scénographique de la place du Capitole, achèvement du palais Farnèse, depuis 1547, direction du chantier pour la reconstruction de la basilique Saint-Pierre). Plus que de créer des espaces, M. -A. modelait les murs et les surfaces. *42, 44, 46,* ***47***

Mies van der Rohe, Ludwig (1886-1969) Actif d'abord en Allemagne, puis à partir de 1938, aux États-Unis. Ses édifices sont de l'ordre cubique, et se distinguent par le respect strict des lois de la proportion et des mesures, et la parfaite finition dans le détail. Mies van der Rohe fit partie des architectes les plus influents et les plus imités du XXe siècle. *82, 84, 86,* ***92,*** *94, 95, 96,* ***97,*** *98, 106, 110*

Morris, William (1834-1896) Théologien britannique intéressé par l'architecture. Non satisfait de l'architecture et des intérieurs de son époque, il fonda sa propre entreprise, à travers laquelle il devint précurseur d'un langage formel moderne (Arts and Crafts Movement) *82*

Muggenast, Josef (1680-1741) Cousin et élève de Jakob Prandtauer, il lui succéda à la construction de l'Abbaye bénédictine de Melk. Muggenast fit preuve d'originalité lors de la reconstruction de l'Abbaye bénédictine d'Altenburg, dans laquelle il édifia l'une des plus belles bibliothèques baroques. ***59***

Neumann, Balthasar (1687-1753) Ingénieur et architecte, nommé surintendant aux constructions de la cour de Würzbourg par le prince-évêque von Schönborn, il fut chargé de concevoir le projet de la résidence épiscopale. Ses thèmes sont la fusion de multiples espaces courbes dans l'espace central et l'espace rythmé, mouvementé. Ses édifices religieux séduisent par un complexe système d'interpénétration de l'espace. *59,* ***60***

Neutra, Richard Josef (1892-1970) Architecte autrichien qui travailla avec Loos et Mendelsohn. En 1923, il émigra aux États-Unis où il propagea les idées modernes d'architecture des bâtisseurs européens. *95*

Niemeyer, Oskar Soares Filho (1907) Architecte brésilien, actif participant, depuis 1957, à la fondation et à l'aménagement de Brasilia, la nouvelle capitale du Brésil. *98,* ***99***

Oud, Jakobus Johannes Pieter (1890-1963) Architecte de la ville de Rotterdam de 1918 à 1933, il en dirigea la construction des logements. Oud est l'un des principaux représentants de l'architecture hollandaise moderne. Elle a pour objectif de construire des édifices à la fois esthétiques et utiles suivant des critères classiques épurés. Il fut cofondateur de la revue De Stijl. *88,* ***89***

Palladio, Andrea (1508-1580) C'est l'architecte et le théoricien le plus éminent du Quattrocento italien, d'une influence considérable sur la postérité. Une étude approfondie de l'Antiquité lui permit d'élaborer sa conception de la symétrie et des proportions harmonieuses. ***49,*** *50, 51, 61, 66, 106*

Paxton, Sir Joseph (1801-1865) Jardinier de formation, il proposa pour l'exposition universelle de Londres un projet de palais d'exposition de verre et de fer. Le palais de cristal devint la sensation du siècle et fut la première production sérielle de pièces montées sur le chantier-même. ***75,*** *104*

Piano, Renzo (1937) Architecte italien dont les édifices se distinguent par leur qualité esthétique, leur practicabilité et une architecture déterminée par la technologie. Il édifia avec Rogers, de 1971 à 1977, le Centre Pompidou à Paris. En 1992, Piano gagna le concours pour le nouveau bâtiment de Daimler-Benz sur la Potsdamer Platz de Berlin. *104,* ***105***

Pierre de Montereau (mort en 1267) Bâtisseur de Notre-Dame de Paris. On lui attribue également les travaux de gothique flamboyant dans l'église abbatiale de Saint-Denis (commencée en 1231). *31, 34*

Prandtauer, Jakob (1660-1726) Éminent architecte du baroque allemand. Son œuvre majeure fut l'abbaye bénédictine de Melk, un chef-d'œuvre de l'art baroque associé à tous les avantages de la situation du promontoire de granit dominant le Danube. ***59***

Rietveld, Gerrit Thomas (1888-1964) En 1919, l'ébéniste fit connaissance de l'architecte Oud et du groupe d'artistes De Stijl et commença à faire des plans de villas, de pavillons d'exposition et de maisons individuelles d'une grande simplicité et élégantes, dans lesquels l'aménagement de l'intérieur jouait un rôle primordial. ***88***

Rogers, Richard (1933) Adepte de l'architecture fonctionaliste, mettant au centre de son œuvre la forme et la fonction. Il fut avec Piano bâtisseur du Centre Pompidou. Son agence travaille à l'échelon international. Rogers obtint les plus grands prix d'architecture des années 1980. *104,* ***105***

Rossi, Aldo (1931) Architecte italien contesté qui développa un langage formel individuel, réduit, de façon radicale, à peu éléments typiques. Il dérive ses principes et ses visions du dialogue avec l'histoire et l'architecture traditionelle. ***107***

Saarinen, Eero (1910-1961) Architecte américain d'origine finlandaise. Son père avait bâti la gare d'Helsinki. Saarinen refusait la séparation du savoir technique et des apports personnels. Ses édifices sont empreints d'un style personnel qui donne à l'espace un mouvement dynamique. ***100,*** *102, 103*

Sansovino (Jacopo Tatti dit, 1486-1570) Sculpteur italien qui introduisit la Renaissance à Venise et devint le plus grand architecte vénitien. Il marie de manière merveilleuse et rarement vue l'architecture et la plastique. Palladio dit que la bibliothèque de Sansovino sur la place Saint-Marc était l'édifice le plus parfait du néo-classicisme romain. ***46,*** *48, 49*

Sant'Elia, Antonio (1888-1916) Architecte italien du futurisme. Ses projets ne furent pas réalisés. Ils sont des visions purement futuristes de métropoles industrielles et commerçantes. *85*

Scharoun, Hans (1893-1972) Architecte allemand qui privilégiait, dans ses édifices et ses écrits, la recherche d'une spatialité organique variée dans le volume interne et externe. Nombreux furent ses projets non réalisés. Le couronnement de sa carrière est la Philharmonie de Berlin. *98,* ***101,*** *102*

Schinkel, Karl-Friedrich (1781-1841) Éminent architecte du classicisme allemand, à qui furent confiés d'importants édifices lui permettant de se forger un style à partir des modèles de l'Antiquité classique et de l'art gothique. Ses œuvres allient l'utilité à une syntaxe formelle limpide et harmonieuse. *68,* ***69***

Schlüter, Andreas (v. 1660-1714) Formé à l'école de Dantzig, il se rendit en 1694 comme sculpteur à Berlin. Après avoir effectué des voyages d'étude en Italie et en France, il se consacra à la construction de l'arsenal et participa à la reconstruction et aux modifications du Palais Royal de Berlin, deux œuvres majeures du Baroque du Nord de l'Allemagne. *58*

Schütte-Lihotzky, Grete (1897) Elle esquissa la « cuisine de Francfort » pour la « Siedlung Praunheim », cité construite sous la direction de l'architecte May à Francfort. C'était une cuisine réduite au strict minimum, uniquement fonctionnelle. *90, 91*

Scott, Sir George Gilbert (1811-1878) Architecte anglais spécialisé dans les édifices religieux de style gothique. Il emprunta ses motifs au gothique flamboyant français, puis anglais. ***77***

Semper, Gottfried (1803-1879) Architecte allemand et professeur d'architecture. Il entreprit de nombreux voyages. Il utilisait avec parcimonie les formes de construction historiques et travaillait sur le modèle des proportions harmonieuses de l'architecture italienne de la Renaissance. *71, 107*

Skidmore, Owings & Merill (SOM) Agence d'architecture fondée en 1937 ayant créé de nouvelles formes de construction pour le monde commercial et l'organisation des bureaux. La force de SOM réside dans ce seul fait que l'agence sache réaliser les tendances avec finesse, virtuosité, originalité et perfection dans les finitions. En 1980, SOM, première agence mondiale d'architectes et d'ingénieurs, définit de nouveaux standards pour l'architecture. ***105***

Smirke, Sir Robert (1781-1867) Éminent architecte du classicisme anglais qui travaillait dans l'esprit de l'Antiquité grecque (Greek Revival). Le British Museum à Londres fait partie de ses œuvres principales. ***65***

Soufflot, Jacques-Germain (1709-1780) C'est le plus grand architecte du classicisme français. Il avait étudié l'Antiquité et les œuvres de Palladio en Italie. Il construisit à Paris l'église Sainte-Geneviève, nommée Panthéon depuis 1791. ***64***

Speer, Albert (1905-1981) Il attira l'attention d'Hitler par sa reconstruction du quartier général du parti nazi (NSDAP) à Berlin. Inspecteur général du bâtiment de la capitale du Reich, Speer donna libre cours au gigantisme qui caractérisait son style dans de nombreux projets qui ne furent jamais réalisés. ***93,*** *94*

Stirling, James (1926-1992) Architecte britannique qui tenta de rétablir un équilibre, même précaire, entre le classicisme et le modernisme. Ses nombreux édifices publics séduisent par leurs formes précises et fonctionnelles et la distribution de l'espace. ***107,*** *108,* ***110***

Suger, abbé (v. 1081-1151) Éminent architecte qui entreprit et suivit de près les travaux de transformation de l'église abbatiale de Saint-Denis. On lui attribue l'élaboration du style gothique de l'église. Il fut considéré jusqu'au XIXe siècle comme l'inventeur de l'architecture gothique. *30,* ***31,*** *32*

Sullivan, Louis Henry (1856-1924) Architecte américain auquel on doit le perfectionnement de la construction à structure d'acier. Il créa le style particulier des édifices commerciaux et des grands magasins aux États-Unis. Il fut le professeur de F. L. Wright. ***79,*** *95, 108*

Tange, Kenzo (1913) Éminent architecte japonais admirateur de Le Corbusier. Ses édifices sont empreints de procédés urbains dynamiques et de formes extrêmement symboliques. Il construisit de nombreux édifices publics et devint une personnalité du Mouvement moderne et de la nouvelle architecture nationale japonaise. *98,* ***99***

Tatline, Vladimir J. (1885-1953) Fondateur du constructivisme russe. Ses œuvres consistent en formes géométriques élémentaires et refusent toute allusion à des motifs figuratifs. ***85***

Taut, Bruno (1880-1938) Précurseur du Style international en Allemagne. Il contribua essentiellement à la réforme des cités et résidences d'habitation ainsi qu'en général à la réforme du logement et à la planification urbaine, où il utilisait surtout la couleur comme élément ornemental. *63, 88,* ***90,*** *91*

Tessenow, Heinrich (1876-1950) Architecte allemand et professeur à Vienne, Dresde et Berlin. Il exigeait dans la construction l'objectivité, la pureté et la simplicité. Exemplaire, le type d'habitations pour lequel il s'investit fit école en Allemagne. *84*

Thornton, William (1759-1828) Il émigra des Indes occidentales, où il était médecin, aux États-Unis et gagna, en 1793, le concours pour le Capitole de Washington. Ses plans furent néanmoins très modifiés. ***66***

Tschumi, Bernhard (1944) Architecte de renommée internationale dont les thèmes principaux naquirent sous l'influence des médias modernes et de la philosophie contemporaine. Sa conception architecturale est identique à son image de la réalité, à savoir incontrôlée, fragmentaire, infinie et déconstructive. Il devint célèbre grâce au Parc de la Villette, la Cité des sciences et de l'industrie, à Paris. ***108,*** *109*

Van de Velde, Henry (1863-1957) Architecte et peintre belge. Ses structures conformes à la spécifité du matériau et à la fabrication furent déterminantes pour l'évolution de l'Art Nouveau. *81*

Venturi, Robert (1925) Architecte et théoricien américain. Il s'efforce dans ses édifices de prendre en compte la psychologie de la perception et des facteurs comme l'ambiguïté, la mémoire et la contradiction. Dans ses écrits, il fait l'analyse des contradictions de l'histoire de l'architecture européenne et américaine. *105, 106*

Vesnine, Leonid, Victor et Alexandre (XIXe/XXe s.) Artistes soviétiques et ingénieurs. La collaboration des trois frères commença en 1918; sous l'influence du constructivisme, ils construisirent des édifices fonctionnels avec l'objectifs de présenter la « ville socialiste idéale ». *85*

Vignole, Giacomo Barozzi da Vignola, dit (1507-1573) Chef de file de l'architecture à Rome et le plus grand théoricien après la mort de Michel-Ange. Son œuvre principale est l'église de Il Gesù (commencée en 1568) avec laquelle il fit considérablement évoluer la spatialité des églises baroques. *49, 50, 52,* ***53***

Vitruve, Vitruvius Pollio, Architecte et ingénieur romain et auteur de traités. Il rédigea « De Architectura », en dix livres, le plus célèbre ouvrage du genre de l'Antiquité. *9,* ***41,*** *43, 49, 50, 55, 64*

Wagner, Martin (1885-1957) Conseiller à l'urbanisme de Berlin, où il fit construire des cités et lotissements d'habitation ainsi que des halls d'exposition. Il travailla, entre autres, avec Bruno Taut, Walter Gropius, Ludwig Mies van der Rohe. ***90,*** *91*

Wagner, Otto (1841-1918) Architecte autrichien, directeur et enseignant de l'École spéciale d'architecture de Vienne. L'un des pionniers de l'art moderne.

La pureté artistique et le dépouillement de ses compositions exercèrent une grande influence sur les générations suivantes. *82*

Wallot, Paul (1841-1912) Il remporta en 1882 le concours pour le Reichstag de Berlin, qui demeura son unique œuvre célèbre. *72,* ***73***

Weinbrenner, Friedrich (1766-1826) Architecte allemand. Il est notamment l'auteur de l'aménagement urbanistique et architectural de Karlsruhe en un ensemble néo-classique. Dans le cadre de ce projet, il édifia un grand nombre d'édifices dans la ville de Karlsruhe. *67, 107*

Wren, Christopher (1632-1723) Architecte du classicisme anglais. Administrateur royal de l'urbanisme, après l'incendie de Londres (1666), on lui confia la tâche de reconstruire la ville. Son œuvre la plus belle est la cathédrale Saint-Paul, un imposant édifice à coupole sur le modèle de la basilique Saint-Pierre de Rome. ***61***

Wright, Frank Lloyd (1869-1959) Célèbre architecte américain, soutenant le principe que l'architecture devait se dérouler de l'intérieur vers l'extérieur. Il créa des édifices organiques dont la construction et les matériaux correspondaient à l'environnement et à leur fonction. Il esquissa, dès 1943, le plan de son projet du Guggenheim-Museum à New York (1956-59). ***95,*** *102,* ***103***

Zimmermann, Dominikus (1685-1766) Architecte du sud de l'Allemagne. Son apport le plus personnel à l'évolution du baroque tardif et le témoignage le plus significatif de son goût baroque est le sanctuaire de Wies. ***60***

CRÉDITS PHOTOGRAPHIQUES

L'éditeur remercie les institutions, archives et photographes de lui avoir délivré l'autorisation de reproduction et pour leur aimable soutien à la réalisation de ce livre. Malgré de soigneuses recherches, tous les ayants droits ne purent toutefois être trouvés. Les photographes en possession d'un titre de justification sont priés de s'adresser à l'éditeur.

Joaquin et Fernando Alvarez Ordoñez : 100 en bas

ANA : 29 en haut (Jobin), 105 en haut (Sigurd Thorson)

Anthony éditeur : 51 en haut (Eder), 58 (Hetz), 60 en bas (T. Beck)

Arcaid : 28 en haut à droite (Colin Dixon), 36 en haut (Mark Fiennes), 37 en haut (Mark Fiennes), 66 en bas, 77 en bas (Stéphane Courtier), 82 en haut (Richard Bryant), 103, 104 en haut (Richard Bryant)

Archiv für Kunst und Geschichte, Berlin : 10 (Erich Lessing), 13, 15 en haut à droite, 20 (Erich Lessing), 25 en haut à gauche (Erich Lessing), 35 (Jürgen Sorges), 36 en bas (Erich Lessing), 42, 45 en haut, 52 (Erich Lessing), 54 en bas (Ulrich Zillman), 59 en haut, 61 en haut, 62, 66 en haut, 67 (Hilbich), 69 en haut, 70, 73, 75, 76 en haut, 77 en haut (Erich Lessing), 78 (Waldemar Abegg), 80, 82 en bas (Erich Lessing), 84 (Dieter E. Hoppe), 87 en haut à droite (Erik Bohr), 90 en bas (Dieter Hoppe), 96 les deux photos

Maurice Babey : 98

Musée central d'État Bachruschin de l'histoire du théâtre, Moscou : 85 en haut à droite

Badisches Landesmuseum, Karlsruhe : 16

Achim Bednorz, Cologne : 25 en bas, 26 en bas, 28 en bas, 44 les deux photos, 47 en haut à droite, 47 en bas à gauche

Bibliothèque Nationale, Paris : 63 en haut (les deux photos)

Bildarchiv Foto Marburg : 14 en bas, 39 en bas, 45 en bas, 51 en bas, 54 en haut, 61 au milieu, 63 en bas, 76 en bas, 91 en bas

CESA, Cölbe (Stefan Drechsel) : 17 en bas, (Günter Lachmut) 19, 23, 24, 25 en haut à droite, 28 en haut à gauche, 34 en haut, 53, 57 en bas, 65, 86 en haut, 108 en bas

Deutsches Historisches Museum, Berlin : 57 en haut

ÉDIFICE : 29 en bas (Lewis)

Faksimile Éditeur, Lucerne : 33 en haut à droite

Klaus Frahm, Hambourg : 86 en bas, 89 en bas, 92, 94, 107 en bas, 108 en haut, 110, 111

Manuela Fugenzi, Grazia Neri : 14 en haut

Copyright Jeff Goldberg, Esto Photographics : 106

G+J Fotoservice : 99 en bas (Schmidt-Luchs)

Hirmer Verlag : 31 et 34 en bas (Albert Hirmer et Irmgard Ernstmeier-Hirmer), 33 en haut à gauche (Max et Albert Hirmer)

SMPK, bpk : 30

SMPK, Kunstbibliothek Berlin : 41 en bas (D. Katz), 87 en haut à gauche

Landesarchiv, Berlin : 93 en bas (Markus Hawlik)

Landesbildstelle, Berlin : 69 en bas, 90 en haut

Copyright : Dieter Leistner/Architekton : 110 en bas

Steve Leonard, Black Star : 105 en bas

Christopher Little : 95 en haut

Copyright : Norman McGrath, New York : 95 en bas

G. Paolo Marton, Trévise : 46 en haut, 49 toutes

Bernardino Mezzanotte, Milan : 27 au milieu

Frank den Oudsten, Amsterdam : 88, 89 en haut

Uwe Rau : 107 en haut

Pablo de la Riestra, Marburg : 48
Caroline Rose, Copyright CNMHS/SPADEM : 64

Paul Rosner : 79 toutes

Vittorio Savi : 93 en haut

Bildarchiv Steffens : 7 (Hans-Joachim Rech), 8 en haut (Hans-Joachim Rech), 9 toutes (Ralph Rainer Steffens), 11 toutes (Ladislav Janicek), 12 en haut (Nigel Blythe), 12 en bas (Markus Haefke), 15 en haut à gauche (Walter Allgöwer), 15 en haut (Ladislav Janicek) 18 en haut (Uwe Vierkotten), 22 en haut (Ralph Rainer Steffens), 27 en haut (Dirk Waldeck), 37 en bas (Ralph Rainer Steffens), 38 (Pieter Jos van Limbergen), 39 en haut (Dirk Waldeck), 40 (Ladislav Janicek), 41 en haut (Ladislav Janicek), 43 (Walter Allgöwer), 46 en bas (Walter Allgöwer), 50 en haut (Walter Allgöwer), 50 au milieu (Ralph Reiner Steffens), 55 (Walter Allgöwer), 59 en bas (Walter Allgöwer), 60 en haut (Pieter Jos van Limbergen), 71 (Ladislav Janicek), 74 (Friedrich Mader), 81 (Dieter Klöppel), 101 (Dieter Klöppel), 104 en bas (Thomas Bauer)

Wolfgang Steinborn, Karlsruhe : 91 en haut, 97, 100 en haut, 102

Galerie Trétiakov, Moscou : 85 au milieu à gauche

Copyright Gerald Zugmann, Vienne : 83, 109